人群中的人

曹明伦译文自选集

曹明伦 译著

中国出版集团
中译出版社

丛书编辑说明

"我和我的翻译"系列丛书由罗选民教授担任主编,第一辑遴选了12位当代中国有影响力的翻译家,以自选集的方式,收录其代表译著篇目或选段,涵盖小说、散文、诗歌等多种体裁,涉及英、德、法、日、西、俄等多个语种,集中展示了当代翻译家群体的译著成果。

丛书篇目及选段大多是翻译家已出版的经典作品,长期受到读者的喜爱和追捧。每本书的译者不仅是知名翻译家,还是高校教授翻译、文学课程的名师,对译文的把握、注释、点评精辟到位。因此,这套丛书不仅具有一定的文学价值,同样具有较高的收藏价值和研究价值,是翻译研究的宝贵历史语料,也可作为外语学习者研习翻译的资料使用,更值得文学爱好者品读、体会。

书稿根据译者亲自校订的最后版本排印,经过了精心的编辑,主要包括以下几方面的处理:

一、译者及篇目信息

1. 丛书的每个分册各集中展示一位翻译家的译著面貌,文前增添翻译家自序,由译者本人对自己的翻译理念、自选作品的背景和脉络等进行总体介绍。

2. 每篇文章都注明了出处，读者可依据兴趣溯源阅读。

3. 根据各位翻译家对篇目的编排，章前或作品前增添导读，由译者自拟，解析原著内容和写作特色，帮助读者更深入、全面地理解文本。

4. 书后附译著版本目录，方便读者查找对照、进行延伸阅读。

二、译文注释与修改

1. 在译文必要的位置增加脚注，对一些陌生的表述，如人名、地名、书名等做了必要的注释，有助于读者理解术语的文化背景及历史渊源。

2. 遵照各位翻译家的意愿，书中有的拼写仍然保留了古英语的写法和格式，原汁原味。

3. 诗歌部分，考虑其翻译的特殊性，可探讨空间较大，并且具有英文阅读能力的读者较多，特将原文为英文的诗歌，以中英双语形式呈现。

由于编辑水平有限，书稿中肯定还存在一些不足之处，望各位读者批评指正。

丛书总序

百年征程育华章　薪火相传谱新曲

翻译是文化之托命者。翻译盛，其文化盛，如连绵数千年的中华文明；翻译衰，则其文化衰，如早已隔世、销声匿迹的墨西哥玛雅文化、印度佛教文化。文化传承，犹如薪火相传；静止、封闭的文化，犹如一潭死水，以枯竭告终。

翻译是思想的融通、心智的默契、语言的传神。化腐朽为神奇是翻译的文学性体现，化作利器来改造社会与文化乃是翻译的社会性体现。前者主要关注人性陶冶和慰藉人生，个性飞扬，神采怡然；后者主要关注社会变革和教化人伦，语言达旨，表述严谨。在清末的两类译者中，代表性人物是林纾和严复。林纾与他人合作翻译了180余部西洋小说，其中不少为世界名著，尤其译著《茶花女》赢得严复如下称赞："孤山处士音琅琅，皂袍演说常登堂。可怜一卷茶花女，断尽支那荡子肠。"[1] 严复则翻译了大量西方的社会学、政治学、经济学、法学、哲学等方面的著作，是中国近代重要的思想启蒙家，其译著《天演论》影响尤为深远。该书前言中提出的"信、达、雅"翻译标准对后世影响

1　严复，《甲辰出都呈同里诸公》。

很大。严复本人也因此被誉为中国近代史上向西方国家寻找真理的"先进的中国人"之一。

此后百余年,我国出现了一大批优秀文学翻译家,如鲁迅、朱生豪、傅雷、梁实秋、罗念生、季羡林、孙大雨、卞之琳、查良铮、杨绛等。他们的翻译作品影响了一个时代,影响了一批中国现当代文学家,有力地推动了中国现当代文学的创新与发展。

余光中先生有一段关于译者的描述:"译者未必有学者的权威,或是作家的声誉,但其影响未必较小,甚或更大。译者日与伟大的心灵为伍,见贤思齐,当其意会笔到,每能超凡入圣,成为神之巫师,天才之代言人。此乃寂寞译者独享之特权。"[1] 我以为,这是对译者最客观、最慷慨的赞许,尽管今天像余先生笔下的那类译者已不多见。

有人描述过今天翻译界的现状:能做翻译的人不做翻译,不做翻译的人在做翻译研究。这个说法不全对,但确实也是一个存在的现象。我们只要翻阅一些已出版的译书就不难发现词不达意、曲解原文的现象。这是翻译界的一个怪圈,是一种不健康的翻译生态现象。

作为学者、译者、出版者,我们无法做到很多,但塑造翻译经典、提倡阅读翻译经典是我们应该可以做到的事情,这是我们编辑这套丛书的初衷。编辑这套丛书也受到了漓江出版社的启发。该社曾开发"当代著名翻译家精品丛书",出了一辑就停止了,实为遗憾。

本丛书遴选了12位当代有影响力的翻译家,以自选集的形式,收录译文、译著片段,集中反映了当代翻译家所取得的成绩。收录译文

---

[1] 余光中,《余光中谈翻译》,中国对外翻译出版公司,2002。

基本上是外译中，目前，外国语种包括英语、俄语、法语、德语、西班牙语、日语。每本书均有丛书总序、译者自序，每部分前有译者按语或导读。译丛尤其推崇首译佳作。本次入选的译本丛书可以视为当代知名翻译家群体成果的集中展示，是一种难得的文化记忆，可供文学和翻译爱好者欣赏与学习。

如今，适逢中国面临百年未有之大变局之际，中译出版社的领导高度重视，支持出版"我和我的翻译"丛书，可以视为翻译出版的薪火相传，以精选译文为依托，讲述中国翻译的故事，推动优秀文化的世界传播！

罗选民

2021 年 7 月 1 日于广西大学镜湖斋

译者自序

我从来就认为,翻译家的使命就是为本民族广大读者奉献读之有益的译作,为本民族作家诗人提供可资借鉴的文本。所以从开始翻译的那天起,我就为自己定下了"填空白"的原则。为此,我买来国家出版局版本图书馆编的《翻译出版外国文学著作目录》等资料认真查阅,寻找需要填补的空白,发现值得开垦的处女地。我早期翻译出版的司各特的三部长诗(《湖上夫人》《最后一位吟游诗人的歌》和《玛米恩》)、斯宾塞的《小爱神》、锡德尼的《爱星者与星》,以及马克·吐温《亚当夏娃日记》中的"亚当日记"都是填补空白的译作。而拙译《爱伦·坡集》囊括了爱伦·坡一生创作的全部诗歌和小说,《弗罗斯特集》包罗了诗人一生所写的全部诗作以及重要讲稿、随笔和书信,《威拉·凯瑟集》则收编了作家早期的四部长篇小说和一部短篇小说集,这三部文集的大部分内容也都由我首次翻译成中文。我把这种首次翻译命名为"原创性翻译"。尽管我认为重译文学名著的必然性和必要性都毋庸置疑,但同时我也认为,做原创性翻译更有意义,更有价值。迄今为止,我已翻译出版了英美文学作品近三十种,计约一千万字。我翻译的作品大多都一版再版,在港澳台地区也颇有影响,台湾地区就出版了八种(共十一卷）译著，其中《未走之路》一诗自2005年起入编台湾地区中学教材《国文》第6册，2017年又调整编入小学教材《国语》第12册。

在长达四十年的翻译实践活动中，我逐步形成了自己的翻译理念，提出了自己的翻译标准，总结出了一些翻译原则和翻译技巧。

我把翻译目的区分为"文本目的"和"非文本目的"（详见拙著《翻译之道：理论与实践》第四章）。所谓"文本目的"，就是要让不懂原文的读者通过译文知道、了解甚至欣赏原文的思想内容及其文体风格，而"非文本目的"则是指翻译活动发起人（有时候也包括兼为发起人的译者）的文化目的、政治目的或经济目的等，例如上文说的"为本民族广大读者奉献读之有益的译作，为本民族作家诗人提供可资借鉴的文本"就是我从事翻译活动的文化目的。我坚持认为，"文本目的"才是译者的根本目的，要实现文化目的等"非文本目的"，首先还得实现"文本目的"，而实现"文本目的"的途径只有一条，即把一套语言符号或非语言符号所负载的信息用另一套语言符号或非语言符号表达出来。

我历来信奉严复首标的"译事三难：信、达、雅"。我对"信、达、雅"的解读是：信者，言真也，言真者，语不伪也；达者，通到也，通到者，至也，至者，言及而不过也；雅者，正也；正者，语言规范也，语言规范者，章无疵，句无玷，字不妄也。所以我认为，作为翻译标准，"信、达、雅"是个不容分割的整体，是一个标准之三维坐标。这三维坐标的关系是：译文要"信"，辞必"达"意，辞要"达"意，必求"雅"正。但长期以来，"达"字被人片面地解释为"语言畅达"，"雅"字则被错误地理解成"文辞优雅"，于是我提出了"最接近、最自然"这个简单翻译标准（见《中国翻译》2002 年第 2 期）。所谓最接近，就是译文要在思想内容和文体风格等方方面面都尽可能地接近原文；所谓最自然，就是译文的语言要尽可能地通顺自然。总而言之，译文可以有洋味，但不应该有洋腔，翻译家笔下的中文也应该像中文作家笔下的中文。例如在《超越生命》中，我把"But the course of my life, when I look back, is as orderless as a trickle of water that is diverted and guided by every pebble and crevice and grass-root it encounters."翻译成"但当回首往昔，我发现自己的生命历程就像溪流之蜿蜒漫无定向，触石砍草根则避而改道，遇岩缝土隙则顺而流之。"又如在《海鸥的启示》中，我把"Spume leaps up from the sea caverns of buried reefs and the blue and purple of the turbulent waters are roiled and twisted with clashing and opposed currents."翻译成"泡沫从潜礁暗洞中涌起，湍波相撞，激流互碰，使那片紫蓝色海水涡旋涛腾。"

我总结过英语定语从句的译法（见《中国翻译》2001 年第 5 期，《西安外国语大学学报》2011 年第 1 期），坚持并提倡把起修饰限制作用的英语定语从句尽可能地翻译成定语，包括一些较长的定语从句。例如在《论财富》中，我把"Seek not proud riches, but such as thou mayest get justly, use soberly, distribute cheerfully, and leave contentedly."翻译成"别为炫耀而追求财富，只挣你取之有道、用之有度、施之有乐且遗之有慰的钱财。"又如在《莫斯肯漩涡沉浮记》中，我把"I have already described the unnatural curiosity which had taken the place of my original terrors."翻译成了"我已经给你讲过了我那种反常的好奇心，那种使我消除了恐惧感的好奇心。"

至于我总结并使用的其他翻译原则和技巧，有兴趣的读者可以从这本自选集中去发现并体会。但我希望更多的读者把这本书作为一本普通的文学选本来读，更多地去品味这些英美文学大师讲述的故事、描写的景物、抒发的感情、阐述的道理，欣赏其叙事、写景、状物、抒情、言志、论理时的艺术构思和精妙笔法。毕竟，文学作品之主要功效，是要让读者获得艺术体验和审美快感。

美国诗人弗罗斯特曾说："作家不流眼泪，读者也不会流泪；作家没有惊喜，读者也不会惊喜。"而我历来也认为：译者不被原文吸引，读者也不会被译文吸引；译者不被原文感动，读者也不会被译文感动。所以我从来都刻意选译那些能吸引自己并感动自己的原作。本书所选的六篇小说、十五篇散文和三篇文论就属于这样的作品。

我对文学大师从来都怀有敬仰之情，对文学翻译始终都抱有敬畏之心。对自己殚精竭虑翻译出来的作品，我当然敝帚自珍，同时也不乏自信。但我深知，翻译是一门遗憾的艺术，永远都没有最好的，只有更好的。基于这样的认识，我校勘了选入这本书的早期译作，与原来出版或发表的译文相比，有些措词和标点略有改动。我并不指望每位读者都欣赏我的译文，只要拙译不至于过分冒犯广大读者的文学品味，我就知足了。

是为序。

目 / 录

丛书编辑说明···i

丛书总序······························罗选民 iii

译者序······························曹明伦 vii

上编　小说

人群中的人···5

威廉·威尔逊···15

莫斯肯漩涡沉浮记·······································39

一场瓦格纳作品音乐会·································59

波希米亚姑娘···71

邻居罗西基···130

中编　散文

初雪···175

飞蛾之死···178

超越生命（节选）……182

海鸥的启示……187

雁归来……190

辽阔领地……196

青青草地……200

像山那样思考……203

碧水泱泱的潟湖……207

居在龟湾……215

一座向陌生人敞开的花园……218

论读书……221

论财富……223

谈自我教育（节选）……227

论美国学者（节选）……230

下编　文论

创作哲学……239

诗歌原理……255

诗运动的轨迹……293

曹明伦译著年表……298

上编

小说

导读

　　这部分遴选的六篇小说都堪称世界小说史上的名篇，分别出自爱伦·坡（1809—1849）和薇拉·凯瑟（1873—1947）这两位美国作家之手。

　　爱伦·坡的三篇小说都有题记，这三则题记画龙点睛，揭示了作品的主旨和内涵、彰显了作者的道德观、价值观和宇宙观。《人群中的人》对生活的观察细致入微，对人性的剖析鞭辟入里；《威廉·威尔逊》以双重自我作为小说主题，开了文学作品描写"分裂人格"之先河；《莫斯肯漩涡沉浮记》对自然氛围和心理气氛的营造可谓超群绝伦，表现了一种比人类现实情感更深沉的幻觉体验，能让读者感到一种梦魇般的魔力。爱伦·坡坚持"为艺术而艺术"和"情节服务于效果"的创作理念，深受众多文学巨匠的赞誉和推崇。萧伯纳在论及爱伦·坡的小说时就说："它们不仅是一篇篇小说，而完全是一件件艺术品。"（They are not merely stories；they are complete works of art.）翻译爱伦·坡的小说，笔者的体会是：要让中文版的爱伦·坡小说也成为艺术品，关键是要译出笼罩全篇的气氛，把原作中那些极富创造性的英语言语（字、词、句）

转换成一个个具有感染力的完整语篇。

薇拉·凯瑟这三篇小说都是其代表作。《一场瓦格纳作品音乐会》讲述"我"曾当音乐教师的婶婶三十年前为追求爱情,和情人一道从波士顿私奔去西部拓荒,三十年后回波士顿处理遗产期间去听一场音乐会的故事。小说通过"我"对婶婶听音乐会时百感交集的细微观察,运用倒叙手法让过去和现在、东部和西部形成时空上的交错对照,从物质和精神两方面描绘了当年西部拓荒者经历的磨难。在《波希米亚姑娘》中,一对在美国西部大草原上一起长大的年轻人相恋,分离,重逢,最终抛下一切,远走高飞,离开了那片他们深爱却又令他们窒息的土地。通过讲述这对年轻人的爱情故事,作者用怀旧的笔调描写了内布拉斯加的乡镇风貌,展现了早期移民后裔的日常生活和情感经历,反映了拓荒之后欧洲文化传统与美国拜金主义在西部的冲突,反思了西部边疆日趋物质化的现象。《邻居罗西基》通过回忆和追述的手法,讲述了东欧移民罗西基朴素而充实的一生,展现了拓荒者及其后代善良、朴素、勤劳、热爱生活、眷念土地的可贵品质。凯瑟的小说立意深刻，结构匀称，笔触细腻，文字优美，有抒情诗一般的悠扬韵味。当今的美国评论界认为凯瑟是二十世纪美国最杰出的小说家之一，是"不断物质化的文明中一个精神美的捍卫者"。翻译凯瑟的作品尤须注重两点：一是要译出"抒情诗一般的悠扬韵味"，二是要留意作者对欧洲文化的传承。例如，小说《波希米亚姑娘》的英文篇名来自爱尔兰作曲家巴尔夫（Michael William Balfe，1808—1870）的同名歌剧，所以译者必须对歌剧《波希米亚姑娘》有所了解，从而把小说中引用的歌剧唱词和曲名放在双重语境（小说语境和歌剧语境）中去翻译，尽可能在译文中保留这些为原文增色的"背景音乐"。

人群中的人

[美]爱伦·坡

不幸起因于不能承受孤独。

——拉布吕耶尔

据说有那么一部德文书[1]不允许被人读。世上也有那么些秘密不允许被人讲。每夜都有人在自家床上死去,临死前紧握住忏悔牧师苍白的手,乞哀告怜地望着神父的眼睛,伴着心灵的绝望和喉头的痉挛与世长辞,这都是因为他们心中包藏着不堪泄露的可怕秘密。唉,人的良心偶尔会承受一份沉重得令人恐惧的负担,只有躺进坟墓才能将其卸下。而所有罪恶之本就因此未能大白于天下。

不久前一个秋日下午将近黄昏的时候,我坐在伦敦 D 饭店咖啡厅宽敞的凸窗旁边。前几个月我一直健康欠佳,但当时正久病初愈,精力恢复,我觉得自己正处于一种与厌倦截然相反的愉快心境,一

---

[1] 即本篇故事末尾提到的《幽灵花园》(*Hortulus Animae*)。该书于 1500 年在德国施特拉斯堡出版,英国学者迪斯雷利(Isaac D'Israeli, 1766—1848)曾在其《文学珍品》(*Curiosities of Literature*, 1823)中批评该书有轻薄猥亵的内容。

种欲望最强烈的心境；那层曾蒙蔽心眼的薄雾一旦飘去，惊醒的理智便会远远超越它平日的状态，会像莱布尼茨那样生动而公正地推理，会像高尔吉亚那样疯狂而浮夸地雄辩。当时我觉得连呼吸都是享受，我甚至从许多正统的痛苦之源中得到真正的乐趣。我感受到一种宁静，但对一切都觉得好奇。嘴里叼着雪茄，膝上摊着报纸，大半个下午我就这样自得其乐，一会儿细读报纸上那些广告，一会儿观察咖啡厅里杂乱的人群，一会儿又透过被烟熏黑的玻璃凝望窗外的大街。

那条大街是伦敦的主要街道，终日里车水马龙，熙熙攘攘。而随着黄昏的临近，人群又不断增加；到灯光闪亮的时候，从咖啡厅门前匆匆而过的行人比白天多了一倍。在黄昏这个特定的时刻，我以前从不曾待在这样一个位置，所以窗外那人头涌动的海洋使我心中充满了一种趣味无穷的新奇感。我最后完全不再理会咖啡厅里的情景，而是全神贯注地望着窗外的场面。

开始我的注意力还有点浮泛。看着熙来攘往的行人，我想到的是他们的群体关系。但不久之后我就开始注意细节，开始饶有兴趣地打量那些形形色色的身姿、服饰、神态、步法、面容以及那些脸上的表情。

行人中很大一部分都显出一种心满意足、有条有理的神态，似乎他们所思所想的就只是穿过那蜂拥的人群。他们的眉头皱在一起，他们的眼睛飞快地转动，被人推搡碰撞之时他们也不急不躁，只是整理一下自己的衣服又匆匆前行。另有数量也不少的一部分人姿态中透出不安，他们脸色发红，走路时自言自语，比比划划，仿佛他们在这摩肩擦背的人流中感到寂寞。当行路受阻时,这些人会突然停止嘀咕,但会比划得更厉害,嘴角露出一种心不在焉且过分夸张的微笑,等着前面挡路的人让开道路。如果被人碰撞到,他们会毫不吝啬地向碰撞者鞠躬,显得非常窘迫不安。除了我所注意到的这些,这两大类人没有更显著的特征。他们的衣着属于那种可被直截了当地称之为正派的一类。他们无疑都是些上等人、生意人、代理人、手艺人和股票经纪人——世袭贵族或平民百姓,悠闲自在的人或肩负责任且忙于事务的人。他们没有引起我太多的注意。

职员是人群中一个明显的部分,我看出他们分为引人注目的两类。一类是住寄宿房的低级职员,一群西服紧身、皮靴锃亮、油头粉面、自命不凡的年轻绅士。在我看来,抛开那股因无更恰当字眼形容而只能称为办公室风度的伶俐劲儿,这些人的风度完全是流行于一年或一年半以前的时髦风尚之惟妙惟肖的模仿。他们附庸风雅,拾上流社会之牙慧,而我相信,这是对这一类人最精确的定位。

那些精明强干或"老成持重"的高级职员不可能被人误认。辨认这些人的标志是他们那身剪裁得能很舒服地坐下的黑色或棕色的衣裤,配着白色的领带和西服背心,以及看上去很结实的宽边皮鞋和厚厚的长统袜或者腿套。他们都有点微微秃顶,右耳朵由于长期夹铅笔而古怪地向外翘着耳端。我注意到他们总是用双手摘帽或是戴帽,总是用一种结实的老式短金表链系表。他们的举止是一种体面人的矫揉造作,如果真有那么体面的矫揉造作的话。

人群中有许多穿得漂漂亮亮的家伙,我一眼就看出他们属于每个大城市都少不了的第一流的扒手。我怀着极大的好奇心观察这些家伙，发现很难想象他们怎么会被真正的绅士们误认为是绅士。他们的袖口宽大得过分坦率，这本该使他们一下就原形毕露。

我曾多次描写过的赌徒也很好辨认。他们穿着各式各样的服装，从铤而走险的骗子恶棍穿戴的丝绒背心、杂色围巾、镀金表链和过分精致的纽扣，到谨小慎微的牧师穿的朴素得不容人起丝毫怀疑之心的教服。识别这些人凭的是他们因酗酒而显得麻木的黝黑脸庞、朦胧而浑浊的眼睛和苍白而干瘪的嘴唇。此外他们还有两种我通常能据此辨认出他们的特征：一是他们说话时小心谨慎的低调，二是他们的拇指经常地以直角与其他指头分开。在与这些骗子的交往中，我常常注意到他们虽习性稍有不同，但毕竟还是一丘之貉。也许可以把他们称为一群靠耍小聪明过日子的绅士。他们诈骗的对象似乎分为两类：一类是花花公子，一类是当兵的。前者的主要特征是蓄着长发，满脸微笑；后者的主要特征是身着军装，横眉竖眼。

降到我们称之为上等人的尺度之下，我发现了一些值得思索的更阴暗更深刻的主题。我看见闪着敏锐目光的犹太商贩，他们的每一个面部特征都只呈现出一副奴才相；我看见身强力壮的职业乞丐瞪眼怒视比他们更名副其实的同类，而那些同类仅仅是被绝望驱赶到街头来获取博爱。我看见一些身体虚弱、面容苍白的病者，死神离他们仅有咫尺之遥，他们侧着身子蹒跚在人群之中，可怜巴巴地望着每一张脸庞，似乎在寻求一种偶然的慰藉，寻求一种失落的希望。我看见一些质朴的年轻姑娘，干完长长的一天活后正返回她们没有欢乐的家，她们悲愤地躲避歹徒恶棍的盯视，而实际上她们甚至连更直接的伤害都没法避免。我看见各种类型、各种年龄的街头妓女，她们那种袒胸露臂的女性成熟之美使人想到卢奇安笔下的那尊雕像，表面是帕罗斯岛的白色大理石，里边却塞满了污泥烂淖，一群华丽衣裙包裹的令人作呕而无可救药的麻风病患者，一群用珠宝首饰和白粉红脂掩盖皱纹、做最后一番努力要留住青春的老太婆；另外还有一些体形尚未发育成熟的女孩，但她们已在长期的卖俏生涯中成为了搔首弄姿、卖弄风情的老手，正雄心勃勃地要在这伤风败俗的行当中与老大姐们并驾齐驱。我还看见许多难以形容的酒鬼，其中有些人衣衫褴褛，偏偏倒倒，口齿不清，他们往往满脸青肿，两眼无光；有些人身着肮脏但还成套的衣服，步履跟跄却依然昂首阔步，他们通常有色迷迷的厚厚嘴唇，有容光焕发的红润脸庞；另一些人穿着曾一度非常体面、现在也用心刷过的衣服，他们走起路来有一种稳实轻快却不甚自然的步态，但他们的脸白得令人心惊，眼睛红得令人胆颤，而当他们穿过人群之时，他们发抖的手指会抓住每一样他们能够抓住的东西。除了上述几类人，我还看见卖馅饼的、搬行李的、运煤炭的、扫烟囱的、拉风琴的、耍猴戏的、卖艺卖唱的，以及各类蓬头垢面的工匠和精疲力竭的苦力，这所有的人汇成一股沸沸扬扬闹闹哄哄的巨流，使人觉得聒噪刺耳，目不暇接。

夜色逐渐加深，我对窗外景象的兴趣也越发浓厚；这不仅因为人群的属性起了实质性的变化（由于循规蹈矩的那部分人纷纷回家，街头优雅的身影渐渐稀少，而粗鲁的身影更加突出，黑夜从阴暗处带来各种丑恶），而且还因为刚才在与残留的暮色相争的煤气灯光此刻已终于占了上风，在所有物体上投下一阵阵绚丽夺目的光亮。所有一切黑暗但又辉煌，就像一直被比喻为德尔图良风格的黑檀木。

灯光的强烈效果使我的目光只能局限于每个行人的脸；尽管窗前灯光急促闪烁，只允许我对每张脸匆匆瞥上一眼，但我在当时特殊的精神状态下，竟似乎能在那么短促的一瞥之间，从一张脸上读出一部长长的历史。

我就那样把额头靠在窗玻璃上，凝神细看街上的行人。突然，一张面孔闪进我的视野（那是一位六十五到七十岁的老人的脸），由于那副面孔带着绝对独一无二的神情，我一下就完全被吸引住了。我以前从不曾见过哪怕与这种神情有丝毫相似的任何表情。我现在还清楚地记得当我第一眼看见那张脸时，脑子里闪过的第一个念头，我想假若雷茨希[1]见到了这张脸，他一定会非常乐意把他作为他画那个魔鬼的原型。当我在那转瞬即逝的一瞥之间力图从那种神情中分析出某种意义之时，我脑子里闪过一大堆混乱而矛盾的概念：谨慎、吝啬、贪婪、沉着、怨恨、凶残、得意、快乐、紧张、过分的恐惧、极度的绝望。我感到异常的激动、震惊和迷惑。我暗自叹道："那胸膛里书写着一部多么疯狂的历史！"接着我产生了一种想再看见他、更多地了解他的强烈欲望。匆匆穿上外套，抓起帽子和拐杖，我一头冲上大街，汇入人流，朝我刚才看见老人消失的方向挤去。经过一番磕头碰脑、摩肩擦背，我终于看见了他的背影。我向他靠拢，紧跟在他的身后，但非常小心，以免引起他注意。

我现在有机会把他仔细打量一番。他身材又矮又瘦，看上去非常虚弱。他的衣着总体上又脏又破，但借着不时强烈闪亮的灯光，

---

[1] 雷茨希（F. A. M. Retzsch, 1779—1857），德国画家，因替歌德的《浮士德》插图而闻名。

我发现他的亚麻衬衫虽说很脏,但质地精良;要么是眼睛欺骗了我,要么就是我真从他那件显然是二手货的纽扣密集的长大衣的一道裂缝间瞥见了一颗钻石和一柄匕首。这一发现更加激起了我的好奇心,我决定紧紧跟着这老人,无论他去什么地方。

此时天色已完全黑下来,悬浮于城市上空的一层浓云密雾不久就化作了一场持续的大雨。这一天气变化在人群中产生出一种奇妙的效果,他们顿时陷入一场新的骚动,全部躲到一张张伞下。人群的晃动、推挤和嘈杂声比刚才增加了十倍。我对那场雨倒不很在乎,一种热病长期潜伏在我体内,这使浇在我身上的雨水虽说危险但却令人感到几分惬意。我用手巾蒙住嘴,继续跟踪前行。老人用了半小时费力地挤过那条大街。我一直紧跟在他身边,唯恐把他丢失。他一次也没有回头张望,因而也没有发现我在跟踪。不久他拐进了一条横街,虽然那条横街也人来人往,但不如刚才那条大街拥挤。这时他的行动有了明显的变化。他比刚才走得更慢,更显得没有目标,更露出几分迟疑。他似乎漫无目的,忽而走到街的一边,忽而又走到另外一边。街上行人依然很多,他每次穿过街道我都不得不紧紧相随。那条横街又窄又长,他差不多走了一个小时,其间路上的行人慢慢减少,最后降到了中午时分百老汇大街靠近公园那一段的行人密度——美国最繁华城市的人口与伦敦的人口相比也有天壤之别。第二次拐弯把我们带到了一个灯火辉煌、人声鼎沸的广场。一进广场,陌生老人又展现出他在大街上时的风采。他下巴垂到胸前,紧皱眉头,眼睛飞快地转动,扫视他身边的人群。他坚定不移地挤开他前行的道路。可我吃惊地发现,当他绕着广场走完一圈之后,他又转身开始绕第二圈。更令我惊讶的是他竟这样反反复复地绕着广场走了好几圈，有次他猛然调头时差点发现我。

他就这样在广场上消磨了又一个小时，当他绕最后一圈时，挡住他去路的行人比起他绕第一圈时已大大减少。雨下得很急，空气渐渐变凉，人们正纷纷回家。他以一种急切的姿势钻进了广场旁边一条比较偏僻的街道。沿着那条约四分之一英里长的僻街，他匆匆而行，我做梦也想不到如此年迈之人会如此敏捷，这使我费了一番劲儿才跟上他。几分钟后我们来到了一个热闹的商业区，陌生老人似乎很熟悉那儿的方向位置，他又开始故伎重演，在一群群顾客和商贩中来来回回地挤来挤去。

在穿行于商业区的大约一个半小时中，我需要格外小心才能既跟上他又不被他察觉。幸好那天我穿着一双橡胶套鞋，走起路来没有一丝声响。他从一家家商店进进出出，既不问价也不吭声，而是以一种急切而茫然的眼光扫视一切。现在我对他的行为更是大为惊异，下定决心要一跟到底，直到我对他的好奇心多少得到满足为止。

一座大钟沉重地敲了十一下，商业区的人群很快散去。一家商店老板关铺门时碰到了那位老人，我看见老人浑身猛然一阵颤栗。他仓猝间冲到街上，焦虑地四下张望了一阵，然后以惊人的速度穿过一条条弯弯拐拐、无人行走的小巷，直到我们又重新回到他最初出发的那条大街，即 D 饭店所在的那条大街。可大街上早已不是刚才那番光景。虽说它依然被煤气灯照得通亮，但此时大雨如注，行人稀少。陌生老人的脸慢慢变白。他郁郁不乐地顺着不久前还熙熙攘攘的大街走了几步，然后重重叹了口气，转身朝着泰晤士河的方向走去,穿过许多僻静的背街小巷,最后来到一座大剧院附近。当时正是散场的时候,观众正从剧院大门蜂拥而出。我看见老人大口喘息,仿佛重新投入人群使他透不过气来,但我认为他脸上那种极度苦恼已大大缓解。他的头又重新垂到胸前,就像我第一眼看见他时那样。我注意到这次他挑选了观众最多的那个方向,可对他这些反复无常的行为,我基本上还是大惑不解。

越往前走,人群越是渐渐散去,他又恢复了不安和犹豫。他一度紧随一伙由十一二人组成的喧闹人群,可那伙人越来越少,到一个又窄又暗的僻静小巷时,前面只剩下三个人了。陌生老人停下脚步,一时间好像在出神思考;最后他显出激动不安,大步流星地踏上了一条路,那条路把我们引到城市的边缘,来到了与我们刚走过的那些地方完全不同的区域。这是全伦敦最令人厌恶的一个角落,这里的一切都打上了悲惨、贫困、绝望和犯罪的烙印。借着偶然闪出的微弱灯光,可以看见一些高高的、古式的、虫蛀的、摇摇欲坠的木制房屋,房屋之间的一条通道是那么迂回曲折,那么三弯九转,完全不像是一条街道。街面上的铺路石极不平整,早已被蔓延的荒草挤得七零八落。路旁堵塞的臭水沟里淤积着污秽。空气里也充满了颓败凄凉。但我们继续往前行走,渐渐又听到了人声,最后全伦敦最自暴自弃的那些人出现在我们眼前,三五成群、东倒西歪地来来往往。那位老人的精神又为之一振,如同一盏灯油将尽的油灯那么一跳。他前行的步伐又一次变得轻快起来。转过一个角落,一阵炫目的灯光突然闪耀在我们前方,我们面前是一座巨大的郊外酗酒者的神庙(一座魔鬼的宫殿),廉价酒馆。

当时已经快要天亮，可一群群肮脏的酒鬼还在从那道花里胡哨的门洞进进出出。随着一声低低的、半惊半喜的尖叫，老人跻身于人群之中，一下又恢复了他不久前的举止，毫无目的但却大踏步地走来走去。不过这次他没走上两个来回，酒鬼们纷纷涌出门来，这说明老板就要关门打烊了。这时我从被我锲而不舍地跟踪的那位怪老头的脸上，看到了一种甚至比绝望还要绝望的神情。但他并没有为他的行程而踌躇，而是立刻疯野地甩开大步，顺着原路返回伦敦那颗巨大的心脏。在他匆匆而行的长路上，紧随其后的我已到了最惊讶的地步，我横下心绝不放弃现在已吸引了我全部兴趣的这场追究。我们还在路上太阳就已经升起，而当我们再一次回到最繁华的市中心、D饭店所在的那条大街之时，街上的喧哗与拥挤几乎已不亚于前一天晚上我所见到的情景。在这儿,在不断增加的人山人海中，我坚持不懈地紧跟在那位陌生老人身后。可他与昨晚一样，只是在街上走过来又走过去，整整一天也没走出那条大街的骚动与喧嚷。而当夜幕重新降临之时，我已经累得精疲力竭，于是我站到那流浪者跟前，目不转睛地注视他的脸。他没有注意我，但又一次开始了他庄严的旅程，这下我停止了跟踪，陷入了沉思。最后我说：那个老人是罪孽深重的象征和本质。他拒绝孤独。他是人群中的人。我再跟下去也将毫无结果，因为我既不会对他了解得更多，也不会知道他的罪孽。这世上最坏的那颗心是一部比《幽灵花园》还粗俗的书，它拒绝被读，也许只是因为上帝的一种仁慈。

（原载《爱伦·坡集：诗歌与故事》，三联书店，1995）

威廉·威尔逊

[美]爱伦·坡

怎么说它呢？怎么说倔强的良心，
那个挡在我道上的幽灵呢？

——张伯伦《法萝妮达》

暂且就让我自称威廉·威尔逊吧。摊在我面前的这张白纸没必要被我的真名实姓玷污。那姓名早已使我的家族受尽了羞辱，遭够了白眼，讨足了嫌弃。难道那阵阵愤怒之风还没有把这昭著的臭名扬到天涯海角？哦，天下最寡廉鲜耻的浪荡子哟！难道你对世事并非永远漠然？对世间的荣誉、鲜花和远大抱负并非永无感觉？难道在你的希望与天国之间，并非永远垂着一片浓密、阴沉、无边无际的云？

要是可能的话，我今天就不会在此记录下我近年遭受的难以形容的痛苦、犯下的不可饶恕的罪恶。这一时期（最近这些年）我突然越发地放荡堕落，这放荡堕落的原因正是我眼下要谈的话题。人们通常是一步步走向邪恶。可所有的道德于我就像一件披风，刹那间就从我身上全部脱落。我仿佛是迈着巨人的步伐,一步就从微不足道的顽劣跨进了比埃拉伽巴卢斯[1]的暴行更难饶恕的罪恶深渊。是什么命运,是什么样一种变故使这种罪恶发生?现在就容我从头道来。死神正向我走近,预告他来临的阴影已经软化了我的心。在穿过这朦胧的死亡幽谷之时,我渴望得到世人的同情,我差点说得到世人的怜悯。我唯愿他们能相信,我多少是身不由己地受了环境的摆布。我企盼他们能从我正要讲述的详情里,替我在罪恶的荒漠中找到一小块命运的绿洲。我祈望让他们承认,承认他们所忍不住要承认的事实,尽管不久前诱惑也许极为强烈,但至少绝没有人受到过我这样的诱惑,当然也绝没有人像我这样堕落。可难道因此就绝没有人像我这般痛苦?难道我真不是一直生活在梦中?难道我此刻不是作为天底下最疯狂的那个幻影的牺牲品,作为其恐怖和神秘的牺牲品,在等待死亡?

我生于一个历来就以其想象力丰富和性情暴躁而著称的家族。我还在襁褓中就已经显示出我完全继承了家族的禀性。随着我一年年长大,这种禀性也更加难移;由于种种原因,这种禀性成了我朋友们焦虑不安的缘由,也成了我自己名誉受损的祸根。我渐渐变得刚愎自用,喜怒无常,放荡不羁。对我日益显露的恶性,和我一样意志薄弱且体质羸弱的父母基本上是无可奈何。他们那番力不从心且不得要领的努力最后以他们的一败涂地而告终,当然也就是以我的大获全胜而结束。从此以后,我的话便成了家里的法规。到了大多

---

[1] 埃拉伽巴卢斯(Elagabalus, 204—222),罗马皇帝,在位时荒淫放荡,臭名昭著,终被禁卫军弑杀。

数孩子还在蹒跚学步的年龄，他们就任凭我按自己的意愿行事，除了名字，我所有事都由我自己做主。

忆及最初的校园生活，我总会想到一座巨大而不规则的伊丽莎白时代的房子，想到一个薄雾蒙蒙的英格兰村镇，想到镇上那许许多多盘根错节的大树和所有那些年代久远的房舍。委实说来，那历史悠久的古镇真是个梦一般的地方，一个抚慰心灵的地方。此刻我仿佛又感到了它绿荫大道上那股令人神清气爽的寒意，仿佛又闻到了它茂密的灌木丛散发出的那阵芳香，仿佛又怀着朦胧的喜悦被它深沉而空灵的教堂钟声感动，那钟声每隔一小时便突然幽幽鸣响，划破阴暗岑寂的空气，而那座有回纹装饰的哥特式尖塔就静静地嵌在空气之中。

也许在我眼下的各种体验中，唯有细细回想那所学校，回想有关那所学校的往事，才能够给我带来快活。虽然我现在正深深陷入痛苦（痛苦，唉！实实在在的痛苦），但读者将会原谅我在东拉西扯的闲聊中去寻求痛苦的减轻，不管这种减轻是多么细微和短暂。再说照我看来，这些东鳞西爪甚至荒唐可笑的闲聊若是与某个时间和地点相连，倒也会显出意想不到的价值，因为就是在那个时间和那个地点，我第一次模模糊糊地听到了那个后来一直完全把我笼罩的命运对我提出的忠告。那就让我来回忆一下吧。

我已经说过，那幢房子非常古老而且极不规则。房子周围的场地十分开阔，由一道顶上抹了泥灰并插着碎玻璃的又高又结实的砖墙围绕。那道狱墙般的高壁就成了我们领土的疆界，墙外的世界我们一星期只有两天能看见，每个星期六下午我们被允许由两名老师领着，集体到附近的田野进行一次短时间的散步；每个星期日早晚各一次，我们排着同样的队列到镇上唯一的那座教堂做礼拜。我们的校长就是那座教堂的牧师。每次我从教堂后排的长凳上望着他迈着庄严而缓慢的步子登上布道坛时，我心里说不出有多么惊讶和困惑！那牧师的表情是多么庄重而慈祥，那身长袍是多么似是而非又似非而是，那头假发是多么硬，多么密，发粉敷得多么匀！这难道会是他，会是那个昨天还板着副面孔、穿着被鼻烟弄脏的衣服、手握戒尺在学校执行清规戒律的人？呵，真是格格不入，荒谬绝伦，匪夷所思！

在那道阴沉的高墙一角，开着一道更阴沉的大门。门扇上星罗棋布地饰满了螺钉，门顶上参差不齐地竖立着尖铁。那道门是多么地令人生畏！除了上述三次定日定时的出入，那道门平时从不打开；所以每当它巨大的铰链发出吱嘎声响，我们就会发现许许多多的奥秘，许多值得认真观察、也更值得严肃思索的事物。

开阔的校园形状极不规则，有不少宽敞的幽僻之处，其中最大的三四处就连成了学校的运动场。运动场地面平坦，铺着又细又硬的沙砾。我清楚地记得运动场内没有树木，没有长凳，也没有任何类似之物。当然，运动场是在那幢房子的后面。房子的正前方有一个小小的花坛，种着黄杨之类的灌木，但实际上，除了在第一次进校和最后毕业离校的时候，或是父母亲友来接我们、我们高高兴兴回家过圣诞节或是施洗约翰节的时候，我们很少经过那块圣地。

但那幢房子！那是座多么古怪的老式建筑！它在我眼里真是一座名副其实的迷宫！它那些迂回曲折的走廊仿佛没有尽头。它那种莫名其妙的分隔常令人找不到出路。任何人在任何时候都很难说清自己到底是在它两层楼的楼上还是楼下。从任何一个房间到任何另一个房间都肯定会碰到三四级或上或下的台阶。还有它那些多得令人难以想象的偏门旁屋,那真是门门相通,屋屋相连,以至于我们对那幢房子最精确的概念跟我们思考无穷大时所用的概念相去不远。在我寄读那所学校的五年期间,我从来都没能弄清楚分给我和另外十八九名同学住的那间小寝室到底在那幢房子的哪一个偏僻角落。

我们的教室是那幢房子里最大的一间,我当时忍不住认为那是天底下最大的一间。房间很长,狭窄,低得令人压抑,有哥特式尖窗和橡木天花板。教室远端令人生畏的一角有个八九英尺见方的凹室,那是我们校长、牧师布兰斯比博士"定时祈祷"时的圣所。那凹室构造坚固,房门结实,当那位"老师兼牧师"不在的时候,我们大家宁愿死于酷刑也不肯去开那门。教室的另外两个角落还有两个类似的隔间,虽说远不及那个凹室令人生畏,但仍然令人肃然起敬。一个是"古典语文"老师的讲坛,另一个是"英语和数学"教师的讲坛。教室里横三竖四歪七扭八地摆着许多陈旧的黑色长凳和课桌,桌上一塌糊涂地堆着被手指翻脏的课本,桌面上凡是刀子下得去的地方都被刻上了缩写字母、全名全姓和各种稀奇古怪的花样图案,以至于那些桌子早已经面目全非。教室的一头放着一只盛满水的大桶,另一头搁着一只大得惊人的钟。

就在那所古老学校厚实的围墙之内,我度过了我生命的第三个五年,既没有感到过沉闷,也不觉得讨厌。童年时代丰富的头脑不需要身外之事来填充或娱乐,学校生活明显的单调沉闷之中却充满了我青年时代从奢侈之中、成年时代从罪恶之中都不曾再感到过的那种强烈的激动。但我必须认为，在我最初的智力发育中，有许多异乎寻常甚至过分极端之处。对一般人来说，幼年时代的经历到成年后很难还有什么鲜明的印象。一切都成了灰蒙蒙的影子，成了一种依稀缥缈的记忆，一种朦胧的喜悦和虚幻的痛苦之模糊不清的重新糅合。但我却不是这样。想必我在童年时就是以成年人的精神在感受那些今天仍留在我脑子里的记忆，那些像迦太基徽章上镌刻的题铭一样鲜明、深刻、经久不灭的记忆。

但事实上，依照世人的眼光来看，那儿值得记忆的事情是多么的少啊！清晨的梦中惊醒、夜晚的就寝传唤、每天的默读背诵、定期的礼拜和散步；此外就是那个运动场和运动场上的喧闹、嬉戏和阴谋诡计。可这一切在当时，由于一种现在早已被遗忘的精神幻术，曾勾起过多少斑驳的情感，曾引起过多少有趣的故事，曾唤起过多少令人精神振奋的激动！"啊，那个铁器时代是多么欢乐的时代！"[1]

说实话，我与生俱来的热情和专横很快就使我在校园里成了个著名人物，而且慢慢地但却越来越巩固地，我在所有那些比我大不了多少的同学中间占据了支配地位，除了一个例外，其他所有人都听我摆布。那个例外虽然并不与我沾亲带故，但却和我同名同姓。这一巧合其实也不足为奇，因为我虽然出身高贵，但我的姓名却非常普通，依照约定俗成的时效权利，这姓名自古以来就被平民百姓广泛采用。因此在这篇叙述中我把自己叫做威廉·威尔逊，一个与我的真名实姓相差无几的虚构的名字。在按校园术语称为的"我们

---

[1] 语出伏尔泰讽刺长诗《世俗之人》(*Le Mondain*, 1736) 第 21 行。

这伙人"当中,唯有我那位同名者敢在课堂上的学习中与我竞争,敢在运动场的嬉闹中与我较量,敢拒绝盲目相信我的主张,不肯绝对服从我的意志。实际上,他敢在任何方面都对我的独断专行横加干涉。如果人世间真有至高无上的专制,那就是孩子群中的大智者对其智力略逊一筹的伙伴们的专制。

威尔逊之不逊成了我窘迫不安的原因。最令我难堪的是,尽管在公开场合我坚持对他和他的自负进行虚张声势的威胁,但私下里我却意识到自己怕他,并且不得不承认,他那么轻而易举就和我并驾齐驱,这恰好证明了他很优秀;因为为了不被他压倒,我已经付出了不懈的努力。不过他的优秀(甚至与我并驾齐驱)其实也只被我一个人所承认;由于某种无法解释的视而不见,我们那些同学似乎没有半点察觉。实际上,他与我的竞争、他同我的较量、尤其是他对我意志的横加干涉,从来都不曾公开,而是在私下里进行。他好像既没有需要我去征服的野心,也没有能促使我去超过的激情。说不定他和我作对的唯一动机就是使我受挫,令我吃惊,让我丢脸;尽管有时我禁不住怀着一种又惊又恼的窘迫心情发现,在他对我的伤害、羞辱或反驳之中,竟包含着一种极不相称且讨厌之至的深情厚意。我只能认为,这种异常的表现是由于他极度的自负,是由于他俗不可耐地以庇护人和保护者自居。

也许正是威尔逊行为中的后一个特征,加之我们同名同姓而且碰巧同一天入校,这才使得学校高年级同学中流传开了我俩是兄弟的说法。对低年级同学的事,那些高年级学生往往不会非常认真地查问。我前面已说过或早就说过,那个威尔逊与我们家丝毫也不相干。

但假若我俩真是兄弟，那肯定是孪生兄弟；因为后来我离开布兰斯比博士的那所学校之后，曾偶然听说我那位同名者生于1813年1月19日。这真算得上是个惊人的巧合，因为那天恰好是我的生日。

看起来也许有点奇怪，虽然威尔逊的敌对态度和令人难以容忍的抵触情绪让我终日焦虑，但我对他却一点儿也恨不起来。当然，我俩几乎每天都争吵，而他总是当众把胜利的棕榈让给我，同时又设法让我感到胜利本该归他；不过，我具有的一种自尊心和他具有的一种名副其实的尊严使我俩之间总保持着所谓的"泛泛之交"，而我俩性格志趣方面的诸多相同，则在我心中唤起了一种感情，也许仅仅是我俩各自所处的位置阻止了这种感情化为友谊。实际上很难解释，甚至很难形容我对他的真实感情。那是一种错综复杂的混合感情，一种说不上仇恨的意气用事的怨恨，三分尊重、五分敬仰、七分畏惧，其中又糅合进许许多多令人不安的好奇。另外对道德学家我得加上一句，大可不必说威尔逊和我是最难分开的朋友。

毫无疑问，正是因为我俩之间的这种微妙关系，我对他的攻击（许许多多公开或隐蔽的攻击）成了一种善意的取笑或恶作剧（用逗乐的方式使他苦恼），而没有成为真正的敌对行为。不过我的这一手并非每次都成功，甚至连我最周密的计划也有失败的时候；因为我那个同名者具有与其个性相称的稳重和严谨，而当他自己开始冷嘲热讽之时，那真是滴水不漏，无懈可击，绝不会露出破绽让对手反唇相讥。实际上我只能找到他一个弱点，而对这个可能是因为先天疾病而造成的生理缺陷，不到我那种智穷才竭的地步谁也不忍心去加以利用。我对手的弱点就在于他的咽喉或者说发音器官，这使得他的嗓音在任何时候都只能提到悄声细语的高度。对他这个可怜的缺点，我从来就没放过加以利用的机会。

威尔逊的报复可谓多种多样，而其中有一种曾搅得我不知所措。他那聪明的头脑当初是如何发现那漂亮的一手的，这问题过去常常使我烦恼，而且我迄今也未能找到答案；可他一经发现那一手，就常常用它来烦我。我过去一直讨厌我这个没有气派的姓名，它实在太普通，即使不说它贱。我一听到那几个字眼就仿佛听见恶毒的话语；而当我入学那天得知又有一个威廉·威尔逊到校，我不禁因他与我同名而怒火中烧，并且对那个名字更加倍讨厌，因为一个陌生人也叫那名字，那名字的呼喊频率就会增加一倍，而那个陌生人会经常出现在我眼前，由于这讨厌之至的巧合，他在学校日常活动中的所作所为将不可避免地常常与我的行为混淆。

就这样，由于我与对手在心理或生理两方面的相似之处被逐一证实，我的烦恼也变得越发强烈。我当时尚未发现我俩同岁这一惊人的事实，但已看出他个子同我一般高，并意识到我们连身材相貌都出奇地相似。高年级同学中关于我俩是亲戚的谣传也令我气愤。总而言之，除了提到我俩之间性情、相貌或身份的相似，还没有什么事能使我如此不安（尽管我总是小心翼翼地掩饰这种不安）。但除了我与他的关系之外，事实上我没理由认为我与他的相似已成了别人议论的话题，甚至没理由认为同学们对此已有所察觉。对此他已从各方面有所觉察，并且和我一样确定，这倒是显而易见的事实；但正如我前面所说，他之所以能从那么多方面发现这一令人烦恼的情况，只能归因于他非同寻常的观察能力。

他竭力完善对我言谈举止的模仿，并且把他的角色扮得令人叹服。我的衣着服饰很容易就被他如法炮制。我的步态举止他没费功夫就据为己有。甚至连我的声音，尽管他有那个天生的缺陷，也没有逃脱被他盗用。我洪亮的声音他当然望尘莫及，可我的语调竟被他模仿得惟妙惟肖，而他那种独特的悄声细语慢慢也就成了我语调的回声。

我此刻不敢冒昧描述当时那幅最绝妙的肖像（因为公正地说那不能被称为漫画）使我有多么烦恼。那时候我唯一的安慰就在于这样一个事实：显然只有我一个人注意到了那种模仿，而我不得不忍受的也只有我那位同名者狡黠而奇怪的冷笑。他似乎满足于在我心中造成了预期效果，只为已经刺痛了我而暗暗得意，而全然不在乎他心智的成功很可能为他赢得的公众喝彩。事实上，在其后提心吊胆的几个月中，学校里竟无一人察觉他的计划，无人发现他的成功并和他一齐嘲笑，这一事实对我来说一直是个不解之谜。也许是他模仿的浓淡相宜使其不那么容易被人识破，或更有可能的是，我之所以平安无事，是因为那个模仿者巧妙娴熟的风格，他不屑于模仿形式（在一幅画中迟钝的人看到的只是形式），而是以我特有的沉思和懊恼来展示原作的全部精神实质。

我已不止一次地谈到了他那副以庇护人自居的讨厌面孔，谈到了他常常多管闲事，对我的意志横加干涉。那种干涉往往是以令人不快的劝喻方式，不是直截了当地提出忠告，而是含沙射影地给予暗示。我怀着一种矛盾的心理接受他的劝告，但随着年岁增长，那种矛盾也越发尖锐，但在事隔多年后的今天，就让我公平地对待他一次。我承认，尽管他当时看上去年幼无知且经验不足，但我不记得他所给予的暗示中有过任何他那种年龄容易有的谬误或愚蠢；我承认即便他综合能力不比我强，世故人情不比我精，但至少他的道德意识远远比我敏锐；而且我还要承认，假若当初我对那些包含在那个意味深长的悄声细语里的忠告不是那么深恶痛绝，不是那么嗤之以鼻，不是那么常常抵制的话，那说不定我今天就会是一个更善良的人，因而也是一个更幸福的人。

可事实上，对他那种令人厌恶的监督，我终于厌恶到了极点；对他那种我认为难以容忍的傲慢，我也一天比一天公开地表示出怨恨。我说过，在我俩同学的前几年中，我对他的感情说不定很容易转化成友谊；但在我寄居学校的最后几个月里，虽说他动辄就对我横加干涉的次数无疑已有所减少，可我对他的感情却几乎与之成反比，明确无误地具有了几分敌意。我想他有一次看出了这点，从此便对我避而远之，或是表面上对我避而远之。

如果没记错的话，我大约就在那段时间里跟他有过一次激烈的争吵，在争吵中他一反常态地毫无戒心，说话举止都表现出一种与他性格极不相符的直露坦率；当时我从他的音调、神态和外表之中发现了（或者说我以为发现了）一种开始令我不胜惊讶、接着又使我极感兴趣的东西，它使我脑子里浮现出我襁褓时代的朦胧幻象，许许多多在记忆力出现之前就存在的纷乱庞杂的印象。我与其去描述那种使我压抑的感觉，倒不如说我费了好大一番劲才不再相信这样一种幻觉：我与站在我眼前的那个人相识在某个非常遥远的时期，某个甚至无法追溯的悠远的年代。不过与它来得突然一样，那种幻觉倒也很快就消逝了。我在此提到它，仅仅是为了明确我与我那位奇特的同名者在那所学校最后一次谈话的日期。

那幢有无数房间的巨大而古老的房子有几个彼此相连的大房间，那儿住着全校绝大部分学生。然而（像设计得那么笨拙的建筑所不可避免的一样）那幢房子里有许多角落、壁凹和其他零星的剩余空间，具有经济头脑的布兰斯比博士把它们也都改装成了寝室，尽管这些寝室只有壁橱那么大，里边只能容一个人居住。在这样一间小寝室中就住着威尔逊。

在我五年学校生活快结束之时，也就是在刚才提到的那场争吵之后的一天晚上，趁同学们蒙头酣睡之机，我悄悄翻身下床，提着灯偷偷穿过一条条狭窄的通道，从我的房间去我那位对手的寝室。我早就心怀恶意地想出了一招要拿他寻开心的恶作剧，可一直没找到适当的机会下手，现在我就要将我的计划付诸实现，我决意要让他感到我心中对他的怨恨到底有多深。来到他那间小寝室门前，我把手中有灯罩的灯放在门外，无声无息地溜了进去。我往前迈了一步，听到了他平静的呼吸声。确信他已睡着，我转身取了灯，再次走到那张床前。在实行我计划的过程中，我轻轻地慢慢撩开了遮住卧床的帘子，当明亮的灯光照在那熟睡者身上，我的目光也落在了他的脸上。我定睛一看，顿时觉得四肢麻木，浑身冰凉，心跳加剧，两腿发颤，一种莫可名状、难以忍受的恐惧攫住了我的整个心灵。我喘着气把灯垂低，尽量凑近那张脸。难道这，这就是威廉·威尔逊那副容貌？我看见的的确是他的容貌，但想象中他并非这个样子，这使我像发疟疾似的一阵颤抖。那副容貌上有什么使我如此惊慌失措？我两眼凝视着他，脑子里却闪过许多不连贯的念头。他清醒而活泼的时候看起来不像这样，肯定不像这样。同一个名字！同一副面孔！同一天进入同一所学校！接下来就是他锲而不舍并毫无意义的模仿，模仿我的步态、嗓音、习惯和举止！可难道人间真有这种可能，难道我此刻所目睹的仅仅是那种可笑的模仿之习以为常的结果？我不寒而栗，毛骨悚然，灭掉提灯，悄悄退出那房间，并立即离开了那所古老的学校，从此再也没返回那里。

无所事事地在家里过了几个月之后，我成了伊顿公学的一名学生。对于在布兰斯比博士那所学校里发生的事，那短短的几个月已足以淡化我的记忆，或至少使我回忆时的心情发生了实质性的变化。那出戏的真相（悲剧情节）已不复存在。我这下能有时间来怀疑当时我的意识是否清楚，而且每每忆及那事我都忍不住惊叹世人是多么容易轻信，并暗暗讥笑我天生具有的想象力竟如此活跃。我在伊顿公学所过的那种生活也不可能抹掉这种怀疑。我一到伊顿就那么迫不及待，那么不顾一切地投入的轻率而放荡的生活，就像旋涡一样卷走了一切，只剩下过去生活的沉渣，所有具体的或重要的印象很快就被淹没，脑子里只剩下对往日生活的最轻淡的记忆。

但我此刻并不想回顾那段放荡生活，那段藐视惯例规范并躲过了校方监督的放荡生活。三年的放浪形骸使我一无所获，只是根深蒂固地染上了各种恶习，此外就是我有点异乎寻常地长高。一次在散漫浪荡了一星期之后，我又邀了一伙最不拘形迹的同学到我的房间偷偷举行酒宴。我们很晚才相聚，因为我们打算痛快地玩个通宵。夜宴上有的是酒，也不乏别的刺激，也许还有更危险的诱惑；尽管东方已经显露出黎明的曙光,我们的纵酒狂欢才正值高潮。玩牌醉酒早已使我满脸通红,当我正用亵渎的言语坚持要与人干一杯时,我突然注意到房门被人猛地推开了一半,接着从门外传来一个仆人急切的声音。他说有人正在门厅等着要同我谈话,而且迫不及待。

当时酒已使我异常兴奋,那冷不防的打扰非但没让我吃惊,反而令我感到高兴。我歪歪斜斜地出了房间,没走几步就到了那座建筑的门厅。又矮又小的门厅里没有点灯,而除了从半圆形窗户透进的朦胧曙光,没有任何灯光能照到那里。走到门边,我看见一个年轻人的身影,他个子与我不相上下,他身上那件式样新颖的白色克什米尔羊绒晨衣也同我当时穿的那件一样。微弱的曙光使我看到了这些,但却没容我看清他的脸。我一进屋他就大步跨到我跟前,十分性急地抓住我一条胳膊,凑到我耳边低声说出几个字眼"威廉·威尔逊"。

我一下子完全清醒过来。

陌生人那番举动的方式,他迎着曙光伸到我眼前的手指颤抖的那种方式,使我心中充满了极度的惊讶;但真正使我感到震撼的还不是那种方式,而是那个独特、低沉而嘶哑的声音里所包含的告诫;尤其是他用悄声细语发出那几个简单而熟悉的音节时所有的特征、声调和语调,像一股电流使我的灵魂猛然一震,许许多多的往事随之涌上心头。不待我回过神来,他已悄然离去。

虽说这一事件并非没有对我纷乱的想象力造成强烈的影响,但那种强烈毕竟是短暂的。我的确花了几个星期来认真调查,或者说我被裹进了一片东猜西想的云中。我并不想假装没认出那个人,那个如此穷追不舍地来对我进行干涉、用他拐弯抹角的忠告来搅挠我的怪人。但这个威尔逊究竟是谁？他是干什么的？他从哪儿来？他打算做什么？对这一连串问题我都找不到答案，只查明他家突遭变故，使他在我逃离布兰斯比博士那所学校的当天下午也离开了那所学校。但很快我就不再去想那个问题，而一门心思只想着要去牛津大学。不久我果然到了那里。我父母毫无计划的虚荣心为我提供了全套必需品和固定的年金，这使我能随心所欲地沉迷于我已经非常习惯的花天酒地的生活，使我能同大不列颠那帮最趾高气扬的豪门子弟攀比阔气。

那笔供我寻欢作乐的本钱使我忘乎所以，我与生俱来的脾性更是变本加厉，在我疯狂的醉生梦死之中，我甚至不顾最起码的礼仪规范。但我没有理由停下来细述我的骄奢淫逸。我只需说在所有的浪荡子中，我比希律王还荒淫无耻，而若要为那些数不清的、新奇的放荡行为命名，那在当时欧洲最荒淫的大学那串长长的恶行目录上，我加上的条目可真不算少。

然而，几乎令人难以置信，正是在那所大学里，我堕落得完全失去了绅士风度，竟去钻研职业赌棍那套最令人作呕的技艺，而一旦精通了那种卑鄙的伎俩，我便常常在一些缺心眼儿的同学中玩弄，以此增加我本来已经够多的收入。不过事实就是如此。我那种有悖于所有男子汉精神和高尚情操的弥天大罪无疑证明了我犯罪时肆无忌惮的主要原因（假若不是唯一原因）。事实上，在我那帮最放荡的同伙之中，有谁不宁愿说是自己昏了头，也不肯怀疑威尔逊有那种品行？那个快活、坦率、慷慨的威廉·威尔逊，那个牛津大学最高贵、最大度的自费生，他的放荡（他的追随者说）不过是年轻人奇思异想的放纵，他的错误不过是无与伦比的任性，他最狠毒的恶行也只不过是一种轻率而冒昧的过火行为。

我就那样一帆风顺地鬼混了两年，这时学校里来了一位叫格伦迪宁的年轻人，一个新生的贵族暴发户，据说他与希罗德·阿蒂库斯[1]一样富有，钱财也一样来得容易。我不久就发现他缺乏心眼，当然就把他作为了我显示技艺的合适对象。我常常约他玩牌，并用赌棍的惯用伎俩，设法让他赢了数目可观的一笔钱，欲擒故纵地诱他上我的圈套。最后当我的计划成熟之时，我（抱着与他决战的企图）约他到自费生普雷斯顿先生的房间聚会，普雷斯顿与我俩都是朋友，但公正地说，他对我的阴谋毫无察觉。为了让那出骗局更加逼真，我还设法邀请了另外八九名同学，我早就精心策划好玩牌之事要显得是被偶然提到，而且要让我所期待的那个受骗上当者自己提出。我简单布置好这桩邪恶勾当，该玩的花招伎俩无一遗漏，而那些如出一辙的花招伎俩是那么司空见惯，以至于唯一值得惊奇的就是为何还有人会稀里糊涂地上当。

我们的牌局一直延续到深夜，我终于达到了与格伦迪宁单独交手的目的。我们所玩的也是我拿手的二人对局。其他人对我俩下的大额赌注很感兴趣，纷纷抛下他们自己的牌围拢来观战。那位暴发户早在上半夜就中了我的圈套，被劝着哄着喝了不少的酒，现在他洗牌、发牌、或玩牌的动作中都透出一种极度紧张，而我认为他的

---

[1] 希罗德·阿蒂库斯（Herodes Atticus, 101—177），希腊著名学者，生于一雅典富家，以乐善好施闻名于世。

紧张并不全是因为酒醉的缘故。转眼功夫他就欠下了我一大笔赌账，这时他喝了一大口红葡萄酒，然后完全按照我冷静的预料，提出将我们本来已大得惊人的赌注再翻一番。我装出一副不情愿的样子，直到我的再三不肯惹得他出言不逊，我才以一种赌气的姿态依从了他的提议。这结果当然只能证明他已经完全掉进了我设下的陷阱。在其后不到一个小时的时间内，他的赌债又翻了四番。酒在他脸上泛起的红潮早就在慢慢消退，可现在看见他的脸白得吓人仍令我不胜惊讶。我说我不胜惊讶，因为我早就打听到格伦迪宁的钱财不可计量。我想他输掉的那笔钱对他虽然不能说是九牛一毛，但也不会使他伤筋动骨，不至于对他产生那么强烈的影响。他脸色白成那副模样，最合理的解释就是他已经不胜酒力。与其说是出于什么不那么纯洁的动机，不如说是想在朋友们眼里保住我的人格，我正要断然宣布结束那场赌博，这时我身边一些伙伴的表情和格伦迪宁一声绝望的长叹使我突然明白，我已经把他毁到了众人怜悯的地步，毁到了连魔鬼也不忍再伤害他的地步。

现在也很难说清我当时该怎么办。我那位受害者可怜巴巴的样子使在场的每个人都露出尴尬而阴郁的神情。屋子里一时间鸦雀无声，寂静中那伙人中的尚可救药者朝我投来轻蔑或责备的目光，我禁不住感到脸上火辣辣的。我现在甚至可以承认，当随之而来的那场意外突然发生时，我焦虑不堪的心在那一瞬间竟感到如释重负。那个房间又宽又厚的双扇门突然被推得大开，开门的那股猛劲儿像变戏法似的，熄灭了房间里的每一支蜡烛。在烛光熄灭前的刹那间，我们刚好能看见一个陌生人进了屋子，他个子和我不相上下，身上紧紧地裹着一件披风。可现在屋子里一团漆黑,我们只能感觉他正站在我们中间。大家还未能从那番鲁莽所造成的惊讶中回过神来,那位不速之客已开口说话。

"先生们,"他用一种低低的、清晰的、深入我的骨髓而令我终生难忘的悄声细语说,"先生们,我不为我的行为道歉,因为我这番冒昧是在履行一种义务。毫无疑问,你们对今晚在双人牌局中赢了格伦迪宁勋爵一大笔钱的这位先生的真正品格并不了解。因此我将向你们推荐一种简捷而实用的方法,让你们了解到你们非常有必要了解的情况。你们有空时不妨搜搜他左袖口的衬里,从他绣花晨衣那几个大口袋里或许也能搜出几个小包。"

他说话时屋里非常安静,静得连掉根针在地上也许都能听见。他话音一落转身便走,去得和来时一样突然。我能够,或者说我需要描述我当时的感觉吗?我必须说我当时感到了所有要命的恐惧吗?当时我肯定没足够的时间做出反应。大伙儿七手八脚当场把我抓住,烛光也在突然之间重新闪亮。一场搜查开始了。他们从我左袖口的衬里搜出了玩双人对局必不可少的花牌,从晨衣口袋里找到了几副与牌局上用的一模一样的纸牌,只不过我这几副是那种术语称为的圆牌,大牌的两端微微凸出,小牌的两边稍稍鼓起。经过这样处理,按习惯竖着切牌的上当者将发现他抽给对手的常常都是大牌,而横着切牌的赌棍则肯定不会抽给他的受害人任何一张可以计分的大牌。

他们揭穿我的骗局后若真是勃然大怒,也会比那种无言的蔑视或平静的讥讽令我好受。

"威尔逊先生,"我们的主人一边说一边弯腰拾起他脚下的一件用珍稀皮毛缝制的华贵的披风。"威尔逊先生,这是你的东西。"(那天天冷,我出门时便在晨衣外面披了件披风,来到赌牌的地方后又把它脱下放到一边。)"我想就不必再从这件披风里搜出你玩那套把戏的证据了(他说话时冷笑着看了看披风的褶纹。)实际上我们已有足够的证据。我希望你能明白,你必须离开牛津。无论如何得马上离开我的房间。"

虽说我当时自惭形秽,无地自容,但若不是我的注意力被一个惊人的事实所吸引,那我早就会对那种尖酸刻薄做出强烈的反应。我当时穿的那件披风是用一种极其珍稀的毛皮做成,至于多珍稀、多贵重,我不会贸然说出。那披风的式样也是我独出心裁的设计,因为我对那种琐碎小事的挑剔已到了一种虚浮的地步。所以当普雷斯顿先生将他从双扇门旁边地板上拾起的那件披风递给我时,我惊得近乎于恐怖地发现我自己那件早已经搭在我胳膊上(当然是在无意识之间搭上的),而递给我的那件不过是我手中这件的翻版,两件披风连最细小的特征也一模一样。我记起那位来揭我老底的灾星进屋时就裹着一件披风,而屋里其他人除我之外谁也没穿披风。我还保持着几分镇定,于是我从普雷斯顿手中接过那件披风,不露声色地把它盖在我手中那一件之上,然后带着一种毅然决然的挑衅神情离开了那个房间。第二天早晨天还未亮,我便怀着一种恐惧与羞愧交织的极度痛苦的心情,匆匆踏上了从牛津到欧洲大陆的旅途。

我的逃亡终归徒然。我的厄运似乎乐于把我追逐,并实实在在地表明他对我神秘的摆布才刚刚开始。我在巴黎尚未站稳脚跟,就发现那个可恶的威尔逊又在对我的事情感兴趣。岁月一年年流逝，而我却没感到过安定。那条恶棍！在罗马，他是多么不合时宜又多么爱管闲事地像幽灵一样插在我与我的雄心之间！在维也纳也如此。在柏林也这般。在莫斯科也同样没有例外！实际上，在哪儿我才会没有从心里诅咒他的辛酸的理由呢？我终于开始惊恐地逃避他那不可思议的暴虐，就像在逃避一场瘟疫；但我逃到天涯海角也终归徒然。

我一次次地在心里暗暗猜想，我一次次地对着灵魂发问："他是谁？他从哪儿来？他到底要干什么？"但是我从来找不到答案。现在我又以十二万分的精细，彻底审视他对我进行无理监督的形式、方法和主要特征。可就是这样也很少能找到可进行推测的根据。实际上能引人注目的就是，在最近他对我挡道拆台的无数事例中，他没有一次不是要挫败和阻挠我那些一旦实现就会造成灾难性后果的计划和行动。其实，这一发现对一种显得那么专横的权力来说，不过是一种可怜的辩护！对一种被那么坚决而不客气地否认的自封的天赋权力来说，不过是一种可怜的补偿！

我还被迫注意到，长期以来，我那位施刑者虽然小心而奇妙地坚持穿和我一样的衣服，但他每次对我的意志横加干涉时都应付得非常巧妙，结果我在任何时候都未能看清他那副面孔。不管他威尔逊会是什么样的人，他这样做至少是矫揉造作，或者愚不可及。难道他真以为我居然会认不出在伊顿公学警告我的、在牛津大学毁了我名誉的、在罗马阻挠我一展宏愿的、在巴黎遏止我报仇雪恨的、在那不勒斯妨碍我风流一番的、或在埃及不让我被他错误地称为贪婪的欲望得到满足的那个凶神和恶魔就是我中学时代的那个威廉·威尔逊,那个我在布兰斯比博士那所学校时的同名者、那个伙伴、那个对手、那个既可恨又可怕的对手?这不可能!但还是让我赶紧把这幕剧的压轴戏唱完吧。

我就那样苟且偷安地屈服于了那种专横的摆布。我注视威尔逊高尚品格、大智大慧、无所不在和无所不能之时所惯有的敬畏心情,加上我注意他天然生就或装腔作势的其他特征之时所具有的恐惧心理,一直使我深深地意识到自己的软弱与无能,使我(尽管极不情愿)盲目地服从他独断专行的意志。但最近一些日子我饮酒无度,酒精对我天性的疯狂影响使我越来越不堪任人摆布。我开始抱怨,开始犹豫,开始反抗。难道我认为自己越来越坚定,而我那位施刑者却越来越动摇?这仅仅是我的一种幻觉?即便就算是幻觉,我现在已开始感觉到一种热望的鼓舞,最后终于在心灵深处形成了一个坚定不移且孤注一掷的决心,那就是我不再甘愿被奴役。

那是在罗马,18××年狂欢节期间,我参加了一个在那不勒斯公爵迪·布罗利奥宫中举行的化装舞会。我比平常更不节制地在酒桌上开怀畅饮了一通,这时那些拥挤不堪的房间里令人窒息的空气已使我恼怒。挤过乱糟糟的人群之艰难更使得我七窍生烟,因为我正急着寻找老朽昏聩的迪·布罗利奥那位年轻漂亮且水性杨花的妻子(请允许我不说出我那并不高尚的动机)。她早就心照不宣地告诉了我她在化装舞会上将穿什么样的服装,现在我瞥见了她的身影,正心急火燎地朝她挤去。就在此时,我感到一只手轻轻搁在我肩上,那个低低的、该死的、我永远也忘不了的悄声细语又响在我耳边。

在一阵绝对的狂怒之中,我猛转身朝着那位横加阻扰者,一把揪住他的衣领。果然不出我所料,他打扮得和我一模一样,身上披一件蓝色天鹅绒的西班牙披风,腰间系一条猩红色皮带,皮带上悬着一柄轻剑,一副黑丝绸面具蒙着他的脸。

我凶狠而残暴地一剑剑刺透他的心窝。

"无赖!"我用沙哑的声音愤然骂道,我骂出的每一个字都像是往我心中那团怒火浇的一瓢油,"无赖!骗子!该死的恶棍!你不该,你不该对我穷追不舍!跟我来,不然我就让你死在你站的地方!"我拽着并不反抗的他挤过人群,从舞厅来到了隔壁的一间客厅。

我一进屋就猛然把他推开。他跌跌撞撞地退到墙边,这时我一边发誓一边关上房门,转身命令他拔出剑来。他略为踌躇了片刻,然后轻轻叹了口气,终于默默地抽剑摆出防御的架势。

那场决斗的确非常短暂。各种各样的刺激早已使我疯狂,我觉得自己握剑的手有千钧之力。眨眼工夫我就奋力把他逼到墙根,这下他终于得任我摆布,我凶狠而残暴地一剑剑刺透他的心窝。

这时有人试图扭开门闩。我急忙去阻止被人闯入,随之又转身朝着我那位奄奄一息的对手。可人世间有什么语言能描述我当时看见那番情景时的那种惊异,那种恐怖?就在我刚才掉头之间,那个小客厅的正面或说远端在布置上发生了一个重大的变化。一面大镜子(在我开初的慌乱之中显得如此)正竖立在刚才没有镜子的地方,而当我怀着极度恐惧的心情朝它走过去时,我的影子,我那面如死灰、浑身溅满鲜血的影子也步履踉跄地朝我走来。

我说显得如此,其实并非如此。走过来的是我那个对手,是威尔逊,他正带着临死的痛苦站在我面前。他的面具和披风已被扔在地板上。他衣服上没有丝根纤维不是我衣服上的纤维。他那张脸上所有显著而奇妙的特征中没有一丝纹缕,甚至按照最绝对的同一性,不是我自己的!

那就是威尔逊,但他说话不再用悄声细语,当时我还以为是我自己在说话：

你已经获胜，而我输了。但从今以后你也就死去，对这个世界、对天堂和希望也就毫无感觉！你存在于我中，而我一死，请看这个影子吧，这是你自己的影子，看你多么彻底地扼杀了自己。

（原载《爱伦·坡集：诗歌与故事》，三联书店，1995）

莫斯肯漩涡沉浮记

［美］爱伦·坡

神造自然之道犹如天道，非同于吾辈制作之道；故自然之博大、幽渺及神秘，绝非吾辈制作之模型所能比拟，自然之深邃远胜德谟克利特之井。

——约瑟夫·格兰维尔

我们当时登上了最高的巉崖之顶。那位老人一时间似乎累得说不出话来。

"不久前，"他终于说道，"我还能像我小儿子一样利索地领你走这条路；可大约在三年前，我有过一次世人从未有过的经历，或至少是经历者从未有人幸存下来讲述的那种经历。我当时熬过的那胆战心惊的六小时把我的身子和精神全都弄垮了。你以为我是个年迈的老人，可我不是。就是那不到一天的工夫，我的黑发变成了白发，手脚没有了力气，神经也衰弱了，现在稍一使劲就浑身发抖，看见影子就感到害怕。你知道吗，现在从这小小的悬崖往下看，我都有点头昏眼花？"

这"小小的悬崖",他刚才还那么漫不经心地躺在悬崖边上休息,身体的重心几乎是挂在崖壁上,仅凭一只胳臂肘支撑着又陡又滑的岩边,保持着身子不往下掉。这"小小的悬崖"是一道由乌黑发亮的岩石构成的高峻陡峭的绝壁,从我们脚下的巉岩丛中突兀而起,有1500或1600英尺高。说什么我也不敢到离悬崖边五六码的地方去。实际上,看见我那位同伴躺在那么危险的地方我都紧张得要命,以至于我挺直身子趴在地上还紧紧抓住身旁的灌木,甚至不敢抬眼望一望天空。与此同时,我总没法驱除心中的一个念头:这山崖会被一阵狂风连根吹倒。过了好一阵我才说服了自己,鼓足勇气坐起来朝远处眺望。

"你一定得克服这些幻觉,"那位向导说,"因为我领你上这儿来,就是要让你尽可能好好看看我刚才说的那件事发生的现场,让这地方就在你眼皮底下,我才好跟你细说那番经历。"

"我们现在,"他用他独有的不厌其详的方式继续道,"我们现在是在挪威海边,在北纬68度,在诺尔兰这个大郡,在荒凉的罗弗敦地区。我们脚下这座山叫赫尔辛根,也称云山。请把身子抬高点儿,要是头晕就抓住草丛。就这样,朝远处看,越过咱们身下的那条雾带,看远方大海。"

我头昏眼花地极目远望,但见浩浩汤汤一片汪洋。海水冥冥如墨,这让我一下想到了那位努比亚地理学家所记述的"黑暗海洋"[1]。眼前

---

[1] 指摩洛哥地理学家易德里希(Al Idrisi, 1100—1165),他写的世界地理志之拉丁语译本于1619年在巴黎出版,书名被译为《努比亚地理志》(*Geographia Nubiansis*),从此他也被讹传为努比亚人。

景象之凄迷超越了人类的想象。在我们目力所及的左右两方，各自延伸着一线阴森森的黑崖，犹如这世界的两道围墙，咆哮不止的波涛高卷起狰狞的白浪，不断地拍击黑崖，使阴森的黑崖更显幽暗。就在我们置身于其巅峰的那个岬角对面，在海上大约五六英里远之处，有一个看上去很荒凉的小岛；更确切地说，是透过小岛周围的万顷波澜，那小岛的位置依稀可辨。靠近陆地两英里处又耸起一个更小的岛屿，荒坡濯濯，怪石嶙峋，周围环绕着犬牙交错的黑礁。

较远那座荒岛与陆地之间的这片海面有一种非常奇异的现象。虽然当时有一阵疾风正从大海刮向陆地，猛烈的疾风使远方海面上的一条双桅船收帆停下后仍不住颠簸，整个船身还不时被巨浪覆盖，但这片海面上却看不见通常的波涛，只有从逆风或顺风的各个方向流来的海水十分短促地交叉涌动。除了紧贴岩石的地方，海面上几乎没有泡沫。

"远处的那座岛，"老人继续道，"挪威人管它叫浮格岛。中途那座是莫斯肯岛。往北一英里处是阿姆巴伦岛。再过去依次是伊弗力森岛、霍伊荷尔摩岛、基尔德尔摩岛、苏尔文岛和巴克哥尔摩岛。对面远处（在莫斯肯岛和浮格岛之间）是奥特荷尔摩岛、弗里门岛、桑德弗利森岛和斯卡荷尔摩岛。这些名称就是这些小岛的准确叫法，但至于人们为什么认为非得这么叫，那就不是你我能弄懂的了。你现在听见什么吗？你看见海水有什么变化吗？"

我们当时在赫尔辛根山顶已待了大约十分钟，我们是从罗弗敦内地一侧爬上山的，所以一直到攀上绝顶，大海才骤然呈现在我们眼前。老人说话之际，我已经听到了一种越来越响的声音，就像美洲大草原上一大群野牛的悲鸣。与此同时,我还目睹了水手们所说的大海说变就变的性格,我们脚下那片刚才还有风无浪的海水眨眼之间变成了一股滚滚向东的海流。就在我凝望之时,那股海流获得了一种异乎寻常的速度。那速度每分每秒都在增大,海流的势头每分每秒都在增猛。不出五分钟,从海岸至浮格岛的整个海面都变得浊浪滔天,怒涛澎湃;但海水最为汹涌的地方则在莫斯肯岛与海岸之间。那里的海水分裂成上千股相互冲撞的水流,突然间陷入了疯狂的骚动,跌宕起伏、滚滚沸腾、嘶嘶呼啸,旋转成无数巨大的漩涡,所有的漩涡都以水在飞流直下时才有的速度转动着冲向东面。

几分钟之后,那场景又发生了一个急剧的变化。海平面变得多少比刚才平静,那些漩涡也一个接一个消失,但在刚才看不见泡沫的海面,现在泛起了大条大条的带状泡沫。泡沫带逐渐朝远处蔓延,最后终于连成一线,又开始呈现出漩涡状的旋转运动,仿佛要形成另一个更大的漩涡。突然,真是突如其来,那个大漩涡已清清楚楚地成形,其直径超过了半英里。那漩涡的周围环绕着一条宽宽的闪光的浪带,但却没有一点浪花滑进那个可怕的漏斗。我们的眼睛所能看到的那漏斗的内壁,是一道光滑、闪亮、乌黑的水墙,墙面与水平面大约成45度角,以一种令人眼花缭乱的速度飞快地旋转,向空中发出一种可怕的声音,一半像悲鸣,一半像咆哮,连气势磅礴的尼亚加拉大瀑布也不曾向苍天发出过这种哀号。

一时间山崖震颤,岩石晃动。我紧张得又一下趴到地上,紧紧抓住身边稀疏的荒草。

"这,"我最后终于对老人说,"这一定就是著名的梅尔斯特罗姆大漩涡了。"

"有时候人们也这么叫,"他说,"但我们挪威人称它为莫斯肯漩涡,这名字来自海岸和浮格岛之间的莫斯肯岛。"

一般关于这大漩涡的记述都未能使我对眼前所见的景象有任何心理准备。约纳斯·拉穆斯[1]的记述也许最为详细,但也丝毫不能使人想象到这番景象的宏伟壮观或惊心动魄,或想象到这种令观者心惊肉跳、惶恐不安的新奇感。我不清楚那位作者是从什么角度和在什么时间观察大漩涡的,但他的观察既不可能是从赫尔辛根山顶,也不可能是在一场暴风期间。但他的描述中有几段特别详细,我们不妨把它们抄录于此,不过,要传达对那种奇观异景的感受,这些文字还嫌太苍白无力。

他写道:"莫斯肯岛与罗弗敦海岸之间水深达36至40英寻;但该岛至浮岛(浮格岛)之间,水深却浅到船只难以通过的程度,即便在风平浪静的日子,船只也有触礁的危险。当涨潮之时,那股强大的海流以一种疯狂的速度冲过罗弗敦和莫斯肯岛之间;而当它急遽退落时所发出的吼声,连最震耳欲聋最令人害怕的大瀑布也难以相比。那种吼声几海里外都能听见。那些漩涡或陷阱是那么宽,那么深,船只一旦进入其引力圈就不可避免地被吸入深渊,卷到海底,在乱礁丛中撞得粉碎。而当那片海域平静之时,残骸碎片又重新浮出海面。但只有在无风之日潮水涨落之间的间歇,才会有那种平静之时,而且最多只能延续十五分钟,接着那海流又渐渐卷土重来。当那股

---

[1] 约纳斯·拉穆斯(Jonas Ramus, 1649—1718),挪威学者。——译者注

海流最为狂暴且又有暴风雨助威时,离它四五英里之内都危机四伏。无论小船大船,只要稍不留意提防,不等靠拢就会被它卷走。鲸鱼游得太近被吸入涡流的事也常常发生,这时它们那种徒然挣扎、奢望脱身时所发出的叫声非笔墨所能形容。曾有一头白熊试图从罗弗敦海岸游向莫斯肯岛,结果被那股海流吸住卷走,当时它可怕的咆哮声岸上都能听见。枞树和松树巨大的树干一旦被卷入那急流,再浮出水面时一定是遍体鳞伤,仿佛是长了一身硬硬的鬃毛。这清楚地表明海底怪石嶙峋,被卷入的树干只能在乱石丛中来回碰撞。这股海流随潮涨潮落或急或缓,通常每六个小时一起一伏。1645年六旬节的星期日清晨,这股海流的狂暴与喧嚣曾震落沿岸房屋的砖石。"

说到水深,我看不出那个大漩涡附近的深度如何能测定。"40英寻"肯定仅指那股海流靠近莫斯肯岛或罗弗敦海岸那一部分的深度。莫斯肯漩涡的中心肯定深不可测,而对这一事实的最好证明,莫过于站在赫尔辛根山最高的巉崖之顶朝那旋转着的深渊看上一眼,哪怕是斜眼匆匆一瞥。从那悬崖之巅俯瞰那条咆哮的冥河,我忍不住窃笑老实的约纳斯·拉穆斯竟那么天真,居然把鲸鱼白熊的传闻当作难以置信的事件来记载;因为事实上在我看来,即便是这世上最大的战舰,只要一进入那可怕的吸力圈,也只能像飓风中的一片羽毛,顷刻之间便消失得无影无踪。

我曾读过那些试图说明这种现象的文章。记得当时还觉得其中一些似乎言之有理,现在看来则完全不同,难以令人满意。人们普遍认为,这个大漩涡与法罗群岛那三个较小的漩涡一样,"其原因不外乎潮涨潮落时水流之起伏与岩石暗礁构成的分水脊相碰,水流受分水脊限制便如瀑布直落退下,于是水流涌得越高,其退落就越低,结果就自然形成涡流或漩涡,其强大吸力通过模拟实验已为世人所知。"以上见解乃《大英百科全书》之原文[1]。基歇尔[2]等人推测莫斯肯漩涡之涡流中心是一个穿入地球腹部的无底深渊,深渊的出口在某个非常遥远的地方,而有一种多少比较肯定的说法是认为那出口在波的尼亚湾。这种推测本来并无根据,但当我凝视着眼前的漩涡,我的想象力倒十分倾向于同意这种说法。我对向导提起这个话题,他的回答令我吃了一惊,他说虽然一说起这话题几乎所有挪威人都接受上述观点,但他自己并不同意这种见解。至于前一种见解,他承认自己没有能力去理解。在这一点上我与他不谋而合,因为不管书上说得多么头头是道,可一旦置身于这无底深渊雷鸣般的咆哮声中,你便会觉得书上所言完全莫名其妙,甚至荒唐透顶。

"你现在已好好地看过了这大漩涡,"老人说道,"如果你愿意绕过这巉崖爬到背风的地方,避开这震耳欲聋的咆哮,我会给你讲一段故事,让你相信我对莫斯肯漩涡应该有几分了解。"

我爬到了他所说的地方,他开始讲故事。

"我和我两位兄弟曾有一条载重七十吨的渔船,我们习惯于驾船驶过莫斯肯岛,在靠近浮格岛附近的岛屿间捕鱼。海中凡有漩涡之处都是捕鱼的好地方,只要掌握好时机,再加上有胆量去一试。不过在罗弗敦一带所有渔民当中,只有我们三兄弟常去我告诉你的那

---

[1] 值得一提的是,如今的《大英百科全书》《哥伦比亚百科全书》等权威辞书在"莫斯肯漩涡"这个词条中都要提及爱伦·坡对此漩涡的描述。
[2] 基歇尔(Athanasius Kircher, 1601—1680),德国学者。

些岛屿间捕鱼。通常的渔场在南边很远的地方。那儿随时都能捕到鱼，没有多少危险，所以人们都情愿去那儿。可这边礁石丛中的好去处不仅鱼种名贵，而且捕捞量大，所以我们一天的收获往往比我们那些胆小的同行一个星期所得到的还多。事实上，我们把这营生作为一种玩命的投机，以冒险代替辛劳，以勇气充当资本。

"我们通常把船停在沿这海岸往北大约五英里处的一个小海湾里；遇上好天气，我们就趁着那十五分钟平潮赶快驶过莫斯肯漩涡的主水道，远远地到那大漩涡的北边，然后调头南下，直驶奥特荷尔摩岛或桑德弗利森岛附近的停泊地，那儿的涡流不像别处那么急。我们通常在那儿停留到将近第二次平潮，这时我们才满载鱼虾起锚返航。要是没遇上一阵能把我们送去又送回的平稳的侧风，那种我们有把握在我们回来之前不会停刮的侧风，我们绝不会出海去冒这种险。而对风向的预测我们很少出错。六年期间，我们因为没风而被迫在那儿抛锚过夜的事只发生过两次，天上一丝风也没有的情况在我们这儿十分少见；还有一次我们不得不在那边渔场上逗留了将近一个星期，差点儿没被饿死，那是因为我们刚到渔场不一会儿就刮起了狂风，狂风使水道怒浪滔天，那狂暴劲儿叫人想都不敢想。不管怎么说，那次我们本该被冲进深海，因为那些漩涡使我们的船旋转得那么厉害，结果连锚都被缠住了，我们只得拖着锚随波逐流。但幸好我们漂进了那些纵横交错的暗流中的一条，今天漂到这儿，明天漂到那儿，最后顺流漂到了弗里门岛背风的一面，在那儿我们侥幸地抛下了锚。

"我们在'渔场那边'遭遇的艰难，我真难以向你一言道尽。那是个险恶的地方，即便在好天也不太平，但我们总能设法平安无事地避开莫斯肯漩涡的魔掌。不过也有过吓得我心都提到嗓子眼的时候，那就是我们通过主水道的时间碰巧与平潮时间前后相差那么一分钟左右的时候。有时启航后才发现风不如我们预测的那么强劲，我们只好缩短我们本来该绕的圈子，这时候海流就会把船冲得难以控制。当时我哥哥已有个十八岁的儿子，我也有两个健壮的男孩。在刚才说到的那种需要划桨加速的时候，或是在到达渔场后撒网捕鱼的时候，孩子们都可以成为很好的帮手。可不知什么缘故，尽管我们自己就在玩命，但却没勇气让孩子们去冒风险，因为那毕竟是一种可怕的危险，这话可一点不假。

"再过上几天，我下面要给你讲的那件事就已经发生三年了。那是18××年7月10日，这一带的人永远都忘不了那个日子，因为就在那天，这里刮过一场从来没有过的最可怕的飓风。然而在那天上午，实际上一直到下午很晚的时候，天上还一直吹着轻柔而稳定的西南风，头顶上也一直艳阳高照，所以连我们中最老的水手也没料到会骤然变天。

"我们三人，我两个兄弟和我，大约在下午两点到达那边的岛屿之间，并很快就让鱼舱几乎装满了好鱼，我们都注意到那天捕的鱼比以往任何时候都多。七点整，根据我表上的时间，我们开始满载返航，好趁平潮期驶过那涡流的主水道，我们知道下次平潮是在八点。

"我们乘着从右舷一侧吹来的劲风驶上归途，以极快的速度行驶了好一阵，压根儿没想到有什么危险，因为事实上我们看不出任何值得担忧的迹象。可突然之间，从赫尔辛根山方向吹来的一阵风让我们吃了一惊。这种情况异乎寻常,我们以前从没遇到过,我不由得感到一点不安,不过我不清楚不安的缘由。我们让船顺着那阵风,但由于流急涡旋,船却完全没法前进;我正想建议把船驶回刚才停泊的地方,这时我们朝后一望,但见整个天边已被一种正急速升腾的黄铜色怪云笼罩。

"与此同时,刚才阻挠我们的那阵风也渐渐消失,我们完全没有了前行所需的风力,一时间只能随波逐流。可这种情况并未延续多久,甚至不够我们细想一下当时的处境。不出一分钟,风暴降临我们头上。不出两分钟,天空布满了乌云。乌云遮顶加上水雾弥漫,我们周围顿时变得漆黑一团,以致同在一条船上也彼此看不见对方。

"要描述当时那场飓风可真是痴心妄想。整个挪威最老的水手也不曾有过那种经历。我们趁那飓风完全刮来之前赶紧收起了风帆;可第一个风头就把我们的两根桅杆都刮倒在船外,仿佛它们早就被锯断了似的。主桅杆把我弟弟也带进了海里,因为他为安全起见把自己绑在了桅杆上。

"我们的船是海上船只中最轻巧的一种。它有一层十分平滑的甲板,只在靠近船头的地方有个小小的舱口,而我们一直习惯于在驶越大漩涡之前钉上扣板,将其密封,以防汹涌的海水灌入。要不是采取了那样的措施,恐怕我们早就沉到了海底,因为有一阵子我们完全被埋在水下。我说不上我哥哥是如何逃过那灭顶之灾的,因为我根本就没机会去弄明白。至于我自己,当时我一放下前帆就趴倒在甲板上,用双脚紧紧抵住船头狭窄的船舷上沿,两手则死死抓住前桅杆下一个环端螺栓。我那样做仅仅是由于本能的驱使,那无疑也是我当时最好的选择,因为我慌得没工夫细想。

"正如我刚才所说,有一阵子我们完全被埋在水下,其间我一直屏住呼吸,并紧紧抓住那个螺栓。待我实在不能再坚持时我才跪起身来,但抓螺栓的手一点也没放松,因此我保持了神志清醒。接着我们的小船晃了一阵,就像狗从水中出来时晃动身子,这样多少总算从水下钻出了水面。我正试图驱散刚向我袭来的一阵恍惚,好定下神来考虑对策,这时我觉得有人抓住了我一条胳臂。那是我哥哥,我高兴得心里直跳,因为我刚才以为他肯定已掉到海里去了。可我的高兴转眼之间就变成了恐惧,因为他把嘴凑近我的耳朵,惊恐地喊叫出了那个名字:'莫斯肯漩涡!'

"没有人会知道我当时是什么心情。我浑身上下直打哆嗦,就像发一场最厉害的疟疾。我清楚他嚷出的那个名词所包含的意义,我知道他想让我明白的是什么。随着那阵驱赶我们的狂风,小船正飞速驶向莫斯肯漩涡,我们已毫无希望得到拯救!

"你也知道,每次穿过这漩涡的主水道,我们总是远远地从漩涡北边绕一个大圈,即便在最好的天气也不例外,然后还得小心翼翼地等待平潮,可现在我们却直端端地被驱向那大漩涡本身,而且是在那样的一场飓风之中!'当然,'我心中暗想,'我们到达漩涡时会正赶上平潮。这样我们也许还有线生机。'但紧接着我就诅咒自己是个十足的白痴,居然会想到从大漩涡生还的希望。我知道得非常清楚,就算我们是一条比有九十门大炮的战列舰还大十倍的船,这次也是在劫难逃。

"这时风暴的头一阵狂怒已经减弱,或者是因为我们顺风行驶而觉得它不如刚才凶狂，但不管怎样，刚才被狂风镇服、压平、只翻涌着泡沫的海面，现在卷起了一排排山一样的巨浪。天上也起了一种奇异的变化。虽说周围仍然是一片漆黑，可当顶却骤然裂开一个圆孔，露出一圈晴朗的天空，我所见过的最清澈明朗的天空，呈一种深沉而晶莹的湛蓝。透过那孔蓝天涌出一轮圆月，圆月闪耀着一种我从不知月亮有过的光华。月光把我们周围的一切照得清清楚楚。可是，天哪，它照亮的是一番什么景象！

"我当时试了一两次要同我哥哥说话，可我弄不明白是怎么回事，震耳欲聋的喧嚣声越来越猛，我扯开嗓门对着他耳朵喊叫也没法让他听到我的声音。不一会儿他朝我摇了摇头。面如死灰地竖起一根手指，仿佛是说'听！'

"开始我还弄不懂他的意思，但紧接着一个可怕的念头倏然掠过脑际。我从表袋里掏出怀表。指针没有走动。我借着月光看了一眼表面，不禁哇地一下哭出声来，随之把怀表扔进了大海。表在七点钟时就已停走！我们已经错过了平潮期，此时的大漩涡正在狂怒之中！

"当一条建造精良、结构匀称、且载货不多的船顺风而行时，被强风掀起的海浪似乎总是从它的船底一滑而过，对不懂航海的人来说，这显得很奇怪，可用海上的行话来说，那就叫骑浪。对啦，在此之前我们就一直在骑浪而行；但不久一个巨大的浪头紧紧贴住了我们的船底，并随着它的涌起把我们给托了起来，向上，向上，仿佛把我们托到了空中。我真不敢相信浪头能涌得那么高。然后，伴随着一顿、一滑、一坠，我们的船又猛然往下跌落，跌得我头昏眼花,直感恶心,就像是在梦中从山顶上往下坠落。但当我们被托起时,我趁机朝四下扫了一眼,而那一眼就完全足够了。我一眼就看清了我们的准确位置。莫斯肯大漩涡就在我们正前方大约四分之一英里处,但它已不像平日所见的莫斯肯涡流,而像你刚才所见到的水车沟一样的漩涡。如果我当时不知道我们身在何处,不知道我们正面临什么,那我一定完全认不出那地方。事实上,那一眼吓得我当即闭上了眼睛,上下眼皮像抽筋似的自己合在了一起。

"其后可能还不到两分钟,我们突然觉得周围的波涛平息了下来,包围着小船的是一片泡沫。接着小船猛地朝左舷方向转了个直角,然后像一道闪电朝这个新的方向猛冲。与此同时,大海的咆哮完全被一种尖厉的呼啸声吞没。要知道那种呼啸声,你可以想象几千艘汽船的排气管同时放气的声音。我们当时是在那条总是环绕着大漩涡的浪带上。当然,我以为下一个时刻马上就会把我们抛进那个无底深渊。由于我们的船以惊人的速度在飞驶,我们只能朦朦胧胧地看见下面。可小船并不像要沉入水中,而是像一个气泡滑动在水的表面。船的右舷靠着漩涡,左舷方则涌起我们刚离开的那片汪洋。此时那片汪洋像一道扭动着的巨墙,横在我们与地平线之间。

"说来也怪,真正到了那漩涡的边上,我反倒比刚才靠近时平静了许多。一旦横下心来听天由命,先前让我丧魂失魄的那种恐惧倒消除了一大半。我想,当时使我平静下来的正是绝望。

"这听起来也许像在吹牛,但我告诉你的全是实话。我开始想到,以这样的方式去死是多么壮丽,想到面对上帝的力量如此叹为观止的展现,我竟然去考虑自己微不足道的生命,这是多么可鄙,多么愚蠢。我确信，当时这种想法一闪过我脑子，我的脸顿时羞得通红。过了一会儿，我终于被一种想探究那个大漩涡的强烈的好奇心所迷住。我确实感到了一种想去勘测它深度的欲望，即使为此而丢掉生命也在所不惜，可我最大的悲伤就是我永远也不可能把我即将看到的秘密告诉我岸上那些老朋友。毫无疑问，这些想法是一个面临绝境的人脑子里的胡思乱想。后来我常想，当时也许是小船绕漩涡急速旋转使得我有点儿神志恍惚了。

"使我恢复镇静还有另一个原因；那就是风停了，风已吹不到我们当时所处的位置，因为正如你现在亲眼所见，那圈浪带比大海的一般水位低得多，当时海面高高地耸在我们头顶，像一道巍峨的黑色山梁。要是你从没在海上经历过风暴，那你就没法想象风急浪高在人心中造成的那种慌乱。风浪让你看不清，听不见，透不过气来，让你没有力气行动也没有精力思考。可我们当时基本上摆脱了那些烦恼，就像狱中被宣判了死刑的囚徒被允许稍稍放纵一下，而在宣判之前则禁止他们乱说乱动。

"说不清我们在那条浪带上转了多少圈。我们就那样绕着圈子急速地漂了大约一个小时，说是漂还不如说是飞，渐渐地移到了浪带中间，然后又一点一点向浪带可怕的内缘靠近。这期间我一直没松开那个螺栓。我哥哥则在船尾抓住一只很大的空水桶，那水桶一直牢固地绑在船尾捕鱼笼下面。飓风头一阵袭击我们时，甲板上唯一没被刮下海的就是那只大桶，而就在我们贴近那漩涡边缘时，他突然丢下那只桶来抓环端螺栓，由于极度的恐惧，他力图强迫我松手。因为那个环并不大，没法容我们兄弟俩同时抓牢。当我看见他这种企图，我感到了前所未有的悲伤，尽管我知道他这样做时已神经错乱，极度的恐怖已使他癫狂。不过我并不想同他争那个螺栓。我认为我俩谁抓住它结果都不会有什么不同；于是我让他抓住那个环，自己则去船尾抓住那个桶。这样做并不太难；因为小船旋转得足够平稳，船头船尾在同一水平面，只是随着那漩涡巨大的摆荡，前后有些倾斜。我勉强在新位置站稳脚跟，船就猛然向右侧一歪，头朝下冲进了那个漩涡。我匆匆向上帝祷告了两句，心想这下一切都完了。

"当我感觉到下坠时那种恶心之时，我早已本能地抓紧木桶并闭上了眼睛。有好几秒钟我一直不敢睁眼，我在等待那最后的毁灭，同时又纳闷怎么还没掉到水底作垂死的挣扎。可时间一刻一刻地过去。我仍然活着。下坠的感觉消逝了，小船的运动似乎又和刚才在浪带上旋转时一样，只是现在船身更为倾斜。我壮着胆子睁开眼再看一看那番情景。

"我永远也忘不了我睁眼环顾时那种交织着敬畏、恐惧和赞美的心情。小船仿佛被施了魔法，看起来就像悬挂在一个又大又深的漏斗内壁表面上。要不是那光滑的内壁正以惊人的速度在旋转，要不是它正闪耀着亮晶晶的幽光，那水的表面说不定会被误认为是光滑的乌木。原来那轮皓月正从我刚才描述过的那个乌云当中的圆孔把充溢的金光倾泻进这个巨大的漩涡，光线顺着乌黑的涡壁，照向深不可测的涡底。

"一开始我慌乱得根本无法细看，蓦然映入眼中的就是这幅可怕而壮美的奇观。但当我稍稍回过神来，我的目光便本能地朝下望去。由于小船是悬挂在涡壁倾斜的表面，我朝下方看倒能够一览无余。

小船现在非常平稳，那就是说它的甲板与水面完全平行，但由于水面以 45 度多一点的角度倾斜，小船看起来几乎要倾覆。然而我不能不注意到，我几乎并不比在绝对水平时费劲就能抓紧水桶、固定身体。现在想来，那是因为我们旋转的速度。

"月光似乎一直照向那深深漩涡的涡底；可我仍然什么也看不清，因为有一层厚厚的雾包裹着一切，浓雾上方悬着一道瑰丽的彩虹，就像穆斯林说的那座狭窄而晃悠的小桥，那条今生与来世之间唯一的通道。这层浓雾，或说水沫，无疑是那个漩涡巨大的水壁在涡底交汇相撞时形成的，可对水雾中发出的那种声震天宇的呼啸，我可不敢妄加形容。

"我们先前从那条涌着泡沫的浪带上朝漩涡里猛然一坠，这已经使我们沿着倾斜的水壁向下滑了一大段距离，但其后我们下降的速度与刚才完全不成比例。我们一圈又一圈地随着涡壁旋转，但那种旋转并非匀速运动，而是一种令人头昏目眩的摆动，有时一摆之间我们只滑行几百英尺，而有时一摆之间我们却几乎绕涡壁转了一圈。我们每转一圈所下降的距离并不长，但也足以被明显地感知。

"环顾承载着我们的那道乌黑的茫茫水壁，我发现漩涡里卷着的并非仅仅是我们这条小船。在我们的上方和下面都可以看到船只的残骸、房屋的梁柱和各种树干，另外还有许多较小的东西，诸如家具、破箱、木桶和木板等等。我已经给你讲过了我那种反常的好奇心，那种使我消除了恐惧感的好奇心。现在当我离可怕的死亡越来越近时，我那种好奇心似乎也越来越强烈。我怀着一种不可思议的兴趣开始观察那许许多多随我们一道漂浮的物体。我肯定是神经错乱了，因为我居然津津有味地去推测它们坠入那水沫高溅的涡底时的相对速度。有一次我竟发现自己说出声来,'这下肯定该轮到那棵枞树栽进深渊,无影无踪了',可随之我就失望地看到一条荷兰商船的残骸超过那棵枞树,抢先栽进了涡底。我接着又进行了几次类似的猜测,结果没有一次正确,这一事实,我每次都猜错这一事实,终于引得我思潮起伏,以致我四肢又开始发抖,心又开始怦怦乱跳。

小船仿佛被施了魔法,看起来就像悬挂在一个又大又深的漏斗内壁表面上。

"使我发抖心跳的不是一种新的恐惧,而是一种令人激动的希望。

这希望一半产生于记忆，一半产生于当时的观察。我想起了那些被莫斯肯漩涡卷入又抛出、然后漂散在罗弗敦沿岸的各种各样的东西。那些东西的绝大部分都破碎得不成样子，被撞得千疮百孔，被擦得遍体鳞伤，仿佛是表面上被粘了一层碎片，但我也清楚地记得有些东西完全没有变形走样。当时我只能这样来解释这种差异，我认为只有那些破碎得不成样子的东西才被完全卷到了涡底，而那些未变形的东西要么是涨潮末期才被卷进漩涡，要么是被卷进后因某种原因而下降得太慢，结果没等它们到达涡底潮势就开始变化，或是开始退潮，这就视情况而定了。我认为无论是哪种情况，这些东西都有可能被重新旋上海面，而不遭受那些被卷入早或沉得快的东西所遭受的厄运。我还得出了三个重要的观察结论。第一，一般来说，物体越大下降越快；第二，两个大小相等的物体，一个是球形，另一个是其他任何形状，下降速度快的是球形物；第三，两个大小相等的物体，一个是圆柱形，另一个是其他任何形状，下降速度慢的是圆柱形物体。自从逃脱那场劫难以来，我已经好几次同这个地区的一名老教师谈起这个话题，我就是从他那儿学会了使用'圆柱形'和'球形'这些字眼。他曾跟我解释（虽然我已经忘了他解释的内容）为什么我所看到的实际上就是各种不同漂浮物的必然结果，他还向我示范，圆柱形浮体在漩涡中是如何比其他任何形状的同体积浮体更能抵消漩涡的吸力，因而也就更难被吸入涡底。[1]

"当时还有种惊人的情况有力地证明了我那些观察结论，并使得

---

[1] 参见阿基米德《论浮体》（*De Incidentibus in Fluido*）第 2 部分。——爱伦·坡原注

我迫不及待地跃跃欲试。那种情况就是当我们一圈一圈地旋转时，我们超过了不少诸如大木桶或残桁断桅之类的东西，我最初睁开眼看漩涡里那番奇观时，有许多那样的东西和我们在同一水平线上，可后来它们却留在了我们上面，似乎比原来的位置并没有下降多少。

"我不再犹豫。我决定把自己牢牢地绑在我正抓住的那个大木桶上，然后割断把它固定在船尾的绳子，让木桶和我一道离船入水。我用手势引起我哥哥的注意，指给他看漂浮在我们船边的一些大木桶，千方百计让他明白我打算做什么。我最后认为他已经明白了我的意图，但不管他明白与否，他只是绝望地向我摇头，不肯离开他紧紧抓住的那个螺栓。我当时不可能强迫他离船，当时情况紧急，刻不容缓；于是我只好狠狠心让他去听天由命，径自用固定木桶的绳索把自己绑在桶上，并毫不犹豫地投入水中。

"结果与我所希望的完全一样。因为现在是我在给你讲这个故事，因为你已经看到我的确劫后余生，因为你已经知道了我死里逃生的方法，因此也肯定能料到我接下去会讲些什么，所以我要尽快地讲完我的故事。大约在我离船后一个小时，早已远远降到我下面的那条船突然飞速地一连转了三四圈，然后带着我心爱的哥哥，一头扎进了涡底那水沫四溅的深渊，一去不返。而绑着我的那只大木桶只从我跳船入水的位置朝涡底下降了一半多一点儿的距离，这时漩涡的情形起了巨大的变化。涡壁的倾斜度变得越来越小。旋转的速度变得越来越慢。水沫和彩虹渐渐消失，涡底似乎开始徐徐上升。当我发现自己又升回海面时，天已转晴，风已减弱，那轮灿灿明月正垂悬西天，我就在能望见罗弗敦海岸的地方，就在刚才莫斯肯漩涡的涡洞之上。当时是平潮期,但飓风的余威仍然使海面卷起小山般的波涛。我猛然被推进了大漩涡的水道,在几分钟内就顺着海岸被冲到了渔民们捕鱼的'渔场'。一条渔船把我打捞上来,当时我已累得精疲力竭,恐怖的记忆(既然危险已过去)使我说不出话来。救我上船的那些人都是我的老伙计和经常见面的朋友,可他们居然仅仅把我当作一名死里逃生的游客。我前一天还乌黑发亮的头发当时就已经白成了你现在所看见的这个样子。他们还说我脸上的神情都完全变了。我给他们讲了我那番经历。他们并不相信。现在我讲给你听,可我并不指望你会比那些快活的罗弗敦渔民更相信我的故事。"

(原载《爱伦·坡集:诗歌与故事》,三联书店,1995)

一场瓦格纳作品音乐会

[美] 薇拉·凯瑟

一天上午,我收到一封信,信用浅色墨水写在光滑的蓝格纸上,信封上盖着内布拉斯加州一个小村庄的邮戳。信被揉得皱巴巴的,看上去似乎在一个不太干净的衣兜里揣过好些天。这封信是我霍华德叔叔寄来的,信中说他妻子的一位单身亲戚最近去世,把一份小小的遗产留给了她,因此她必须来波士顿料理这笔财产。叔叔请求我去车站接婶婶,并给予她一切必要的帮助。细看信中所示她到达的日期,我发现恰好就是明天。霍华德叔叔生性拖沓,事到临头才写信,要是我外出一天的话,那我肯定就接不到那位可敬的女人了。

乔治亚娜婶婶的名字不仅令我想起了她那既可笑又可怜的身影,而且在我脚下劈开了一道又宽又深的记忆鸿沟,以致当信笺从我手中滑落时,我忽然觉得我现在的生活状态对我是那么陌生,我熟悉的书房环境与我完全格格不入,令我极不自在。一句话,我又成了当年我婶婶身边那个又高又瘦的乡下孩子,那个被冻疮和腼腆蹂躏、因剥玉米苞叶而磨破双手的农场少年。我试探着摸了摸拇指关节,仿佛它们又皮破肉绽。我仿佛又坐在她那架小风琴跟前,正用我僵直红肿的双手笨拙地学弹音阶,而她则在我身边缝制剥玉米用的帆布手套。

次日清晨,我稍稍向女房东交待了几句便出发去车站。火车进站后,我费了点功夫才找到我婶婶。她是最后一个下车的乘客,而且直到我把她弄进马车,她似乎才真正认出了我是谁。她整个旅程坐的都是硬座车厢,她那件亚麻色风衣已被煤烟染黑,黑色帽子则因一路风尘而变成了灰色。我们一到达我的寄宿处,房东太太就立刻安顿她上床歇息,直到第二天早上我才又见到她。

不管斯普林格太太看到我婶婶的模样时有多么震惊,她都体贴地掩饰了过去。至于我自己,望着婶婶佝偻的身影,我是怀着一种敬畏之情,就像人们打量那些把耳朵和手指留在了法兰士约瑟夫地群岛之北、或是把健康丢在了扎伊尔河畔某个地方的探险者一样。在60年代后期,我的乔治亚娜婶婶曾是波士顿音乐学院的一名教员。有年夏天,在去格林山区那个她祖辈几代人生活过的小村子做客期间,她点燃了村里最懒散的一位小伙子幼稚的爱火,而对这位名叫霍华德·卡彭特的小伙子,我婶婶也怀有那种一个二十一岁的乡下俊男有时候会在一个骨瘦如柴、戴着眼镜的三十岁女人心中激起的狂热痴情。当她返回波士顿履行教师职责时,霍华德也随她而至,结果这种令人费解的痴恋导致了她跟他一块儿私奔。为了逃避家人的责骂和朋友们的非难,她随他一道去了内布拉斯加边疆地区。本来就身无分文的卡彭特在距铁路线50英里的红柳县境内获得了一块宅地[1]。在那儿，他俩曾赶着一辆轮子上系着一方红布围巾的牛车跨越草原，凭计数车轮的转数丈量出他们自己的 160 英亩[2] 土地。他们曾在红土坡上挖出一孔窑洞，搭建起那种其居住者往往会恢复原始生活状态的栖身之处。他们曾经从野牛啜饮的咸水湖里取水，不多的生活必需品通常也由游居的印第安人掌控。三十年来，我婶婶从未走出过那块土地方圆 50 英里的范围。

不过斯普林格太太对这些都一无所知，而且她肯定对我婶婶如今这副模样感到相当震惊。我婶婶到达时穿的那件蒙尘染垢的亚麻色风衣是她最有特色的外套，在风衣里面是一身黑呢礼服，礼服上的装饰表明她已经完全把自己交到了一名乡村裁缝手中。不过我可怜的婶婶这副身材也许会让任何裁缝都大伤脑筋。她原本就佝偻，现在她的双肩差不多已垂到凹陷的胸前。她从不穿胸衣，而她的上衣后摆拖得特别长，前襟则好像在腹部突起了一座山峰。她戴着一副不相称的假牙，皮肤和蒙古人的一样黄，这一是因为长期暴露于无情的风沙中，二是因为饮用含碱量高的水，而那种水会把最光洁细嫩的皮肤也变成一种柔软的皮革。

我把我少年时代获得的大部分裨益都归功于这位女人，并对她怀有一种恭敬之心。在我为叔叔牧放牛群的那些年头，我婶婶在做

---

1 据美国国会 1862 年颁布的《宅地法案》(The Homestead Act) 规定，任何年满 21 岁并愿往西部拓荒的美国公民（包括妇女和已获自由的奴隶），只要不持枪反对政府，均可申请免费（或只交象征性的登记费）得到 160 英亩宅地，连续耕种 5 年并经政府验收之后，就合法拥有那块土地。1903 年通过的该法案修正案将宅地面积增加到 320 英亩，1916 年的修正案则将其增加到 640 英亩。

2 1 英亩相当于中国的 6.07 亩。

完了一日三餐——第一餐是早上六点做好——并把六个孩子安顿上床之后,常常会在她的烫衣板前站到半夜,听坐在她身旁餐桌边的我背诵拉丁语静词变格和动词变位,当我昏昏欲睡地把头耷拉在不规则动词表上时,她总会轻轻把我摇醒。正是在她跟前,正是在她熨烫或缝补衣服的时候,我第一次读到了莎士比亚,我最初接触到的神话也出自她那册旧神话课本。她还教会了我弹音阶和练习曲——在她那架小风琴上,那是她丈夫在定居十五年后为她买的,而在那之前的十五年中,除了一位挪威籍农场帮工的手风琴外,她不曾见过任何乐器。她常常连续几小时坐在我身边,当我费力地弹奏《快活的农夫》时,她会一边缝补衣物一边打着拍子,但她很少对我谈起音乐,而我明白个中缘由。她是个虔诚的女人,有宗教给予她慰藉,因此至少对她来说,她的苦难并非苦不堪言。有一次,我从她的乐谱集中发现了一份旧时的《欧丽安特》[1]总谱,于是我坚持不懈地敲击琴键,弹奏其中几个容易弹的段落,这时她走到我身后,用双手蒙住我的眼睛,让我的头向后轻轻靠在她肩上,然后用颤抖的声音说:"别这么爱音乐,克拉克,不然它也许会从你身边被夺走。哦! 亲爱的孩子,祈祷吧,无论你将要付出的牺牲是什么,都但愿它不是音乐。"

我婶婶在到达的第二天早上露面,不过还处于一种半梦游状态。她似乎并没意识到自己正置身于这座曾度过青春时代的城市,置身于这个她大半生都魂牵梦绕的地方。她一路上晕车晕得太厉害,所以除了想到不舒服之外,还没有想起任何往事,实际上,她以为从

---

[1] 《欧丽安特》,德国作曲家冯·韦伯(Carl Maria Ernst von Weber, 1786—1826)创作的三幕歌剧,1823 年首演于维也纳。

红柳县那个农场到我位于纽布雷街的书斋不过是做了几个小时的噩梦。我计划当天下午让她享受一番小小的乐趣,以报答她曾让我度过的那些美好时光,那经常是我俩一起在茅屋顶牛棚挤奶的时候,或是因为我比平日更劳累,或是因为她丈夫对我发过脾气,她便会对我讲起她年轻时在巴黎看过的《胡格诺教徒》[1]的精彩演出。波士顿交响乐团将于下午两点演出一场瓦格纳作品音乐会,我打算带我婶婶去听,不过在跟她谈起此事时,我开始怀疑她是否会欣赏这场演出。其实,若真替她着想,我倒希望她对音乐的兴趣已完全消失,那种漫长的挣扎已幸运地结束。我建议我们午餐前去参观音乐学院和波士顿公地,可她似乎太胆怯,没有勇气出去。她心不在焉地向我询问这座城市的各种变化,但她真正关心的却是她出门时忘了吩咐要给一头瘦弱的牛犊喂撇去了乳膜的牛奶,"你要知道,克拉克,那是老玛吉的仔,"她向我解释,显然忘了我离开农场已有多久。令她放心不下的事还有她忘了告诉她女儿,地窖里有桶鲭鱼刚刚开封,若不尽快吃掉就会变质。

我问婶婶是否听过瓦格纳的歌剧,结果发现她一部都没听过,尽管她对那些歌剧的剧情都熟谙于心,而且手边还一度有过《漂泊的荷兰人》[2]的钢琴总谱。我开始心想,真该不等她清醒就送她回红柳县,并后悔提议带她去听音乐会。

然而,当我们一走进音乐大厅,她竟然稍稍打起了一点精神,

---

1 《胡格诺教徒》,德国作曲家迈耶贝尔(Giacomo Meyerbeer, 1791—1864)创作的五幕歌剧,1836年首演于巴黎。

2 《漂泊的荷兰人》,德国作曲家瓦格纳(Richard, W. Wagner, 1813—1883)创作的三幕歌剧,1843年首演于德累斯顿。

似乎第一次意识到了她身在何处。我先还有点担心,生怕她会因自己衣着古怪而感到局促,或是因突然跨进这个与她隔绝了四分之一世纪的世界而感到不安。但我又一次发现,我对她的判断是多么肤浅。她坐在座位上环顾四周,平静得几乎像块石头,她那对漠然的眸子犹如博物馆里拉美西斯二世[1]花岗石雕像的那双眼睛,正注视着雕像基座周围的潮起潮落,注视着与其相距了数十个寂寞世纪的泡沫浪花。我曾在漂泊到丹佛布朗旅店的老矿工眼里看到过同样的漠然,那些老矿工衣袋里都揣满金块,却都穿着肮脏的衬衫,憔悴的脸上也没刮胡子;站在旅店拥挤的过道上,他们仍然像待在育空河谷某座冰冷的帐篷里一样孤独,仍然意识到某些经历已经在他们与他们的同代人之间划出了一道鸿沟,一道任何男子服饰用品商都没法弥合的鸿沟。

我们坐在第一层楼厢左侧尽头,面朝着这层的弧形栏杆,头上则是顶层楼厢,那是座真正的空中花园,绚丽得犹如郁金香花圃。日场音乐会的听众基本上都是女人,一群看不出面容和身姿轮廓的女人,实际上场内压根儿就没有任何轮廓效果,只有紧身胸衣的色彩令人目不暇接,各种或软或硬或丝或纱的织物令人眼花缭乱:鲜红、粉红、桃红、绀紫、绛紫、淡紫、碧蓝、淡褐、鹅黄、乳白、雪白,凡一名印象派画家在一片阳光灿烂的风景中能找到的颜色这里都应有尽有,其间还分布点缀着男式礼服阴沉的色调。我的乔治亚娜婶婶凝视着她们,仿佛她们是被挤在一块调色板上的斑驳陆离的颜料。

---

[1] 古埃及第十九王朝法老(约前1304—前1237年),其木乃伊今藏开罗博物馆。

当乐师们出场并各就其位时，我婶婶期待地动弹了一下。怀着正在苏醒的兴趣，她的目光越过楼厢栏杆，射向那个座次一成不变的乐团，也许自她离开老玛吉和那头孱弱的牛犊以来，这是第一个呈现在她眼前的她完全熟悉的场景。我能感觉到所有那些细节是如何渗入她的心灵，因为我还没有忘记，当年我刚刚从玉米地碧绿的犁沟间那没完没了的耕耘中回到波士顿之时，刚刚从那像踩踏车一样从早踩到晚也看不到一点变化的耕耘中归来之时，那些细节曾如何渗入我的心灵：乐师们清晰的侧影、他们衬衫的光泽、燕尾服的黑色、乐器可爱的形状、由绿罩灯投在后排大提琴和低音维奥尔琴光滑面板上的一团团黄色灯光，尤其是那座由小提琴琴头琴弓组成的摇摆晃动的森林，令我回想起平生第一次听管弦乐团演奏之时，那些长弓是如何向外拽我的心，那就像是魔术师的魔杖从一顶帽子里抽出长长的彩纸带。

演奏的第一分曲是《汤豪舍》[1]序曲。当圆号吹出朝圣者合唱队的第一支曲子时，乔治亚娜婶婶抓紧了我的衣袖。这时我才意识到，这号声为她打破了三十年的沉寂，远方大草原上那种难以想象的沉寂。随着两个乐旨之间的冲突，随着维纳斯山主题音乐的激越和弦乐器的悠缓，一种压倒一切的感觉向我袭来，一种我们无力与之抗争的荒废感和损耗感向我袭来。我又看见了大草原上那座没遮没掩的高高的房子，黑乎乎阴森森就像座木头要塞；我又看见了我在里面学会游泳的那个黑水塘，塘边留有被太阳晒干的牛蹄印；我又看见了

---

[1] 即瓦格纳的三幕歌剧《汤豪舍和瓦特堡的歌手比赛》（1845），通常简称为《汤豪舍》。

那房子周围雨沟泥泞的沟边,还有厨房门外那四棵总是晾晒着洗碟布的幼小的白蜡树。远方的那个世界自古以来就是平坦而平淡的世界:向东,一块铺展到日出之所的玉米地;向西,一片伸延至日落之处的畜牧场;而在东西之间,则是一片片被和平征服的土地,一片片比战争征服的土地还要昂贵的土地。

那首序曲结束了,婶婶松开了我的衣袖,但她一声没吭。透过三十年的单调沉闷,透过由每年 365 天一点一点聚成的一层层薄雾,她坐在那儿凝视着乐团。我不禁纳闷,她从那乐团究竟获得了什么?我知道,她年轻时曾是一名优秀的钢琴演奏者,她受的音乐教育比十五年前大多数音乐教师受的教育都多。她曾经常给我讲莫扎特和迈耶贝尔的歌剧,我还记得多年前曾听她唱过威尔第的一些歌曲。当年我在她家中生病发烧时,她常会在傍晚时分坐到我床边——清凉的晚风穿过窗上褪色的防蚊罩吹进屋里,我躺在床上仰望着玉米地上方某颗闪着红光的星星——这时她会唱起《回我们山中的家,哦,让我们回去》[1],歌声之凄恻足以让一个想家已想得要死的佛蒙特少年心碎。

在演奏《特里斯坦与伊索尔德》[2] 的前奏曲时,我一直在仔细观察她,徒然地想揣度那些弦乐和管乐的激昂喧嚣对她意味着什么,但她只是默默地坐在那儿,注视着那些向下滑动的小提琴琴弓,那些像夏日骤雨般倾斜滑动的琴弓。这音乐是否对她有任何寓意?她是

1　根据意大利作曲家威尔第(Giuseppe Verdi, 1813—1901)的四幕歌剧《吟游诗人》(1853)中一首咏叹调改编的通俗歌曲。
2　《特里斯坦与伊索尔德》,瓦格纳的三幕歌剧,1865 年首演于慕尼黑。

否还有足够的能力来理解这种自她离去之后一直在激动着这个世界的力量？我好奇得要发疯，可乔治亚娜婶婶却静静地坐在她的达连山峰顶[1]。演奏选自《漂泊的荷兰人》那首分曲时，她自始至终都保持着这种静止的姿势，不过她的手指却无意识地在她的黑呢礼服上滑动，仿佛手指自己回忆起了它们曾弹过的该剧的钢琴总谱。可怜而苍老的手哟！它们已经被损伤扭曲成了仅仅用来抓举揉搓的触手；手掌早已过分肿胀，手指早已弯曲僵硬——有根手指上套着个磨损的细箍，那曾是一枚结婚戒指。我揾住她在暗中摸索的一只手，轻轻抚慰，这时我眼皮直颤，不禁回想起了她那双手曾经为我做过的许多事情。

男高音开始唱《中彩歌》[2]时，我忽然听到一声急促的呼吸，掉头看我婶婶，见她两眼紧闭，但脸上有泪珠闪亮，一时间我觉得自己眼里也快要涌出泪花。这么说来，那颗心并没死去，那颗能如此强烈如此长久地感受痛苦的心并未真正死去，它只是表面上枯萎了，就像那种奇异的苔藓，它可以在干燥的岩石上依附半个世纪，可一旦遇水又会鲜绿如初。在这支歌曲展开发挥的整个过程中，她一直在默默流泪。

在音乐会下半场开演前的休息期间，我询问了我婶婶，发现《中彩歌》于她并不陌生。若干年前，有位年轻的德国人曾流浪到红柳

---

[1] "达连山峰顶"（peak in Darien）语出英国诗人济慈的十四行诗《初读查普曼译的荷马》末行。在该诗中，济慈把他读查普曼（George Chapman, 1559—1634）所译荷马史诗的体验比喻为西班牙征服者科尔特斯（Hernán Cortés, 1485—1547）在达连山峰顶（在今巴拿马境内）第一眼看见太平洋时情景。
[2] 《中彩歌》，瓦格纳三幕歌剧《纽伦堡名歌手》（1868）结尾那首求婚歌。

县那个农场,他是个漂泊不定的骑马牛仔,小时候曾与其他农家男孩女孩一道在拜罗伊特剧院[1]唱过合唱。星期天早上我婶婶开始做饭时,他常常待在朝向厨房的帮工寝室里,坐在他那张铺有方格被单的床上,一边擦拭皮靴和马鞍,一边唱这支《中彩歌》。婶婶曾坚持在他跟前磨叨,直到说服他加入了乡村教会,不过据我所知,他加入教会的唯一资格就是他那张孩子气的脸和他能唱好这支美妙的歌。不久之后,他在独立纪念日那天进城,一连几天喝得烂醉,在牌桌上输光了钱,参加了一场骑得克萨斯公牛的打赌比赛,然后带着一根折断的锁骨消失得无影无踪。我婶婶向我讲述这一切时声音嘶哑,神情恍惚,仿佛她正在一场大病之中。

"好啦,不管怎么说,我们毕竟听到了比那过时的《吟游诗人》更好的东西,你说是吗,乔治亚娜婶婶?"出于好意,我尽量想让我的话听起来有点诙谐。

她双唇直哆嗦,连忙用手巾捂住了嘴。隔着手巾低声问我:"克拉克,你离开我之后一直都在听这些吗?"她的问题是最温和但也最令人伤心的责备。

音乐会的下半场由《尼伯龙根的指环》[2]中的四首分曲组成,最末

---

[1] 拜罗伊特剧院,由瓦格纳的崇拜者巴伐利亚大公出资在德国东南部城市拜罗伊特修建的专门上演瓦格纳歌剧的剧院(又名节日剧院),于1875年竣工。

[2] 《尼伯龙根的指环》是由瓦格纳的4部歌剧组成的四联剧,其顺序为:第1部《莱茵黄金》(1869)、第2部《女武神》(1870)、第3部《齐格弗里德》(1876)、第4部《诸神的黄昏》(1876)。

一曲是齐格弗里德的葬礼进行曲[1]。我婶婶的眼泪没有声音，但却几乎没有断线，就像暴雨中的一个浅盆在往外溢水。她不时抬起模糊的泪眼去看点缀在天花板上的灯，看朦胧的玻璃圆罩射出的柔和灯光，那些灯在她眼中无疑是真正的星星。她对音乐的理解力尚存几何，这问题依然令我困惑，这么多年来，除了在第十三区那幢木制方形校舍里的循道宗礼拜仪式上听唱福音圣歌之外，她从没有听过任何音乐。我完全没法估量她对音乐的理解力有多少已溶入了肥皂水中，有多少被揉在了面包里边，又有多少被挤进了牛奶桶里。

乐声的洪流滚滚不断，我无从知晓她在这闪光的洪流中发现了什么，也无从知晓这洪流把她带走了多远，带着她穿越了什么样的仙岛乐土[2]。根据她面部的颤动我能确信，早在前两首曲子之前，她就已经被带出了那个遍地坟茔的地方，进入了大海中那个灰蒙蒙的无名墓地；或是进入了某个更浩渺的死亡世界，在那儿，自那个世界一开始，希望就与希望同卧，梦想就与梦想共眠，弃绝权欲，沉沉安睡。[3]

音乐会结束，人们说着笑着走出大厅，都为能松弛下来并重返现实生活而感到高兴。可我婶婶却无意从座位上起身。竖琴手用绿毡琴套罩上竖琴，长笛手甩出长笛吹口的水珠，乐师们一个接一个

---

[1] 这首著名的《葬礼进行曲》出现在《指环》第4部《诸神的黄昏》中。齐格弗里德是《指环》第3部中的男主人公，夺得了由毒龙守护的指环，在第4部中被欲夺回指环的侏儒之子哈根谋杀。

[2] 北欧神话中英勇而高贵的灵魂安息之处。

[3] 参见《中国翻译》2019年第1期（第179—181页）译者对这段文字之内涵和隐喻的解释。

地离去,舞台上只剩下椅子和谱架,空荡荡的就像冬天的玉米地。

我轻声唤我婶婶。她突然声泪俱下,啜泣着向我哀求:"我不想走,克拉克,我不想走!"

我理解。对她来说,音乐厅门外就是另一个世界:就是那个岸边有牛蹄印的黑水塘,就是那幢没遮没掩、饱经风霜、木板变形、没有刷漆、犹如一座塔楼的房子,就是那几株总是晾晒着洗碟布的弓腰驼背的白蜡树,还有在厨房门外啄食的、那群正在换毛的、瘦骨伶仃的火鸡。

(原载《威拉·凯瑟集:早期长篇与短篇小说》,三联书店,1997)

波希米亚姑娘

[美] 薇拉·凯瑟

一

横穿大陆的快车沿蜿蜒的沙河谷弯道减速行使。一位年轻人坐在观光车厢后排,从车窗射进的阳光火辣辣地照着他黝黑的脸庞、脖子和强壮的身躯,可他丝毫不觉灼热,非常悠然自得。他宽阔的肩头显得松弛而温顺,在他起身挺胸之前,甚至显得毫无生气。他穿一件浅色法兰绒衬衫,一条丝织蓝色领带系得很随意,裤子有点宽松,腰间系了条皮带,那双笨重的皮鞋已穿了些年头。和他的衣着一样,那头红棕色头发也略显异国风味。他微红的眉毛很浓,深蓝的眼睛凹陷,脸刮得相当干净,想必是刮得太认真,锋利的刀片在他光滑而黝黑的皮肤上留下了一线黄色的刮痕。他牙齿洁白,手掌白皙,那颗慵然靠在柳条椅绿色软垫上的头显出一股倔劲儿,而当他眺望窗外庄稼已熟透的夏季田野时,嘴上会露出一种揶揄却不失友善的微笑。有那么一会儿,舒舒服服晒着太阳的他突然眼睛一亮,瞳孔随之扩大，透出几分好奇，双唇抿成一条冷峻的直线，然后慢慢放松，恢复成先前那种和善的嘲笑。他显然是在告诫自己，没什么值得这般激动。看来他很善于尽可能地保持平静，火车刺耳的汽笛声和司闸员的呼叫声都没能扰乱他的心境。待火车停稳后他才从座位上起身，戴上一顶巴拿马草帽，从行李架上取下一只小提箱和一个长笛盒，然后从容不迫地踏上站台。此时托运行李已卸下，这位年轻的陌生人找到一口皮质旅行箱，亮出了行李票。

"可以在这儿放一两天吗？"他问行李员，"我也许会派人来取，也许就不了。"

"取不取就看你喜不喜欢这地方了，是吗？"行李员用一种挑逗的口气问。

"是这么回事。"

行李员耸了耸肩，不屑地瞥了一眼上面标有"尼·埃"字样的那口小皮箱，然后递出张寄存凭条，没再吭声。陌生人见他抓住皮箱一端的把手，将其拖进了货物寄存间。行李员的神态举止似乎让他记起了某件有趣的事，他一边四下张望一边说："这地方看起来不太大嘛。"

"对我们来说够大了，"行李员厉声回应，然后粗手粗脚地把皮箱推进了一个角落。

显而易见，尼尔斯·埃里克森想听的正是这句话。他暗自一笑，从口袋里掏出根皮带，把手提箱挂在了肩头，然后正了正草帽，卷起裤腿，把长笛盒夹在腋下，开始甩开大步跨越田野。他避开那座小镇[1]，按他过去的一贯说法，是与那座小镇保持一段安全距离，抄近路穿过一座有围栏的大牧场，从牧场远端角落的铁丝网下钻出，踏上了一条满是灰蒙蒙尘土的大道。大道从河谷向高地草原笔直延伸，草原上成熟的小麦一片金黄，铁皮屋顶和风向标在烈日下熠熠闪光。尼尔斯顺着大道走了三英里路，这时太阳开始西坠，不时有从镇上回家的农场马车从他身旁吱嘎而过，弄得他灰头土脸，直打喷嚏。这时一个农夫把马车停在他跟前，说可以捎他一段路，他便欣然上了车。赶车人是个瘦老头儿，头发花白，脖子细长，蓄着一口略显可笑的山羊胡。"你要走多远路？"他一边朝马吆喝一边问。

"你会经过埃里克森家吗？"

"哪个埃里克森？"赶车老人拉紧缰绳，似乎打算又把车停下。

"牧师埃里克森。"

"噢，是埃里克森老夫人家吧！"他扭头打量了一眼陌生人。"哎，你要去她家，满可以搭汽车去。可真不赶巧，这会儿老太太和她的车还在镇上呢。要是你在邮局或肉店附近，说不定就会听到她汽车的轰轰声。"

"她有汽车？"尼尔斯不经意地问。

"这可不假！"每天傍晚这个时候，她都要开车去镇上取邮件，买晚餐吃的肉。有人说她害怕她的车跑得不够，但我看那是眼馋人家。"

"难道这一带别人家都没有汽车？"

---

[1] 内布拉斯加州韦伯斯特县县城红云镇。

"哦，有的！总共有十四辆。可谁家都不像埃里克森老夫人那样使唤车。不管天晴下雨，她都开着车到处跑，要么去镇上，要么去她那些农场，要不就去她那些儿子的地头。你确信你没找错地方吗？"赶车人伸长脖子，好奇地看了看陌生人的长笛盒。"据我所知，那老太太家可没有钢琴。她大儿子奥拉夫家倒有台挺大的。他妻子喜欢音乐，还在芝加哥上过音乐课呢。"

"我明天会去奥拉夫家。"尼尔斯不动声色地说，他知道赶车人把他当成钢琴调音师了。

"喔，我明白了！"赶车人神秘兮兮地眯缝起眼睛，陌生人的少言寡语使他有点儿扫兴，不过他很快又提起了话头。

"我是埃里克森老夫人家的一个佃户，替她打理着一块地。那块地原本是属于我的，可后来给弄丢了，就在前些年，世博会[1]后那些坏年头[2]。唉，不过这样也好，你也就不用缴税了。如今这个县的大部分土地都姓埃里克森。我还记得老牧师最爱念的经文就是：'对富有者要给予更多，使其富足有余。'[3]他们埃里克森家的人可真神奇，就像地头的旋花草，把这儿的地都铺满了。不过我对那人倒没有什么抱怨。人们有资格拥有自己能够得到的。再说了，他们家都是些能干人。就说奥拉夫吧，眼下人家在县里做事，很可能当上个县议员。听！该是老太太的车过来了。要我招呼她停下吗？"

尼尔斯摇了摇头。在清澈的暮色中，他听见汽车引擎有规则的

---

[1] 指1893年的芝加哥世界博览会。
[2] 指由1890年颁布的《谢尔曼法案》（又称购银法）导致的1893年至1894年的美国经济危机时期。
[3] 语出《新约·马太福音》第13章第12节。

轰鸣声从身后传来。微弱的汽车灯光在斜坡上飘忽,赶车人勒紧缰绳,把马车让到路边,在三声急促喇叭声的第一声从后面传来时,老人就已经弯腰低头。那辆高速行驶的汽车既没减速也没稍打一点方向盘,径直按原路线冲了过去。驾驶座上是一位健壮的女人,没戴帽子,泰然自若。车后扬起一阵尘土和一股汽油味。他那位佃户抬起头来打了个喷嚏。

"哈!我就常说嘛,宁肯跑在老太太前头,千万别落在她车后。她可真了不起!都快七十岁的人了,从不让人碰她的车,每天早上都亲手发动调试,让车整天都保持最佳状态。我每次停下来歇脚喝水,都能听见她的车在路上跑。我想呀,她那个儿媳妇这下可坐不安稳啰,不知道啥时候老太太就会突然登门。她另一个儿媳妇奥托太太曾告诉我,'家里人都担心那铁家伙会爆炸,会把老妈给伤了,她开车总是那么莽撞。'我说:'奥托太太,我才不担那份心呢,老夫人准会开着车来参加她每一个儿媳妇的葬礼。'我们说这番话,是因为老太太前不久刚驱车颠过了一截冒出路面的涵洞管道。"

尼尔斯心不在焉地听着老人絮叨。这时有种极像思乡病的感觉涌上心头,而他真想知道,到底是什么勾起了这种乡愁。或许是老人口中吐出的一两个人名,或许是马车在土路上颠出的吱嘎声,或许是向日葵和斑鸠菊发出的那种有树脂味的刺鼻香气——那种被潮润的晚风从溪谷低地送过来的香气,但最有可能的也许是刚才疾驶而过的那辆汽车飘忽的灯光。他挺直了身子,感到一阵轻松,觉得浑身有劲。

马车颠簸西行,上了一道缓坡。这地方远离河谷,地势越来越平坦,像是被风刮平了似的。在绵亘山岗的最后一个小山坡上,在一条岔路远远的尽头，冷森森地兀立着一幢四方形房子，房子有铁皮屋顶，有两道门廊。房子后面有一溜被风吹折了枝丫的白杨树，山坡下方左边散落着几个棚屋和马厩，山脚下蜿蜒着一条干涸的沙底小溪，小溪对岸就是埃里克森家。老人在那个岔路口停住了马车。

"那就是老夫人家了。要我送你过去吗？"

"不用了。谢谢。我就在这儿下车。太感谢你了。晚安。"

看着陌生人从前轮处下了马车，老人有点不舍地继续赶路，同时频频回头，仿佛想看看那老太太会怎样接待这个陌生人。

尼尔斯正要跨过那条干涸的小溪，忽然听见一阵急促的马蹄声，一匹马正从对岸坡上朝他冲来。他飞身闪到路边，躲在了一丛长在小溪沙底河床上的野梅子后面。透过暮色，一匹被勒紧缰绳的轻型马正急速冲下山坡。衬着黑黢黢的山坡，依稀可见马背上是一个身材苗条的女人，头上戴一顶旧式圆顶帽，身下穿一条骑装长裙。她轻盈地跨在马鞍上，头高高扬起，像是在眺望远方。她经过野梅丛时，那匹马嗅了嗅空气，有点受惊。她拍了拍马，将其稳住，生气地用波希米亚语呵斥了一声。上大路之后，她纵缰让马慢跑，人和马很快就出现在坡顶，衬着天幕，在西天残留的一线淡淡的晚霞中移动，富有节奏地自由奔驰。在那片平坦的土地上，那匹马及其主人是唯一可见的移动物体。映着傍晚最后一抹黯淡的余晖，人和马好像不是偶然出现在那儿，而是那幅风景画中不可或缺的点睛之笔。

尼尔斯注视着那团移动的身影，直到身影变成天幕上移动的小点。然后他跨过沙溪，爬上斜坡，来到房子跟前。房子正面一片漆黑，但有盏灯从侧旁的窗户透出光亮。猪圈里传来猪的叫声，尼尔斯能看见一个高个子大男孩拎着两个大木桶在猪群中移动。在谷仓和那幢房子之间，风车在懒洋洋地转动。尼尔斯在通往后门廊的小路上停下，隔着纱门探看亮着灯的厨房。厨房是那幢房子里最大的房间，尼尔斯记得自己还是个孩子的时候，他那些哥哥常在厨房里举办舞会。厨房炉子边站着位小女孩，有一头扎成两条小辫的淡金色头发，一张双颊绯红的宽宽的脸庞，此时她正急切地朝煎锅里瞧。在炉子那边的餐厅里，一位身材魁梧的女人正在桌边忙碌。她精力充沛，步子矫健，神情庄重，面色红润，脸上几乎看不见皱纹，年近七十却还是一头黑发。尼尔斯看见她举止从容，行动果断，或者说没有一个动作显得犹豫，心中不由得为她感到骄傲。尼尔斯在外等着，看见她步出餐厅，来到厨房，把女孩儿挤到一边，自己在炉子边忙乎起来。这时他敲了敲纱门，进到屋里。

"妈妈，是我，是尼尔斯。我猜你没想到我回来吧。"

"埃里克森太太从炉边转过身，"站在那儿盯着他。"把灯拿过来，希尔达，让我好好瞧瞧。"

尼尔斯笑着放下肩上的小提箱。"怎么啦，妈妈？不认得我了？"

埃里克森太太把灯放下。"你当然是尼尔斯。不管怎么说，你并没多大变化。"

"你也没变，妈妈。你还是原来的样子。你现在还不戴老花镜？"

"看书看报的时候才戴。你的行李呢？尼尔斯？"

"哦，寄存在镇上了。我想快要收麦子了，我在这儿住下会不方便。"

"别说傻话，尼尔斯。"埃里克森太太把头转向炉子。"我现在不自己收麦了。我把麦田连同旁边的农场租给了一个佃户。希尔达，送盆热水到客房去，再去把小艾里克叫来。"

马背上是一个身材苗条的女人，头上戴一顶旧式圆顶帽，身下穿一条骑装长裙。

那个扎小辫的女孩刚才一直默默地愣在一旁,这时忙拎起茶壶退出,走到厨房楼梯口,又回头用钦慕的眼光把尼尔斯看了好一阵。

"那小姑娘是谁?"尔斯一边问一边在炉子后边的长凳上坐了下来。

"是你亨里克表叔的女儿。"

"亨里克表叔死多久了?"

"六年了。他还丢下两个男孩儿,一个跟了彼得,另一个跟了安德斯。奥拉夫是那两个孩子的监护人。"

门廊上传来一阵木桶的撞击声,一个又高又瘦的小伙子正透过纱门好奇地朝里张望。他有一张白皙而温和的脸,一双灰色的大眼睛,帽沿下露出一束束柔软的金发。尼尔斯跳起身来,把他拉进厨房,一阵拥抱后又拍了拍他的肩头。"哟,这不是我的小弟吗?瞧他这个头儿!不认得我啦,艾里克?"

小伙子那张满是晒斑和雀斑的脸短视涨得通红,他怯生生低下头说:"我猜你是尼尔斯。"

"猜得真准!"尼尔斯朗然一笑,使劲儿晃了晃弟弟的手,同时心中暗想:"难怪刚才那小姑娘看上去那么友好,都是他教的。我当年离家时他才六岁,十二年了,他还记着我。"

艾里克赧然一笑,傻站在那儿揉弄着帽子,最后鼓足勇气开口说:"你看上去和我想象的一模一样。"

"去洗洗手,艾里克。"埃里克森太太吩咐道,"晚餐我准备了甜玉米。尼尔斯,过去你挺爱吃甜玉米棒的。我猜你在欧洲老家很少能吃到。希尔达来了,让她先带你上楼去你的房间。瞧你满身风尘,吃饭前也该洗洗干净。"

埃里克森太太去餐厅添放另一个盘子。那小姑娘迎上来冲尼尔斯点头,似乎是说他的房间已准备停当。他伸出一只手,小姑娘惊异地抬头看了他一眼,随即将其握住。艾里克丢下擦手的毛巾,一手挽着尼尔斯,一手搂着希尔达,笨拙地拥抱了他俩一下,然后跌跌撞撞地朝门廊走去。

吃晚餐的时候,尼尔斯真真切切地听说了他那八个已成年的兄弟各自都耕种多少土地,地里的庄稼都长势如何,各家都养有多少牲口。他母亲一边说话一边端详他,最后突然说:"尼尔斯,你长得更帅气了。"尼尔斯咧嘴一笑,两个孩子也笑了。艾里克虽说已十八岁,长得和尼尔斯一般高,但作为一大群儿子中的老幺,一直都被看作是孩子。尼尔斯心想,他本身也显得满脸稚气,而且还有双属于小男孩的眼睛,一双目光单纯而飘忽的眼睛。他的哥哥们在他这个年纪,一个个都是男子汉了。

晚饭后尼尔斯出屋来到前廊,在台阶上坐下来抽烟。埃里克森太太则拉过来一把摇椅坐在他身旁,开始做编织活儿。欧洲老家的旧习惯都丢得差不多了,做编织活儿是保留下来的习惯之一,因为她没法忍受无所事事地闲坐。

"艾里克上哪儿去了,妈妈?"

"他在帮希尔达洗盘子。他心甘情愿的。我不喜欢男孩子做太多的家务事。"

"他看上去是个好孩子。"

"他非常听话。"

尼尔斯躲在黑暗中微微一笑。看来还是换个话题更好。"你在织什么呢，妈妈？"

"给小家伙们织袜子。这些孩子可真够我忙的。"老太太轻声自笑，手中的编织针哒哒作响。

"你有多少孙子孙女？"

"眼下只有三十一个。奥拉夫死了三个孩子。他们死前都病恹恹的，跟他们的妈妈一样。"

"我想他现在又该有一大群了吧。"

"他第二个妻子还没生过孩子呢。那女人太心高气傲，整天骑着马东奔西跑。可她会吃亏的，迟早的事。她自视清高，但没人知道她骄傲个啥。那些波希米亚人够低微了，而她家就属于此类。我从不看好波希米亚人，整天都喝得醉醺醺的。"

尼尔斯静静地抽着烟斗，埃里克森太太继续织着袜子。随后她又冷冷地补充道："她今晚刚来过，就在你回家之前。她想来跟我斗嘴，想在我和奥拉夫之间搬弄是非，可我没给她这个机会。我想呀，什么时候你也会带个妻子回家吧。"

"这我可不知道。我没怎么考虑这事。"

"唉,说不定这样最好。"埃里克森太太若有所指且不无希望地说，"你从来都不想被拴在这片土地上。你父亲家族有流浪的血气，你血管里也淌着那种血。我只希望，你选择的活法最适合你。"老太太的语气已变得和蔼可亲，尼尔斯记得这种语气。他似乎觉得这么说话相当好笑，两排白牙不禁从烟斗后面露了出来。甚至当他还是个孩子的时候，母亲的说话方式也总能把他逗乐——说得轻飘飘的，但又那么露骨,与她矍铄的精神头极不相称。他心中暗想,"家里人都在等着看我选那种活法呢。"而且他能感觉到,坐在他身边忙乎编织活儿的母亲也在盘算着他的事。

"我猜呀,你还没习惯安顿下来专心做点事。"埃里克森太太沉默了一会儿又开口道,"人在外头荡久了,就很难安顿下来了。可惜你没能在世博会之后那年回来。当时闹经济危机,你父亲用低价买了好多地,我想呀,那时候他或许就给你个农场了。真遗憾,你那么久都没回来,我一直都觉得,他当初是想为你做点儿什么的。"

尼尔斯呵呵一笑,磕掉烟斗里的烟灰。"我当初要是回来,就会错过很多机会了。不过我很抱歉,没回来看父亲一眼。"

"好啦,我想呀,人也总是顾得了一头顾不了另一头。说不定你对你眼下做的事就满心喜欢呢,就像你拥有一个农场一样。"埃里克森太太安慰他说。

"有土地总是件好事嘛。"尼尔斯一边说一边划亮了另一根火柴,并用手掩住火苗。

母亲警觉地盯着他的脸,直到那根火柴燃尽。然后她急促地说:"那也只有当你待在这土地上的时候。"

这时艾里克顺着小路绕到了房子跟前,尼尔斯站起身来,打了个哈欠。"妈妈,你不介意的话,睡觉前我想跟艾里克出去走走。这有助于我的睡眠。"

"去吧,只是别走得太晚。我会坐在这儿等你。我喜欢亲手锁门。"

尼尔斯把手搭在艾里克肩上,兄弟俩一块儿下了山坡,跨过那条沙底小溪,上了对岸那条满是灰蒙蒙尘土的大道。他俩谁也没说话,迈着轻快而均匀的步子往前走,尼尔斯一路上吸着烟斗。当晚没有月亮,灰蒙蒙的大道和开阔的原野朦朦胧胧地铺展在星光下。黑暗笼罩着一切,四下里一片岑寂,空气中弥漫着尘土和向日葵的气息。两兄弟走了一英里路也没找到个可坐下来的地方。最后,尼尔斯在跨过铁丝网上方供人畜通过的木梯上坐了下来,艾里克则坐在下面的一阶。

"尼尔斯,我都开始以为你永远不回来了。"那大男孩轻声说。

"我可答应过你要回来的,不是吗?"

"是的。可人们总不把答应小孩儿的事放在心头。那年你运牛去芝加哥的时候,你就真知道你要永远离开这儿吗?"

"我当时想很有可能,只要我能一路往前走。"

"我就不明白你怎么能做到这点,尼尔斯。很多人都做不到的。"艾里克用肩头碰了碰他哥哥的膝盖。

"最难做到的是离开家,抛下你和爸爸。一过了芝加哥,事情就容易多了。当然,我也很想家,经常流着泪入睡。可是我已经断了自己的退路。"

"你当时一直都想出去闯,是不是?"

"一直都想。对啦,你还睡我们那个小房间吗?窗前那颗三角叶杨还在吗?"

艾里克热切地点了点头,在黑暗中仰起脸冲他哥哥一笑。

"从前树叶在夜里沙沙作响,我们老爱说那是树叶在讲悄悄话,你还记得吗?啊,它们总悄声给我讲大海,有时候还说出些地理书上才有的名字。风大的时候,它们又像在呼号,就像某个人想宣泄感情。"

"真有趣,尼尔斯。"艾里克一只手托着腮帮子,神情恍惚地说,"那棵树还一直说悄悄话,可它对我说的多半都是你。"

他俩又坐了一会儿,坐在那儿看星星。最后艾里克不安地说:"这会儿我们不该回去了吗?妈妈会等得不耐烦的。"兄弟俩站起身,抄了条近路,穿过牧场回家。

二

第二天早上,尼尔斯伴着黎明的第一道曙光醒来。透过薄薄的窗帘,眩目的阳光照射在他房间的白灰墙上,使他再也无法入睡。他匆匆穿好衣服,轻手轻脚下楼到前厅,从后楼梯爬上阁楼,那里就是他从前和小弟弟一块儿住的房间。艾里克穿着件明显太短的睡衣,正坐在床沿上揉着眼睛,他淡金色的头发一丛丛地竖立在头顶。看见尼尔斯进屋,他满心困惑地咕哝着,慌慌张张把两条长腿塞进裤管。"我没想到你起得这么早。"他一边说一边套上蓝衬衫。

"噢,你把我当东部来的城里人了,是吗?"尼尔斯逗趣地给了艾里克一拳,那高个子大男孩像把折刀一样弯下了腰。"嗨,我得教教你打打拳了。"尼尔斯说着把双手插进裤袋,在屋里转悠起来。"你没怎么动这屋里的东西。我那些旧玩意儿都还在吧?"

他取下挂在梳妆台上的一根干枯的弯树干。"这不是卢·桑贝格用来自杀的那根树干吗?"

正在系鞋带的艾里克抬起头来。

"是呀,你过去从不让我碰那玩意儿。他是怎么用那玩意儿自杀的呢?发现卢的时候,你和爸爸在一起,不是吗?"

"是的。那天爸爸正要去什么地方布道,我们赶车经过卢家,看到卢的农场一派荒寂,所以我们想最好停车过去看看,给他鼓鼓精神。等我们找到他的时候,爸爸说他已经死了好几天了。他用一根打包绳套住自己的脖子,在绳子两头各打了个活结,然后把活结分别套在一颗被拽弯的小树两头,最后让小树弹直,把自己给勒死了。"

"他干吗要用那种蠢办法自杀呢?"

艾里克天真的问题把尼尔斯给逗笑了。他拍着弟弟的肩头说:"应该问的是,他怎么会蠢到要自杀的地步呢?"

"唔,这个,他的猪染上了霍乱,全都死了,死在他跟前,不是吗?"

"是这么回事,可他没染上霍乱呀,这世界上还有很多猪没死,你说是不是?"

"这,可是,那些猪又不是他的,对他有什么用处呢?"艾里克惊讶地问。

"噢,嘘!他也可以从别人的猪获得许多乐趣。他真是个呆子,那个卢·桑贝格。为几头猪就自杀——想想吧,这算什么事!"尼尔斯一路笑着下了楼梯,而开始在铁皮水盆前盥洗的艾里克还一脸尴尬相。当他在厨房镜子前分理他湿漉漉的头发时,一阵沉重的脚步声从楼梯上传来。他丢下梳子。"哎呀,是妈妈。我们肯定聊得太久了。"他说完就匆匆朝牛棚跑去,一边跑一边套上工装裤,抓起挤奶桶后就不见了身影。

埃里克森太太走进厨房。她系着条没有污渍的白围裙,用湿毛刷梳过的黑头发油光水亮。

"早上好,妈妈。要我帮你生火吗?"

"不用,尼尔斯,谢谢。用干玉米芯生火很容易的,再说我喜欢自己掌管厨灶。"埃里克森太太说着从炉子里铲出的一铲炉灰,然后又停下说,"我估摸着呀,你也许想尽快见见你那些兄弟。今天上午我可以捎你去安德斯家,他正在打麦子,咱们家的小伙子多半都在会那儿。"

"奥拉夫也会在吗?"

埃里克森太太继续铲着炉灰,一边铲一边说,"奥拉夫不会在那儿。他家的麦子都进仓了,进了他家的新谷仓。他今年收了6000蒲式耳[1]小麦。今天他要去镇上,去请人来把谷仓棚顶弄好。"

"这么说奥拉夫在盖新谷仓?"尼尔斯心不在焉地问。

"全县最大的谷仓,就快盖成了。说不定你走之前能赶上完工聚会呢。他打算呀,等大伙儿一收完麦子就举行晚宴和舞会,招待来帮过忙的邻居,还说顺便也让那些选民开开心。我跟他说,那简直是胡闹,不过奥拉夫还真有颗政治脑袋。"

"亨里克表叔的地全都由奥拉夫经营吗?"

老太太皱起眉头吹了一阵玉米芯周围冒出的青烟。"是由他照管,替孩子们照管,替希尔达和她的两个弟弟。地里的收益他都清清楚楚一笔笔记在账上,还以复利的算法放出去替孩子们盈利。"

尼尔斯微微一笑,看着小小的火苗从炉膛里蹿起。这时后楼梯旁边那道门开了,希尔达出现在门口,她双手背在身后,一边进屋

---

1 蒲式耳(bushel)是英美制计量单位,按美国的换算法,1蒲式耳小麦等于27.216公斤。

一边扣刚套上身的方格花布长围裙。尼尔斯高兴地朝他点了点头,她则冲尼尔斯眨了眨她那双小小的蓝眼睛,一双在她那宽宽的颧骨上方隔得很开的蓝眼睛。

"嘿,希尔达,你来磨点咖啡——多抓把咖啡豆,我估摸你尼尔斯表哥喜欢喝得浓点。"老太太说着话出了厨房,朝牛棚走去。

尼尔斯掉头看那小姑娘,见她正把研磨机架在两膝间,使劲儿摇动手柄,两条小辫来回蹦跶,布满雀斑的脸涨得通红。他注意到她中指上戴着个昨晚不曾见到过的亮东西,那显然是因为他回来而刻意戴上的一枚小小的金戒指,戒指上粗糙地镶着一粒石榴石。看着她不停转动的手,他微笑着用指尖碰了碰那枚戒指。

希尔达朝老太太刚穿过的棚屋门瞥了一眼,回头羞涩地悄声说:"这是克拉拉表嫂送的。她现在是奥拉夫表哥的妻子。"

三

奥拉夫·埃里克森太太仍被许多人叫她婚前的姓名——克拉拉·瓦夫日卡。那天早晨,克拉拉·瓦夫日卡正不安地在她家空荡荡的大房子里走来走去。她丈夫在她起床之前就动身去了县城,而她晚起的习惯正是她诸多让埃里克森一家人看不惯的陋习之一。克拉拉很少在早上八点之前下楼,今天下楼则更晚,因为她格外精心地打扮了一番,不过也就穿了件紧身黑裙,一件当地人会觉得很普通的紧身裙。她今年三十岁,身材高挑,皮肤黝黑,面色偏黄,双颊泛着两团红晕，好像颧骨处的血液在她褐色的皮肤下燃烧。她发际很低，一头对分的黑发明显闪出蓝色的光泽，两道乌黑的眉毛像两勾精巧的弯月，睫毛又长又浓，眼角有点上挑，似乎她具有鞑靼人或吉普赛人的血统。她两眼有时会炯炯有神，透出果敢坚毅，有时则黯淡无光，显得空茫迷蒙。她的表情绝对称不上和蔼可亲，而实际上经常都显得阴郁，即便在她高兴的时候，也会透出一丝讥诮的神情。她的侧影极富魅力，若只从侧面看她小巧优美的头部和精致的耳朵，谁都会一下就觉得，她的脾性即便不完全讨人喜欢，至少也相当可人。

奥拉夫太太把家里的所有事都交给了她姑妈约翰娜·瓦夫日卡，一个年届半百、相当迷信、对侄女颇为溺爱的女人。克拉拉很小就死了母亲，此后约翰娜便把自己的一生慷慨地奉献给了她这位侄女。和许多任性而不知满足的人一样，克拉拉也很容易在不知不觉中听人摆布，让那些智力远低于她的人决定自己的命运。正是从小就惯她宠她的姑妈送她去芝加哥学了钢琴，也正是这位姑妈最终说服她跟奥拉夫·埃里克森结了婚，因为她姑妈觉得，这是她在这方圆一带能促成的最匹配的婚姻。约翰娜·瓦夫日卡在欧洲老家时感染过天花，留下一脸深深的疤痕。她又矮又胖，其貌不扬，但却快活而多情。臃肿的体态和小小的碎步，令她走起路来一摇一摆，她哥哥乔·瓦夫日卡总是管她叫"鸭子"。她非常喜欢她这位侄女，一是因为她有才，二是因为她漂亮，三是因为她专横，但最根本的原因是因为她处处都替她自己着想。

促成克拉拉与奥拉夫结婚是约翰娜的非凡胜利。她为奥拉夫的地位感到非常自豪，把操持克拉拉的家当成一份令人激动的职业。她把那个家操持得让埃里克森家的人无可指摘。她尽量满足奥拉夫，以免他挑他妻子的毛病。她还不让任何人知道克拉拉的家庭生活并不幸福。当克拉拉睡懒觉时，约翰娜却在忙里忙外，照料奥拉夫和雇工们吃早饭，监督厨房里的两个帮工姑娘准时开始打扫屋子，制作黄油，或是洗涤物品。到八点钟左右，她会把咖啡送到克拉拉房间，趁她喝咖啡时陪她聊上几句，告诉她家里发生的事情。埃里克森老夫人常说，要不是约翰娜每天早上提醒，恐怕她那位儿媳妇连当天是星期几都不知道。老太太觉得约翰娜既可鄙又可怜，但也并非对她深恶痛绝。最令老太太憎恨的，是她那位儿媳妇在任何人跟前都会占上风。她儿子那幢谷仓般大的房子里居然相安无事，这更令她感到愤怒，于是她习惯地认为，在这个世界上，人们得等太长的时间才能看见有罪的人受到惩罚。她经常对奥拉夫说："要是约翰娜有个三长两短该怎么办？恐怕你妻子连她的洗碗布都找不到。"这时奥拉夫往往只是把肩一耸。但实际情况是，约翰娜没死，尽管老太太经常说她脸色不好，可她连病都没害过一场。约翰娜很少出门，而且她就睡在离厨房不远的一个小房间里。不管白天晚上，要是有埃里克森家的人上门找碴，都不可能不让她知晓。她唯一的缺点是爱多嘴多舌，有时候会惹出她无心招惹的麻烦。

那天早晨克拉拉正往脖子上系一条酒红色的丝带，这时约翰娜端着咖啡进来了。她把托盘放在缝纫机台面上，开始一边理床一边用波希米亚语同克拉拉聊天。

"喔，奥拉夫一早就出门去了。姑娘们正在烘糕饼。我待会儿就下楼去给奥拉夫做罂粟籽面包。早饭时他想吃李子蜜饯,我告诉他说没有了,还叫他从镇上买些李子干、蜂蜜和丁香回来。"

克拉拉倒出一杯咖啡。"嘿!我就弄不明白了,男人为什么能吃那么多甜食。而且一大早就吃!"

她姑妈会意地咯咯咯笑出声来。"用我们欧洲老家的话说,这就叫拿蜂蜜去诱熊。"

"他生气了吗?"克拉拉漫不经心地问。

"奥拉夫?哦,没有。他心情好着呢。只要你懂得怎样待他,他绝不会生气的。我还没见过哪个男人对钱这么不在乎。我给了他一张足有三尺长的购物单,他一句话都没说就折起来揣进了口袋。"

"一句话都没说,这我相信。"克拉拉说着耸了耸肩,"他总有一天会忘了怎么说话。"

"嗯,可人们说他在县里可会说话啦。他知道什么时候该闭嘴。难怪他有那么大的政治影响。大伙儿都相信这种人。"约翰娜边说边拍打一个枕头芯,然后用她胖胖的下巴夹着枕头芯套上枕套。她侄女见状哈哈大笑。

"我说姑妈呀,要是我们能闭上嘴,说不定就能让别人相信我们是聪明人了。可你干吗要告诉老太太,说上个星期六诺曼[1]又把我掀下马鞍,崴了我的脚呢?她一直跟奥拉夫唠叨这事。"

约翰娜顿时一阵心慌意乱。"噢,可是,我亲爱的,那是老太太问起你呀。要是不说点事搪塞她,她又会大动肝火。再说了,她也

---

[1] 克拉拉坐骑的名字。

用不着打听，整天开着车满地跑，她总会探到点风声的。"

待姑妈咯噔咯噔下楼去了厨房，克拉拉开始擦拭起居室的家具。因房间里家具不多，活儿也就干不了多久。这房子是奥拉夫在他俩结婚前专门为她盖的，可她布置房间的热情非常短暂。实际上，安顿好浴缸和钢琴后她的兴趣就骤然消退。对其他任何一件家具该如何摆设，他俩的意见几乎都有分歧，克拉拉曾扬言说，她宁愿让房子空着也不愿塞一屋子她不想要的东西。房子建在一道斜坡上，起居室的西窗俯瞰着十米开外厨房边的那个院子，东边一排窗户则直接朝着前院。克拉拉当时正在西窗下忙活，忽听一阵低沉的口哨声从东窗传来。她没有马上转身，而是一边用抹布慢慢擦一把圈椅的椅背，一边侧耳仔细聆听。没错，是口哨声，吹的曲调是《我梦见我住在大理石城堡》[1]。

她转过身去，看见尼尔斯·埃里克森手里拿着帽子，正在窗外的阳光中冲他微笑。当她穿过房间走向东窗时，尼尔斯已靠上金属丝纱窗。"看见我不吃惊吗，克拉拉·瓦夫日卡？"

"一点也不吃惊。我正想见到你呢。你妈昨晚给奥拉夫打过电话，说是你回来了。"

尼尔斯半眯着眼睛看着她，又吹了一声长长的口哨。"打过电话？那肯定是我和艾里克出去散步那会儿打的。她可真是雷厉风行。把纱窗打开，行吗？"

---

[1] 《我梦见我住在大理石城堡》（又名《吉普赛姑娘的梦》是爱尔兰作曲家巴尔福（Michael William Balfe, 1808—1870）创作的三幕歌剧《波希米亚姑娘》（*The Bohemian Girl*, 1843）第 2 幕第 1 场中的一首咏叹调，由女主角阿丽娜（女高音）依稀记起自己童年生活时演唱。

克拉拉打开纱窗，尼尔斯伸腿跨过窗台。等他在屋里站定后，她说："你没想过会赶在你妈妈前头吧？"

尼尔斯把手中的帽子抛在钢琴上。"噢，有时会的。你看，这不就赶在她前头了？她以为我这会儿正在安德斯的麦田里呢。可我们离开麦田时，妈妈把车开进了路边的软泥地，陷在里边出不来。趁他们去找马拖车时，我躲到麦草堆后面，然后就溜过来了。"尼尔斯说完呵呵一笑。克拉拉钦慕地望着他，刚才还没精打采的眼睛突然闪出光芒。

"你已经让他们在东猜西揣了。我不知你母亲在电话里跟奥拉夫都说了些什么，但他接完电话回来就显得魂不守舍，像是刚撞见了幽灵。他很晚才上床——我想都十点了吧，在黑黢黢的门廊上坐了好半天，像尊木雕似的。昨天还算是他话说得多的一天呢。"他俩同时大笑，笑得轻松愉快，就像一对常在一起谈笑的老朋友，但他俩都站着没动。

"刚才在麦田的时候，我看我那些兄弟也都像是撞见过幽灵，一个个心神不定。他们这都是怎么啦？"

克拉拉用探询的目光飞快地瞥了她一眼。"咳，都因为一件事。他们一直都担心你手里有另外一份遗嘱。"

"另外一份遗嘱？"尼尔斯好奇地问。

"对。后来的一份。他们知道你父亲重新立了份遗嘱，但却不知道里面说些什么。为找到这份遗嘱，他们几乎把老屋翻了个底朝天。他们始终怀疑老人家曾一直与你暗中保持通信，因为他生前事必躬亲的一件事就是亲手签收他的邮件。所以他们认为，老人家已经把新遗嘱寄给你保管。旧遗嘱要把家产全都留给你母亲，而那是在你离家之前就早早立下的，后来他们都觉得，你母亲会把出走的你排除在外，把全部财产留给身边的几个儿子。你父亲为了避免这种结果，后来又重新立了份遗嘱。我一直都希望这份遗嘱在你手中。要是在他们面前亮出来，那倒真叫人开心。"克拉拉说完哈哈大笑，如今她已不常这样开怀大笑了。

尼尔斯责怪地摇了摇头。"嗨！得了吧，你可没安什么好心。"

"不，我可没什么坏心眼儿。我只是想发生点什么事，激激他们，哪怕一次也好。从没见过这样的一家子，除了吃饭收庄稼就什么事也没有。有时我真宁愿死去，就为了换一场葬礼。这种日子你恐怕连三个星期都受不了。"

尼尔斯弯腰俯身在钢琴上方，开始用一根手指敲击琴键。"我受不了？我亲爱的少夫人，你怎么知道我受得了什么？你就不想等到发现这秘密的时候？"

克拉拉满脸通红，皱着眉头争辩道："我此前并不相信你还会回来……"

"艾里克就相信我会回来，而我走的时候他还是个孩子。不过话说回来，结局好一切都好，毕竟我这次回来并不是想让大家扫兴。我俩千万别争吵。妈妈很快就会带着搜查证上这儿来了。"他转过身来面朝她，把双手插进上衣口袋。"好啦，见到我你应该高兴才是，如果你真想有啥事发生的话。我就是那件要发生的事，即便没有那份遗嘱。我们能为此开心的，你说呢？我想我们能！"

她随声应和道："我想我们能！"他俩相视而笑，眼中都闪出光芒。

与早上往脖子上系那条丝带的时候相比,克拉拉·瓦夫日卡看上去年轻了十岁。

"告诉你吧,这次见到妈妈我很高兴。"尼尔斯继续说,"我以前并不知道,我真为她感到自豪。干什么都劲头十足。对啦,小家伙们都怎么样,在家吗?奥拉夫对那些孩子还算公道吧?"

克拉拉忧心忡忡地皱起了眉头。"奥拉夫必须把事做得看上去公道,毕竟他现在是个公众人物了。"说这话是她用幽默的眼神瞥了尼尔斯一眼。"不过他从也中捞了不少好处。礼拜天他们几兄弟都会聚在这里来算账。彼得和安德斯收养那两个男孩儿,奥拉夫怂恿他俩拿来大笔账单,然后他从家产中报销那些费用。他们总是在清算所谓的什么账目。奥拉夫从中也分了一份。我不懂他们是怎么算的,可就像他们所说,这完全是家务事。而当埃里克森家的人说这是……"克拉拉说到这儿扬起了眉头。

这时窗外传来急促的喇叭声,一辆汽车正沿大路朝房子驶来。他俩四目相视,同时纵声大笑,就像孩子没法给大人讲清发笑的原因但又忍不住发笑那样,这种笑声只有发笑者之间才能心领神会。尼尔斯一走,克拉拉就在钢琴跟前坐了下来,她觉得自己是在这笑声中度过了十二个年头。她的手指在琴键上欢快地跳动,仿佛那幢房子正在她头顶上燃烧。

当尼尔斯招呼过母亲,上车坐到她身旁时,埃里克森太太板着面孔,对他悄悄溜走之事没吭一声。她径直掉转车头,顺着奥拉夫牧场旁边那条公路往回飞奔,这时她才冷冷地开口说道:

"我要是你,这次回来就该尽量少来看奥拉夫的妻子。她这种女人呀,一和男人接触就会招流言蜚语。在她结婚之前,人们可没少说她的闲话。"

"奥拉夫还没让她学会顺从?"尼尔斯也用冷冷的语调问。

埃里克森太太把结实的肩头一耸。"说到他妻子,看来奥拉夫是不太走运。头个妻子倒够温顺,可总是病恹恹的。而这个却是想怎么样就怎么样。奥拉夫说,只要跟她吵架,她就会跑回他父亲家去,而这样一来,他可能就会失去波希米亚人的选票。这一带有不少东欧移民。不过话说回来,你要是看见一个男人怕老婆,那他肯定有什么软处捏在人家手里。"

尼尔斯这时想到了自己的父亲,嘴角露出一丝微笑。"除了波希米亚人的选票,她还给他带来了不少钱,不是吗?"

老太太不屑地说:"不错,她父亲是有一半财产在她名下,可我看不出那对奥拉夫有多大好处。要是老瓦夫日卡不再结婚的话,她有一天还会继承大笔财产。不过在我看来,一个酒馆老板的钱总不如别人的钱来得那么实在。"

尼尔斯哑然失笑。"嗨!妈妈,可别让你的偏见蒙住了眼睛。钱就是钱。老瓦夫日卡是个很正派的酒馆老板。他绝不是那种粗俗之辈。"

老太太生气地提高了嗓门。"哈,我就知道你总是替他们说话!小时候你常去那里闲荡,可并没给你落下什么好处。尼尔斯,爱在那儿厮混的小伙子也不都一样。我告诉你吧,在她和奥拉夫结婚那会儿,围着她转悠的男人就不不多了。她很懂得抓住机会。"

尼尔斯把背往后一靠。"当然,妈妈,我小时候爱往那儿跑,而你总是为此生气。可你从不花心思想一想,对这一带的乡下孩子来说,那酒馆就是他们能去的欢乐之屋。你们大人就知道累死累活地在外面干活,让家乱成一团,屋里满是婴儿、苍蝇和洗不完的衣服。哦,这没什么——我都能理解,可人只年轻一回,而我那时候碰巧还年轻。那个时候,瓦夫日卡的酒馆里总是充满欢乐。他拉小提琴,我吹长笛,克拉拉弹钢琴,约翰娜则唱一些波希米亚歌曲。她还经常为我们做一顿丰盛的晚餐——鲱鱼、腌菜、罂粟籽面包,还有许多糕点和果酱。老乔在欧洲老家时当过兵,能讲不少有趣的故事。我现在都还记得他坐在桌子首端削面包。说实话,那时候要是没有瓦夫日卡一家,我一个乡下孩子还真不知该如何打发光阴呢。"

"可他一直在赚别人从地里辛苦挣来的血汗钱。"埃里克森太太评说道。

"那马戏团赚的也是别人的血汗钱。妈妈,人家做的是正经事。大伙儿寻开心就得花点儿钱。连爸爸当年也喜欢老乔。"

"你爸爸,"埃里克森太太板着脸说,"他可是谁都喜欢。"

当车驶过沙溪进入自家地盘时,埃里克森太太突然叫道:"奥拉夫的车在那儿。他这是从镇上回来,顺便停一下。"尼尔斯挥了挥手,准备上前招呼正在门廊上等候的哥哥。

奥拉夫是个虎背熊腰的挪威人,举止言行都很迟钝。他脑袋像个木墩,又方又大。朝奥拉夫走去的时候,尼尔斯试图回忆起大哥的长相,可他能记得的只有一颗大大的脑袋、一个高高的额头、两只宽宽的鼻孔,还有一双分得很开的灰蓝色眼睛。奥拉夫的相貌显得发育不全,人们通常注意到的只是他那张又宽又平又白的脸,那张毫无表情的脸。从那张脸看不出他已年逾半百,也看不出他的心思,而正是因为其不动声色,所以透出一丝威严。当两兄弟握手时,奥拉夫的眼睛从两道稀疏的眉毛下盯着弟弟看,可尼尔斯觉得,没人能体味出那暗淡的目光意味着什么。他从奥拉夫身上能感觉到的只有一点,那就是一股难以对付的倔劲儿,就像那种绝不向犁头让步的黏土。在几个兄弟当中,他始终都觉得奥拉夫最难相处。

"你好吗,尼尔斯?打算和我们待多久呀?"

"噢,说不定就永远待下去了。"尼尔斯快活地回答。"我比从前更喜欢这块地了。"

"自打你走后,我们在这块地上可没少下功夫。"奥拉夫说。

"没错。我觉得这块地已可以居家度日了——我正打算安顿下来呢。"尼尔斯注意到他哥哥那颗大脑袋耷拉了下来(他心中暗想:活像一头大公牛!)。"妈妈一直劝我别在外面荡了,要我回来干干农家活。"他语气轻松地继续说。

奥拉夫清了清嗓子,冲口说道:"农家活可不是一时半会儿就能学会的。"说这话时他眼睛仍盯着地面。

"哦,这我知道。不过我学什么都学得很快。"尼尔斯并不想跟他大哥较劲儿,可也不知道这会儿为何要这样说话。"当然啦,"他继续道,"我并不指望像兄弟们这样红红火火。不过话说回来,我本来野心就不大,也不想要得太多。或许一小块地加几头牛也就够了。"

奥拉夫仍然垂头盯着地面。他想问尼尔斯这些年都在干些什么,想问他怎么没在外边谋到一份丢不下的职业,还想问他为什么没能衣锦还乡,而只是拎着个不起眼的小皮箱,作为全家唯一的落魄者回来。

这些问题他一个都没问出口，但却让人清楚他心里在想些什么。

"哼！"尼尔斯心想，"难怪他不说话，原来他可以一声不吭就把他的心思塞进你脑袋。想必他也常用这种无烟火药来对付他妻子。不过我猜她也有对付他的招数。"想到这里他噗嗤一笑，笑得奥拉夫抬起头来。"千万别介意，奥拉夫，我爱不知不觉地发笑，就像小弟艾里克。他也是个爱笑的家伙。"

"艾里克，"奥拉夫拖长声调说，"他就是个被宠坏的孩子。他挤奶不上心，结果让妈妈最好的那头奶牛不产奶了。我倒希望你能把他带走，在外边什么地方给他找份差事。要是他在外面也做不好事的话，那他可真没救了。"对奥拉夫来说，这番话已算得上是长篇大论，而他说完这番话就钻进了他那辆汽车。

尼尔斯耸了耸肩，心中暗想："又玩那套老把戏。每次都在人家背后使阴招。有什么了不起呀！"他转身朝厨房走去，母亲正在那儿责骂艾里克，因为他忘了给汽车加油。

四

乔·瓦夫日卡的酒馆没有开在县城，那里是奥拉夫和埃里克森太太常去购物的地方。小酒馆坐落在该县另一头，在波希米亚人定居的一个小镇，一个更让人感到愉悦的地方，在奥拉夫家农场的北边，相距有十英里平路。克拉拉几乎每天都要骑马去看他父亲。可以这样说，瓦夫日卡家就在小酒馆的后院。两幢建筑之间隔着个花园，花园两边有高高的木栅栏，木栅栏很密实，看上去像是木墙。到了夏天，乔就会在那棵小樱桃树下的醋栗树丛间摆放些啤酒桌和小木凳。尼尔斯此刻就坐在这样一张啤酒桌旁，那是他回家后的第三天傍晚。乔去了前屋招呼一位顾客，尼尔斯胳膊肘支在桌上，双手托着下巴，意气消沉地盯着面前那个已喝得半空的玻璃酒罐，这时他听见一阵笑声荡过小花园。克拉拉一身骑装，正站在前屋的后门，就在老乔很久前种下的那株葡萄藤下。尼尔斯站起身来。

"过来吧，过来陪陪你爸，陪陪我。我俩已经闲聊整整一下午了。除了苍蝇，没人来打扰过我们。"

克拉拉摇了摇头。"不，我以后再也不随便来这儿了。奥拉夫不高兴我来。我得顾及自己的身份，这点你该明白。"

"你是想告诉我，你再不会像从前那样，到这儿来和小伙子们聊天了？他真把你给驯服了！那以后谁来照料这些花坛呢？"

"我礼拜天会过来，当我爸一个人的时候，来给他读读波希米亚语报纸。但酒馆开门时我不会来这儿。一下午你俩都在这儿干啥？"

"聊天呗，我刚才跟你说了。我一直在给他讲我的旅行见闻。我发现我在家里没多少话可讲，即便在艾里克跟前也一样。"

克拉拉伸出手中的马鞭，逗弄一只映着阳光在葡萄藤叶间飞舞的白蛾。"我想你从来都不会给我讲那些事。"

"在哪儿给你讲呢？肯定不会在奥拉夫家里。我们在这儿聊聊又有何妨呢？"他的话颇具劝诱性，边说还边用帽子指了指园中的灌木丛和那张绿桌子，桌子上方有几只苍蝇正懒洋洋地围着几个空啤酒杯嗡嗡飞舞。

克拉拉轻轻摇摇头。"不,这恐怕不行。再说我也该走了。"

"我是骑艾里克那匹母马来的。要是我跑在你前面,你不会生气吧?"

克拉拉回头一笑。"你可以试试看。我不想要你追上,你就追不上。艾里克那匹母马可跑不过诺曼。"

尼尔斯进酒馆到吧台准备付账。身高一米九五、蓄着一口八字胡和一头金色卷发的大个子乔拍着他的肩膀说:"听好了,甭想把你该死的钱放进我的钱柜。只是记住下次来得带上你的长笛,嘀——嘀——嘀——嗒。"乔模仿吹长笛的样子,手指一阵跳动。"我的克拉拉每个礼拜天都会来为我弹钢琴。她不喜欢在埃里克森家弹。他晃着一头金卷发,呵呵笑着说。"埃里克森家没一点儿乐趣。你礼拜天也来吧。你喜欢快活。别忘了带上长笛。"乔说话极快,说英语常会卡壳。他对那些顾客很少讲英语,因此也没学会多少。

尼尔斯跨上马鞍,让马朝小镇西头一路小跑,房子和庭院越往西越稀疏,渐渐散落进大草原,道路也在镇西头拐向南边。他看见在他前方,映着渐隐的斜阳,克拉拉苗条的身影在马背上起伏。他抽了身下的母马一鞭,顺着那条灰蒙蒙的坦途,在渐渐变红的天幕下朝前飞奔。当他追上克拉拉时,他发现她刚才一直在哭。"怎么啦,克拉拉?"他关切地问道。

"没什么,我有时会心情不好。从前跟爸爸一起过得挺开心的。我都不知道我为什么要离开。"

尼尔斯用一种他偶尔对女人才会用的轻言细语说:"这也是我这么多年来想不明白的问题。要叫我在这一带给奥拉夫挑个妻子的话,挑谁我也不会挑你。克拉拉,你为啥要嫁给他呢?"

"现在想来,我嫁他的真正原因是为了让周围的邻居满意。"克拉拉把头一扬,"当时邻居们已开始好奇。"

"好奇?"

"对——好奇我为什么老不结婚。我想,那时候我是不想让他们说闲话。我已经发现,大多数姑娘匆匆结婚都是因受不了邻居们的闲话。"

尼尔斯把头探向她,露出两排洁白的牙齿。"我曾经一直在打赌,我认识的一个姑娘会说,'让邻居们都见鬼去吧。'"

克拉拉沮丧地摇了摇头。"你要知道,尼尔斯,作为一个女人,他们会有办法对付你的。他们会说你老得没人要了。就是这种话逼我们匆匆嫁人,因为姑娘们都受不了这种嘲笑。"

尼尔斯侧脸看了他一眼。他以前从没见过她如此耷拉着头,也绝没有想到过她会屈服于任何压力。"就你而言,你结婚就没有别的原因吗?"

"别的原因?"

"我是说,你结婚就不是因为怨恨某个人?某个没有回来的人?"

克拉拉挺直了身子。"哦,我压根儿就没想过你还会回来。至少从不再给你写信后就没想过。那一切都结束了,在我嫁给奥拉夫之前就结束了。"

"这么说你从来就没有想过,你能对我做的最无情的事就是跟奥拉夫结婚?"

克拉拉笑了:"没想过,那时我可不知道你对奥拉夫如此多情。"

尼尔斯伸出手套捋了捋马的鬃毛。"你知道的,克拉拉,这场婚姻你是撑不到头的。你总有一天会出走,而我一直都在想,你最好是和我一道出走。"

克拉拉扬起下巴。"噢,你认为很了解我呀?我看未必。我不会出走的。有些时候,和我爸在一起的时候,我也觉得这主意不错。但我会撑下去的,只要埃里克森家的人能撑。他们还没有打败我,而只要没被打败,我就能撑下去。要是我回到我爸家,奥拉夫在政治上就彻底完了。他清楚这点,所以除了生生闷气,他不敢把我怎样。埃里克森家的人聪明,可我也不笨。不给他们露两手,我是不会离开那个家的。"

"你是说除非你能胜过他们?"

"对——除非有个比他们更聪明而且更有钱的男人和我一起离开。"

尼尔斯吹了声口哨。"好家伙!你志向还真不小。那可是捆成团的一大家子,够你对付的。不过我倒认为,时至今日,再折腾这一家子也没多大意思了。"

"说的也是。恐怕真是那样。"克拉拉有点气馁地承认。

"那你干吗不离开呢?外面的世界精彩着哩。回家的时候我还在想,逼他们拿出几百亩地来是件蛮有趣的事,但现在我决定了,在别的地方我可以更快活地挣钱。"

克拉拉猛吸了一口气。"哈,你手里真有另一份遗嘱。这就是你回家的原因!"

"不,不是为这个。我回来只是想看看你和奥拉夫过得怎样。"

克拉拉抽了马一鞭，一下就冲到了前面。尼尔斯骂了声"该死"，也扬鞭朝前追去，但克拉拉俯身马鞍，破风急驰，她骑装长长的裙裾在身后静静的空气中飘拂。太阳正在一望无际的麦茬地尽头的天边下沉，暮色很快就笼罩了原野，昏暗中尼尔斯几乎看不见前边模糊的身影。当他终于追上她时，他伸手拽住了诺曼的辔头。那匹马高高扬起前蹄，尼尔斯吓了一跳，但克拉拉却稳稳地骑在马背。

"放手，尼尔斯·埃里克森！"她大声嚷道，"比起恨他们来，我更恨你。你天生就是来折磨我的，你们一家子都是——想方设法让我受罪。"

她再次扬鞭策马，离他而去。尼尔斯紧咬牙关，显得若有所思。他让马缓步而行，沿着那条空荡荡的路回家，一路仰望天幕上闪出的星星。那晚星光柔和，夜空明净，满天繁星像撒进一池碧水的一颗颗宝石。他似乎觉得，净洁的星星在责备这个肮脏的世界。他拐进岔路，越过沙溪，这时他仰头冲北极星微微一笑，仿佛他与那颗明亮的星星心灵相通似的。他没赶上吃晚饭，母亲为此对他埋怨了几句。

五

礼拜天下午，乔·瓦夫利卡坐在他家花园里，身穿长袖衬衫、脚跋绒毡拖鞋，嘴里叼着根绘有狩猎瓷画、系有长长饰穗的陶瓷烟斗。克拉拉坐在那棵樱桃树下，正在为他高声念波希米亚语周报。她在那身骑装下穿了条白色的细棉布裙子，白裙上晃动着一团樱桃树叶投下的斑驳光影。一只黑猫在她脚边晒着太阳打瞌睡,乔那条德国猎犬则在红天竺葵丛下刨洞,想入非非地想刨出一只獾。乔正往烟斗里填他午饭后的第三斗烟丝,这时他听见有人在敲木栅栏,他哈哈大笑着起身,打开了栅栏上通街面的一扇小门。他没招呼尼尔斯,只是一把拽住他的手,把他拉进了花园。克拉拉一下呆住了,暗红色的双颊变得更红。尼尔斯也感到几分尴尬。自那晚她策马加鞭,把他一个人丢在田野间那条路上之后,他还没见过她。乔拽着他径直来到绿桌旁的小木凳跟前。

"你把长笛带来了。"乔拍着尼尔斯腋下的皮盒子笑着说,"哈,太好啦!这下我们可以像过去那样乐一乐了。我为你准备了一点好东西。"乔晃动指头朝尼尔斯示意,同时冲他眨了眨眼睛,那双蓝眼睛清澈明亮,充满热情,只是常常会布满血丝。"这好东西是从……"他停下来把手一挥——"从匈牙利来的。你去过匈牙利吗?在这儿等着!"他把尼尔斯摁在木凳上,径直进了酒馆的后门。

尼尔斯望着一旁的克拉拉,见她正襟危坐,把身上那条白裙拽得紧紧的。"他没跟你说他请了我来,是吧?他想搞个聚会,一直都在张罗。他不是挺有趣吗?你就别生气了,我们就让他高兴高兴吧。"

克拉拉微微一笑,松手抖开裙子。"我爸不就是这样吗?整天都乖乖地坐在这儿。好啦,我没生气。我很高兴你来。他现在也没多少开心的日子了。如今像他这样人还真不多见。这代年轻人都太乏味。"

乔回到花园,一手拎着个细颈瓶,另一只手的指间夹着三个高脚杯。他郑重其事地把酒杯放到桌上,然后绕到尼尔斯身后,朝着阳光举起那瓶酒,眯缝着眼用赞美的目光细细打量。"你喝过这种酒吗,托凯葡萄酒?一个老朋友送的,从匈牙利带来的礼物。你知道这酒多少钱一瓶吗?太贵了,贵如黄金。在波希米亚只有贵族才喝得起。这瓶酒我贮藏了好多年,这瓶托凯。"乔说着突然亮出他的专用拔塞钻,用一种优雅的姿势拔出软木塞,"带酒给我的那位朋友已经去世了,可这瓶酒还躺在我酒窖里睡觉。今天……"他一边说话一边小心地往杯子里倒入橙色的酒浆,"今天它醒了,说不定会把我们也给唤醒!"他端起一杯酒走到她女儿跟前,用一种对女士的殷勤姿势把酒递上。

克拉拉使劲摇头,但看见父亲失望的神情,便温和地说:"你先喝吧。我喝不了多少。"

乔喜滋滋地尝了一小口,转身对尼尔斯说:"这酒你得慢慢品。它喝起来很柔和,但后劲十足。见识了吧!"

两杯下肚,尼尔斯说他不能再喝,再喝就要醉了。他一边打开长笛盒一边对乔说:"瓦夫日卡,现在去拿你的小提琴吧。"

但乔往椅背上一靠,晃着脚上的绒毡拖鞋连声说:"不!不!不!不!现在我不拉提琴了,手指疼得厉害",说着他晃了晃手指,"风湿病弄的。你吹你的长笛吧,嘀——嘀——嘀——嗒,吹波希米亚曲子。"

"我都忘了那些波希米亚歌曲了,那些从前跟你和约翰娜吹过的曲子,但还记得一首,就是会让克拉拉生气的那首。还记得吗,我们叫她波希米亚姑娘时,她眼睛瞪得有多圆?"尼尔斯取出长笛,开始吹《当别人的嘴和别人的心》[1]，应和着笛声，乔晃动着他的绒毡拖鞋，用沙哑的男中音哼着旋律。"啊，多美的音乐！"当尼尔斯吹完一曲，他拍着手高声赞叹。"现在吹《大理石城堡》《大理石城堡》！克拉拉，你来伴唱。"

克拉拉嫣然一笑，把身子靠上椅背，开始合着笛声轻声唱道：

我梦见我住在大理石城堡，
膝下有成群的仆人和奴隶……

老乔随着旋律哼唱，活像一只大黄蜂。

"还有支曲子你过去爱吹，"克拉拉平静地说，"那支歌我记得最清楚。"说完她十指相扣平放在膝上，开始唱《心屈服》[2]。她熟稔此曲的唱词，整首歌唱得似行云流水，唱到曲末时更是声情并茂：

因为记忆是唯一的朋友，
伤心人能拥有的唯一朋友。

乔掏出红丝绸手帕擤了擤鼻子，摇着头说："别……别……别

---

1 歌剧《波希米亚姑娘》第3幕中的一首咏叹调（又名《你就会把我记起》），由男主角（男高音）萨迪厄斯（阿丽娜幼时的救命恩人及后来的恋人）欲带阿丽娜远走高飞时演唱。

2 歌剧《波希米亚姑娘》第2幕第4场中的一首咏叹调（又名《记忆是伤心人唯一的朋友》），由阿丽娜的父亲阿恩海姆伯爵（男中音）演唱，表达他对丢失多年的女儿的思念。

唱了！太叫人伤心了！太叫人伤心了！我不喜欢伤心的。来支欢快的吧。"

尼尔斯把嘴唇凑近长笛，老乔靠在椅背上，笑着唱起了"哦，埃维莉娜，可爱的埃维莉娜！"[1]克拉拉也笑了。很久以前，当她和尼尔斯还在上中学的时候，班上有个相貌平平、带着厚镜片眼镜的学霸姑娘就叫埃维莉娜·奥利森，她走路步子迈得很大，身子又一摇一摆，像是在跳快步华尔兹，会让人莫名其妙地想到那首歌的节奏，所以同学们老爱没心没肺地冲她唱这首歌。

"那个姓奥利森的丑姑娘呀，她眼下可在学校教书里呢。"老乔喘着气说，"她走起路来还是那副样子，噗——嚓嚓，噗——嚓嚓，活像头骆驼！嗨，尼尔斯，咱们再来一杯。哦，喝！喝！喝！喝！这杯你一定要喝！克拉拉也喝，喝了才说明她不妒嫉。来吧，咱们一起为你的姑娘干杯。你不愿说他的名字，嗯？不！不！不！我不是要你说。她很漂亮吧，嗯？我敢说，她肯定是个好恋人！"老乔眨了眨眼睛，举起酒杯，"你打算啥时候娶她呀？"

尼尔斯眯缝起双眼。"这我可不知道。那得等人家开口。"

老乔挺起胸膛。"这是小男孩说的话，男人可不这么说。男人会说：'你跟我去教堂。快呀，别磨蹭了！'这才是男人说话的方式。"

"或许尼尔斯挣的钱还不够养他的妻子呢。"克拉拉冷言插入道，"是吧，尼尔斯？"她单刀直入地问，好像她真想知道答案。

尼尔斯镇定地望着她，扬起了一道眉毛。"喔，我会让她过得好

---

[1]《可爱的埃维莉娜》是美国南北战争时期流行的一首歌谣，用士兵怀念旧情人的口吻唱出，快三拍节奏，旋律轻快，歌词诙谐。

好的。"

"好好地过她想要的生活?"

"对我的妻子,好不好我说了算。"尼尔斯平静地回答,"我会让她过对她好的生活。"

克拉拉面露愠色。"依我看呀,你只会让她挨鞭子,就像老彼得·奥利森对他妻子那样。"

"要是她想挨的话。"尼尔斯一边懒洋洋地应答,一边双手交叉搂住后脑勺,斜着眼看头顶上方的樱桃树叶。"你还得那次吗?我把樱桃汁儿挤得你满裙子都是,你约翰娜姑妈一连扇了我几个耳光。啊,你那时候真是个疯丫头!两手捧满樱桃,我使劲儿捏你的手,樱桃汁儿溅了你一身。那时我爱跟你闹着玩,因为你玩起来真疯。"

"那时候我们的确玩得很开心,不是吗?其他孩子就没那么开心了。我们可懂得怎样玩。"

尼尔斯把胳膊肘支在桌上,隔着桌子死死地盯着她。"那之后我跟许多姑娘玩过,但我没发现有谁像你这么有趣。"

克拉拉哈哈大笑。笑脸沐浴着斜阳余晖,眼睛深处闪出些许炽热的光芒,就像那棕色酒瓶里金色的酒浆。"你还会玩吗?也许你仅仅是装装样子?"

"与过去相比,我现在玩得更好,玩得更疯。"

"难道你不用工作?"她并不想打听什么,只是脱口而出,因为她对此颇感困惑。

"我时不时会工作。"尼尔斯仍然死死盯着她。"别为我的工作操心,埃里克森太太。你都快和他们那伙人一样了。"他把一只手伸过桌子,轻轻地摁在克拉拉手上,他温暖的大手觉得她的手冰凉。"让我们最后再玩一次吧,埃里克森太太!"克拉拉一阵哆嗦,双手和双颊变得滚烫。她俩的手指缠绵在一起,彼此都认真地望着对方。这时老乔把瓶口凑到嘴边,站起身来享受瓶中那最后几滴托凯酒。太阳就快要从他的酒馆后面坠下,余晖映照着他手中闪光的酒杯,映照着那张通红的脸,映照着他那头卷曲的金发。"瞧!"克拉拉悄声说,"我就希望像那样变老。"

六

奥拉夫要举行谷仓落成庆祝聚会的那天,他妻子破天荒地起了个大早。约翰娜一个星期来都忙着在烘烤,煎炸,蒸煮,为那天的晚宴准备糕点和肉食,但直到聚会的前一天,克拉拉才突然来了兴趣。于是趁着自己一时心血来潮,她带着艾里克一道赶马车去梅子河边转悠了一天,采集了一些用来装饰谷仓的野葡萄藤和沼地黄花。

下午四点左右,陆续有汽车和马车来到了奥拉夫家前面那幢还没刷漆的大建筑跟前。当尼尔斯和他母亲于五点钟赶到时,谷仓里已集聚了五十多个客人,另外还有一大群孩子。谷仓里摆了六张长桌,桌上摆放着陶瓷餐具,这是为了聚会从埃里克森家族兴旺的七户人家借用的。每张桌子中央都放着个黄橙橙的大南瓜,南瓜都是镂空的,里面填满了紫茎忍冬。谷仓的一个角落里,在一堆皮上有白绿色斑纹的西瓜后面,有专门让老年人坐的一圈椅子,年轻客人就用蒲式耳量器或铁丝网卷轴当座椅，孩子们干脆就在干草堆上打滚。谷仓旁边的牛棚马厩被克拉拉临时改作了供应食物的隔间，原来的框架被沼地黄花和麦束遮掩，隔板也都掩映在挂满了果实的野葡萄藤后面。在这样一个隔间里，约翰娜正守着她烤制的足够让一队士兵吃饱的熟肉；在隔壁一间，她厨房里那两个姑娘已经把几个冰激凌制作机安好，克拉拉已开始抓紧时间切着馅饼和蛋糕；在第三个隔间里，身穿粉红色细布连衣裙的希尔达要在那儿守候一下午，随时为客人分发柠檬汁儿。作为公众人物，奥拉夫认为不宜在自家的谷仓里请客人喝酒，不过老乔来之前就在自己的马车上藏了两坛，所以他到达之后，停车棚就有男人频频光顾。

当尼尔斯到希尔达那个隔间要柠檬汁儿喝时，小姑娘压低嗓子悄声说："克拉拉表嫂把这里打扮真漂亮，你说是不是？"

尼尔斯靠着隔间跟激动的小姑娘聊天，同时观察着周围的客人。那座谷仓朝西，金色的阳光从开着的大门倾泻而入，把每一个角落都照得透亮，阳光中漂浮着从孩子们嬉耍的干草堆中扬起的尘埃。一阵喧嚷的说话声正从约翰娜的肉食摊传来，一群女人正围着她那些大托盘啧啧赞赏，托盘里堆满了炸鸡、烤牛肉、卤牛舌和烤火腿，烤火腿黄脆脆的肥肉层上洒有丁香，盘中还饰有艾菊和香芹。老太太们亲眼看清了另一个隔间里有二十种精制糕点、三十种肥肉馅饼，另外还有各种饼干，然后她们就退到那堆西瓜后面的角落，系上白围裙坐下来，开始忙活她们的编织和刺绣。她们构成了一幅美妙的老妪群聚图，一位荷兰画家肯定会乐于看见这个画面：夕阳在她们脚边的地上投下斑驳光影，长长的金色光柱颤动着穿透梁椽间的昏暗。

她们中有些人心宽体胖，面色红润，穿着她们最好的黑礼服，显得格外兴奋；有些人体态清瘦，腿脚利索，晒黑的手背上布满青筋；有几位的身板和埃里克森太太一样高大结实。她们中几乎没人戴老花眼镜，而且只有老家是丹麦的斯文森老太太因为秃顶而戴了顶帽子。奥利森太太膝下已有十二个孙儿孙女，可她依然晃着两条和她手腕一般粗的金色辫子。在这么一群老祖母当中，只有少数人白了头发。她们都有一副欣然而安然的神态，似乎她们对自己和生活都心满意足，别无他求。尼尔斯靠着希尔达那个隔间看老太太们用四种语言聊天，她们的手指和舌头一样都没闲着。

"瞧角落里那群老太太，"尼尔斯拦住从他跟前经过的克拉拉，轻声对她说，"你看她们像不像一队老年近卫军？我已经数过了，一共有三十只手。我在想啊，在她们的一生中，这些手不知拧断过多少根鸡脖子，又打过多少淘气孩子的屁股。"

事实上，当他想到那十五双手所完成的工作量时，他不禁感到惊愕：那些手挤了多少牛奶，做了多少黄油，栽了多少花草，养了多少儿孙，用坏了多少扫帚，烹制过多少食物。他正想得出神，克拉拉丢下个意味深长的微笑便匆匆离去。当她朝那幢房子走去时，尼尔斯的目光追随着她白色的身影。望着她在斜阳下独自行走，望着她那纤细而傲气的双肩、娇小而坚毅的脑袋，以及那头泛着蓝光的黑发，他心中暗想，"不，哪怕她在这儿生活一百年，她也绝不会和这群老太太一样。她只会变得更愤世嫉俗。野性不可能被驯服，只能被枷锁禁锢。人与人是多么不同啊！我千万不能失去勇气。"想到这儿他拧了拧希尔达的辫子，丢下她去追赶克拉拉。终于在厨房里赶上她后,他问"你要去哪儿?"

"去地窖取些果酱。"

"我跟你一块儿去吧。我还没和你单独待一会儿呢。你干吗老离我远远的?"

克拉拉笑着回答:"我可不习惯挡人家的道。"

尼尔斯跟着她走下阶梯,来到地窖尽头,那里有扇地下室窗户透进阳光。从一个有点摇晃的木架上,克拉拉挑了几个约翰娜曾精心贴有标签的玻璃罐子。尼尔斯拿起一个棕色的长颈瓶问:"这是什么?看上去挺不错的。"

"是挺不错。是法国某个地方产的白兰地,我结婚时我爸送的。想尝尝吗?你有拔塞钻吗?我来找杯子。"

克拉拉递上找出的酒杯,尼尔斯接过来放到窗台上。"克拉拉,你还记得我从前是多么迷恋你吗?"

克拉拉把肩一耸。"男孩子总会今天迷这个,明天恋那个。我敢说某个傻男孩还迷恋过那个戴着眼镜的埃维莉娜呢。你早就把你的迷恋忘了。"

"你的意思是说我一去不回?可你知道,我得先安顿呀,凡事开头都很艰难。然后就听说你和奥拉夫结婚了。"

"然后你就远远地躲开一颗破碎的心。"克拉拉笑道。

"然后我就开始想你,比我刚离家那会儿还想得厉害。我开始纳闷,我小时候的你是不是真像我心目中的你。我想我得弄个明白。我有过许多姑娘,但没有一个像你这样令我牵挂。我越是想你,就越是忘不了我们的过去,那就好像在听一支你没法抗拒的、狂放的曲子,叫你整夜都睡不着觉。很久以来,已没有什么事能令我激动了,而我想知道,是否还有啥事能让我再激动一次。"尼尔斯把手插进上衣口袋,挺起了胸膛,他挺胸的姿势有时像她妈妈,也像奥拉夫,只是奥拉夫显得很笨拙。"所以我想,我得回来看看。当然,家里人一直都在设法骗我,我也有点想亮出父亲的遗嘱,跟他们理论理论。不过他们可以留下他们原来那些地,毕竟他们在地里已流了够多的汗水。"说到这儿他拿起长颈瓶,小心翼翼地斟满两杯酒。"我已经发现,我从埃里克森家到底想得到什么。来,克拉拉,干杯!"他举起杯子,克拉拉也低着头举杯。"看着我,克拉拉·瓦夫日卡,干杯!"

她抬起充满激情的双眼,热切地回应道:"干杯!"

谷仓里的晚餐会于六点开宴,热热闹闹延续了两个小时。延瑟·纳尔逊在餐前打赌说他能吃下两只炸鸡,结果还真吃了。叶利·斯文森往肚里塞下了两个很大的蛋奶馅饼,尼克·赫尔曼松则把一个巧克力夹心蛋糕连渣带屑吃了个精光。孩子们甚至来了个吃甜饼大赛,一个瘦小的波希米亚男孩以吃十六个的成绩赢得冠军,奖品是约翰娜用红色的冰糖和焦糖装饰的一个猪形姜饼。那个叫弗里茨·斯魏哈特的德国木匠在吃泡菜的比赛中夺魁,但晚餐之后的整个晚上都没人再见过他的踪影,老乔说弗里茨吃那些泡菜不在话下,问题是他在晚餐前过于频繁地去光顾过他藏有酒坛的那辆马车。

当人们开始收拾餐桌时,两个提琴手为晚餐后的舞会拉响了序曲。克拉拉准备用她那台竖式旧钢琴为他们伴奏,钢琴早已从他父亲家里搬来。这时尼尔斯已经和所有的老相识都打过了招呼。与克拉拉在地窖里交谈之后，他就一直忙着奉承那些老太太看上去是多么年轻，所有那些姑娘少妇又如何漂亮，他还让男人们都相信他们拥有这世界上最好的农场。他和蔼可亲，平易近人，弄得她妈妈那些老朋友都围到她跟前，一个劲儿地说她好福气，有这么个聪明儿子衣锦还乡，并求她让儿子为她们吹一曲长笛。一旦忘了自己还患有风湿病，乔·瓦夫日卡也是拉提琴的一把好手，这时他从约翰尼·奥利森手中抢过一把小提琴，拉起了一支狂放的波希米亚舞曲，从而使场面活跃起来。等他垂下琴弓时，所有的人都已经跃跃欲试。

奥拉夫穿了件双排扣礼服，认真地系了根领带，与他母亲一道领着大伙儿跳起了齐步舞。克拉拉坐在钢琴前弹奏，没加入舞队。她把那支齐步舞曲弹得既华而不实又一本正经，把那位回乡游子给逗乐了，于是他走过去站在她身后。

"噢，克拉拉·瓦夫日卡，这效果不是你硬塞进去的吗？幸好有我在这儿，不然你这番调谑可就白搭了。"

"我就喜欢自我调谑。这让我能够活下去。"

小提琴拉起了一支波尔卡舞曲[1]，令老乔吃惊的是，尼尔斯邀请的第一个舞伴竟然是那位相貌平平的女教师埃维莉娜·奥利森。他第二个舞伴是个胖胖的瑞典姑娘，虽然她是大笔财产的继承人，但跳第一轮舞时没人邀请她，所以她只好蹬着她那双紧巴巴的高跟鞋靠墙站着，神经兮兮地揉弄着一方花边手帕。她没跳几步就累得上气不接下气，尼尔斯只好把这个兴奋不已、气喘吁吁的女继承人送回

1　波尔卡舞是一种源于波希米亚的双人舞蹈，由男女舞伴欢快活泼地绕着圈跳，其舞曲采用二拍子节奏。

她的座位，然后径直走到钢琴跟前。正在弹琴的克拉拉刚才一直在注视他彬彬有礼地向女士献殷勤。她悄声对他说："下一曲去请奥莱娜·伊恩松，她华尔兹跳得很美。"

奥莱娜也是个胖姑娘，显得不太灵活，但容貌俊美，体态端庄，面色红润；有双惺忪的睡眼，但目光柔和；身上散发着紫罗兰香粉的香味，温暖的双手又白又软。她舞姿优雅而庄重，舞步像行云流水。一曲终了，尼尔斯放开她的手说："谢谢，跳得真棒。下一曲华尔兹你还跟我跳，行吗？现在我得去跟我的小表妹跳一曲了。"

当尼尔斯来到希尔达跟前拉起她的手时，小姑娘两眼闪出光芒，显得异常兴奋，但却说她得守住柠檬汁儿，不能擅离岗位。这时埃里克森老夫人碰巧经过那里，便说她可以替她照料一会儿，于是希尔达出了那个隔间，脸红得就像她那条粉红色连衣裙。这一曲是跳肖蒂什轮舞[1]，当希尔达那两条金色小辫飞舞起来时，尼尔斯鼓励道，"好！跳得真好，从哪儿学的？"

"是克拉拉表嫂教的。"小姑娘喘着气回答。

尼尔斯发现艾里克坐在一堆不会跳舞或不好意思跳舞的小伙子中间，便叫他下一曲华尔兹一定得和希尔达跳。

小伙子缩着肩头说："呀，尼尔斯，我不会跳舞。瞧我这双大脚丫子！我跳起来显得傻气。"

"别在乎自己的长相。小伙子帅点丑点有啥关系？"

尼尔斯对弟弟说过的话从不曾这么生硬，艾里克连忙从草堆里

---

[1] 肖蒂什轮舞是慢步波尔卡舞的一种，其舞曲是慢 2/4 拍节奏。

爬起来，拂掉衣服上的草屑。

一旁的克拉拉点头赞许。"说得好，尼尔斯。我也一直都想说服他。他俩配对跳得很好，有时候我还替他们伴奏呢。"

"我要谢谢你叫他跳舞。他不该长成个啥也不会的乡巴佬。"

"他不会的。他在你们家比谁都更像你。只是他没有你那种勇气。"克拉拉斜视的眼睛中射出一种热切的目光，一种同时包含赞赏和挑战的目光，这种目光很少投向别人，那目光似乎在说："是的，我赞赏你，但我同样优秀。"

那晚克拉拉比奥拉夫更像是晚会的主人，因为自打晚餐结束后，奥拉夫唯一的兴趣似乎就是那些提灯。为了这场狂欢，他特意从镇上借来了一盏火车头前灯，可他好像又担心那炽热的灯光会把他的新谷仓点着，于是便一直在那盏灯周围转来转去。与此相反，他妻子却热情地招呼每一个客人，显得精神十足，甚至神采飞扬。她脸上泛起橙红色的光晕，眼里充满了生命的活力。她请那个胖胖的瑞典女继承人替她弹钢琴，径直到角落里拉出正在与朋友聊天的父亲，要他跟她跳一曲波希米亚舞。老乔年轻时是个出了名的舞场高手，这会儿在女儿的引领下也跳得颇为轻快，引得周围的大伙儿都在不停鼓掌，那群老太太则更来劲儿了，非要他们父女俩再跳一曲。她们挤在角落里一边欣赏一边评说，手脚还不住打着拍子。每当小提琴拉出一支新的曲调，斯文森老太太那顶白帽子便会开始随着节拍晃动。

克拉拉正与艾里克跳着华尔兹，这时尼尔斯上前轻轻把弟弟推开，挽起克拉拉一道旋转着出了人群。"还记得吗，当年在镇上的溜冰场，我们经常穿着旱冰鞋跳华尔兹？我想现在没人那么跳了。那时候我们一跳就是几小时。你知道,我们可不像别的孩子那样,整天没精打采地虚度时光。刚认识那会儿,我俩都太正经,可后来真爱上了,反倒不是争就是吵。你老爱掐人,手就像镊钳。你那时候就是只会咬人的海鳖。啊,当初你对斯德哥尔摩是多么向往!想夏天坐在那些咖啡馆外边的大街旁整夜聊天。就像在开招待会——达官贵人,绅士淑女,还有滑稽的英国人。你一旦让瑞典人乐起来,他们就是这世上最快活的人。总是在喝酒——香槟掺啤酒,一半兑一半,用大酒罐端出,一罐接一罐。要知道,他们喝得很慢,却能喝下很多。我告诉你吧,一旦他们都开始吸烟,看上去就是一群萤火虫。"

"那又怎么样?你并不真正喜欢快活的人。"

"我不喜欢快活的人?"

"对,我从你下午看那群老太太的眼光中就能看出。说到底他们才是你喜欢的那类女人,像你母亲那类。你也会找那种女人结婚的。"

"是吗,我的聪明小姐?你会看到我将跟谁结婚。她不会是只把驯服当美德的家猫,而是一只会咬人的海鳖,正好和我相配。但不管怎么说,那群老太太的确招人喜欢。你自己也不喜欢她们?"

"不,我不喜欢。我讨厌她们。"

"等你在斯德哥尔摩或布达佩斯会想起她们的时候,你就不会讨厌她们了。自由会消除所有怨恨。哦,克拉拉,你可是个真正的波希米亚姑娘!"尼尔斯冲她绷着的脸呵呵一笑,并用讥讽的语调开始唱:

啊，我这样一个吉卜赛穷姑娘，
怎么能指望做一位男爵的新娘？

克拉拉捏了捏他的肩头。"嘘，尼尔斯，大伙儿都盯着你呢。"

"我不在乎。他们可没法说闲话。这完全是家务事，就像埃里克森家几兄弟瓜分希尔达的遗产时说的那样。再说了，我俩要远走高飞，总得给人家留下点儿嚼舌头的佐料。啊，对他们来说，这可是天上掉馅饼！自从那年闹蝗灾后，他们就再没找到过这般有滋味儿的话题。这会让他们过几天新鲜的日子的。奥拉夫也不会失去波希米亚人的选票。他们要看他的笑话，所以他们会举双手送他进县议会。他们永远也忘不了今晚的谷仓晚会，或者说永远也忘不了我俩。他们会永远记得我俩在一起跳舞。我们正在创造一个传说。嘿！我的华尔兹呢，小伙子们？"当他俩从乐队跟前旋转而过时，他冲琴手们喊道。

乐师们咧嘴而笑，面面相觑，迟疑片刻后又奏出一支新曲。当一对对舞伴从快步华尔兹滑入长长的慢舞步时，尼尔斯合着舞步的节奏唱道：

当别人的嘴和别人的心
唠叨起他俩的爱情故事，
用那些人觉得厉害的瞎话，
用言过其实的风言风语，
那时候也许在某个地方，

这快活的日子正在被回忆。[1]

角落里那群老太太使劲儿鼓掌。"瞧那个尼尔斯,你看他跳得多欢!"而合着舞曲悠缓的节奏,斯文森太太头上那顶帽子也如梦似幻地左右摇晃。

回忆起这些快活的时日,
你心中也许就会把我记起!

七

月光洒满那片沉寂的大地。收割后的黄土地沐浴着黄橙橙的月华。麦草堆和白杨防风林投下一道道黑影。道路变成了一条条灰蒙蒙的河。夜空湛蓝而深邃,星星依稀可见。仲夏夜那轮金色的月亮,硕大、温柔,柔光下的万物仿佛都安然入睡,沉入了梦乡。那柔光似乎超然存在,与人类的生死祸福毫不相关。每次仰望天空,你都会感到自己的渺小,都会觉得你好像是坐在一条涛声悦耳的大河旁,但却什么也听不见。此时在大路旁边奥拉夫的麦地里,尼尔斯正斜躺在一个麦草堆上,正觉得自己的生活既新奇又陌生,恍若在书中或梦中见过却又无法记起的一段经历。他躺在那儿一动不动,呆望

---

[1] 小说原文只有这首咏叹调唱词的前4行,译文5—6行系译者根据歌剧《波希米亚姑娘》剧本原文补充。

着眼前那条灰蒙蒙的大路，那条消隐在麦地里、然后又在远方的小山上重新显现的大路。最后他终于看见那条灰蒙蒙的长带上有个黑影在飞速移动。他起身走到麦地边，心中暗想，"这会儿她该过那排白杨树了"。他听见马蹄声顺着满是尘土的大路传来，当她的身影一进入视野，他跨上大路挥舞双臂。但随之又担心惊了她的马，于是又退回到地里等着。克拉拉早就看见了他，便让马小跑着过来。尼尔斯伸手抓住辔头，拍了拍马的脖子。

"这么晚你还在外面瞎跑什么，克拉拉？我去过那幢房子，可约翰娜说你到你父亲家去了。"

"这么好的月色，谁会待在屋里呢？你自己不也出来了？"

"哈，这可不一样。"尼尔斯边说边把她的马牵进麦地。

"你这是干嘛？你要把我和诺曼牵到哪儿去？"

"不会牵远。但今晚我想跟你聊聊，因为我有话要对你说。这些话不能在你家说，奥拉夫就坐在门廊上，怕有一千吨重呢。"

马背上的克拉拉噗嗤一笑。"他这会儿才不会坐在门廊上呢，早上床睡觉了——有一千吨重。"

尼尔斯重重地踩过脚下的麦茬。"你真打算就这样度过你的余生？日复一日，年复一年？在这样的夜晚，除了像这样折腾你和诺曼，在那幢房子和你爸家之间狂奔，你难道就没有更好的事情可做？再说了，你也知道，你父亲不可能永远活着。他那个小酒馆迟早会关门，或者卖掉。到那时，你就只有跟埃里克森家的人过，不得不关门闭窗过冬天了。"

克拉拉心事重重地摇了摇头。"别再说了。我尽量不去想这事。

失去父亲,我也就失去了一切,甚至连埃里克森家的人也唬不住了。"

"哼!你失去的恐怕比这还多。你会失去归属,失去个性,失去使你成为你的一切。你现在都已失去得够多了。"

"我失去了什么?"

"你对生活的热爱,你开心快活的能力。"

克拉拉用双手捂着脸,感情激烈地说:"我还没有,尼尔斯!我还没有!说点别的事吧。我不想听这个。"

尼尔斯把马牵到一个草堆旁,转过身来死死盯着她,就像那个礼拜日下午在瓦夫日卡家的花园里盯着她那样。"那你为什么还要苦苦挣扎呢?既然你不享受这种能力,保留它又有何用呢?你的手又冰凉冰凉的,你一直都在害怕什么呢?啊!你在害怕失去这种能力,这就是你的问题所在!克拉拉·瓦夫日卡,可你会失去的!你会的!听我说,我过去很了解你——还记得你曾逮着只野雀吗?你感觉到它的心在怦怦乱跳,你生怕它那小小的身躯会炸成碎片。唉,你当初就像那只野雀,纤弱、热切、不羁、心中充满欢乐。那就是我记忆中的你。可现在,我回来看到的却是个满心痛苦和怨恨的女人。这完全是场雪貂逮野兔的撕斗,你咬人家,人家也咬你。你还记得过去生活是什么样吗?还记得往日那些快乐吗?这些年我无论在何方,都从没忘记旧日的欢乐,也再也没感受到那种欢乐。"

他把马牵进草堆的阴影中。克拉拉感觉到他把她的一只脚从马镫里抽了出来,她顺势软软地滑进了他的怀中。他很温和地亲吻了她。尼尔斯是个谨慎的男人,但当他决心要得到什么时,他的意志便会像钢铁般坚硬。犹如宝刀出鞘,他身上会骤然闪出某种光芒。克拉拉觉得周围的一切都在消失,自己正被夏夜淹没。尼尔斯把一只手插进口袋,然后将其抽出伸向空中,草堆的阴影正好盖住他的手腕,他手掌中一枚银币在阴影中闪闪发亮。"你看!"他说,"这就是我的财产。你愿意跟我走吗?"

克拉拉点点头,随即把头靠在他肩上。

尼尔斯深深吸了口气。"你愿意今晚就跟我走吗?"

"去哪儿?"她温柔地低声问。

"去镇上,赶半夜那趟快车。"

克拉拉抬起头,定了定神。"你疯了吗,尼尔斯?我们不能就这样走掉。"

"如果我们要走,就只能这样走。你不能坐在岸边思前想后。你必须往下跳。这就是我通常解决问题的办法,也是你我这样的人解决问题的正确办法。世间最危险的事莫过于听天由命。你只有一次生命,一次青春,如果你愿意,你可以任其从指缝间溜走,没有比这更容易的事了。大多数人就是这样虚度年华。你随我一起去流浪也比待在这儿强。"尼尔斯把她扭向一边的头扶正,直视着她的眼睛继续说,"不过,克拉拉,我并不是那种流浪汉。我并不需要做针线活来填饱肚子。我现在挪威经营着一家航运公司,这次是来纽约事务所处理点业务,现在我要直接回卑尔根。我想,我挣的钱不比埃里克森家挣的少,而且开始时我爸还给过我一些。家里人从不知道这事。好啦,我一直都不想强迫你,因为我希望,你能凭自己的勇气跟我走。"

克拉拉的目光越过原野。"倒不是我没勇气,尼尔斯,而是像有种东西拽住我不放,我又害怕把它甩开。我想,那东西就来自这片土地。"

"这我完全懂。可你必须甩开拉拽。这里并不需要你。你父亲会理解的,他和我们是一类人。至于奥拉夫,约翰娜会照顾他,比你照顾得更好。克拉拉·瓦夫日卡,千万别错过这机会。我的手提箱在车站。我昨天就悄悄送过去了。"

克拉拉依偎进他的怀抱,把脸靠在他肩上,轻声说:"今晚别走,就坐在这儿跟我说话。我今晚哪儿都不想去。也许我再不会像今晚这样爱你了。"

尼尔斯露出一丝苦笑。"克拉拉·瓦夫日卡,你不能这样要求我。这不是我的行事风格。艾里克那匹母马就在那边的草堆后面,我必须赶上半夜那班火车。现在要么说再见,要么随我去跨越世界。火车可不等人。我已经给奥拉夫写了封信,待会儿到镇上就寄出。他读过信就不会来烦我们了——除非我不了解他。他会更乐意要那块土地的。另外,我还可以要求调查他对亨里克表叔那份遗产的监管情况,对一个公众人物来说,那就太糟了。你没带换洗衣服,这我知道,今晚就凑合一下吧,路上我们什么都能买到。克拉拉·瓦夫日卡,你过去那股闯劲儿哪儿去了?你血管里还淌着波希米亚人的血吗?过去我一直以为,干什么事你都有足够的勇气。可现在你的勇气呢?你到底在等什么?"

克拉拉抬起头来,尼尔斯在她眼中看见了那种沉睡的火焰。"在等你一句话,尼尔斯·埃里克森。"

"我对任何女人都不说那句话,克拉拉·瓦夫日卡。"他说着仰起身,让她双脚离地依偎在他怀中,在她耳边轻声说:"但我绝不会放你走，绝不会把你让给天底下其他任何男人。你只属于我！懂了吗？好吧，在这儿等着。"

克拉拉在一捆麦草上坐下，双手捂着脸。她不清楚自己应该怎么做——到底是走是留。那片沉寂的大地仿佛对她施了魔法，仿佛让她在地里扎下了根。她感到两腿发软，觉得自己似乎不忍心割舍往日的忧伤和烦恼。对她来说，那些忧伤和烦恼弥足珍贵，曾使她保持活力，已成为她生命的一个部分。要是现在狠心一走了之，这一切都不会再有了。她不可能再骑马跨越那条地平线，而面向那条地平线，她烦乱不宁的心曾无数次在狂奔中悸动。她觉得自己的灵魂早已在那条她每天早晚都会望见的地平线上筑巢，它对她有多珍贵，难以用语言表达。她用手遮住双眼，挡住了那条地平线。这时她听见两匹马踩踏身旁松软泥土的声音。尼尔斯没有说话，只是伸手托着她的胳膊，轻松地把她送上马鞍。然后他飞身骑上他自己那匹马。

"我们得快马加鞭才能赶上火车。最后一次驰骋，克拉拉·瓦夫日卡。前进！"

两匹马跃上大路，在月光照耀下的路上洒下一串马蹄声，两条黑影翻过了那道山坡。碧蓝的夜空下，那片沉寂的原野静静地铺展向远方。两条黑影已经远去。

八

奥拉夫的妻子出走一年之后，一列夜班火车喷着蒸汽穿越艾奥瓦平原。列车长正提着灯匆匆经过一节普通车厢，这时一个瘦瘦的金发小伙子在座位上坐直身子，拉了拉列车长的衣角。

"先生，请问下一站是什么地方？"

"艾奥瓦州的雷德奥克镇。可你要去芝加哥，不是吗？"他低头仔细查看，注意到那个小伙子两眼通红，面容憔悴，似乎有什么麻烦。

"我本来要去芝加哥，但我想知道，我能不能在下一站下车，然后转车回奥马哈。"

"噢，我想可以。你住奥马哈？"

"不，在那个州的西边。我们要多久才能到雷德奥克镇？"

"四十分钟。你最好拿定主意，我好让行李员把你的箱子卸下。"

"哦，不用麻烦了。我是说，我没带行李。"小伙子红着脸补充道。

"离家出走的！"列车长心中嘀咕道，同时关上了身后的车厢门。

艾里克·埃里克森在座位上弯下腰，用手支住额头。他刚才一直在哭，没去餐车吃晚饭，头也痛得厉害。"哎，我该怎么办？"他心中在想，两眼迟钝地盯着脚上那双大码鞋。"尼尔斯肯定会替我感到害臊。我真是一点出息都没有。"

自尼尔斯带着大嫂克拉拉私奔以后，艾里克在家里的日子就一直不好过。他母亲和大哥奥拉夫都怀疑他是同谋。埃里克森太太本来就苛刻，这下更是动辄伤他的自尊心，而奥拉夫也总是挑唆母亲对他吹毛求疵。

乔·瓦夫日卡经常收到女儿的来信。克拉拉从来都深爱父亲，自己的幸福使她对父亲更加体贴。她写给他一封封长信，信中说她乘船跨过大洋去卑尔根，说她和尼尔斯穿越波希米亚旅行，说他们去了她父亲在那儿长大而她在那儿出生的那座小镇，说她去拜访了老家的所有亲戚。她在信中还告诉父亲，他老家那位弟弟如今是个牧师，他妹妹则早已同一个养马人结婚，如今拥有一个大农场和一大群孩子。老乔总设法把信念给艾里克听，因为那些信中也有写给艾里克和希尔达的话。克拉拉有时还给他俩寄来礼物，可艾里克从不敢把礼物带回家，可怜的小希尔达则连看都没看上一眼，不过当她和艾里克一块儿在屋外捡鸡蛋时，她很喜欢听艾里克讲起那些礼物。老乔从不让艾里克进他的酒馆，但奥拉夫有次还是看见艾里克从老乔家花园的侧门出来，并迫不及待地把这事告诉了他母亲。当晚艾里克上床后，他母亲到他的房间冲他大发了一通脾气。埃里克森太太真生气的时候，发起脾气来可真吓人。她禁止他再跟老乔说话，不允许他再一个人去镇上。所以从那之后好长一段时间，艾里克再也没听到过他哥哥的消息。不过老乔猜想肯定是出了什么事，于是总把克拉拉的来信带在身边。一个礼拜日，他驱车去看望他的德国老朋友弗里茨·奥伯利斯，途中碰巧看见艾里克坐在大牧场的一口饮牛塘旁边。他带着艾里克一道去了弗里茨的谷仓，在那里给他读了克拉拉的来信，两人还聊了好半天。艾里克承认自己在家里的日子不好过。老乔当晚便坐下来给女儿写了封信，颇费心思地讲述了艾里克的处境。

艾里克的处境没有好转。他母亲和奥拉夫都觉得，不管把他盯的多紧，他仍然能像他们所说得那样"听到消息"。埃里克森太太凡事都容不得保持中立。尽管奥拉夫宁愿留下约翰娜·瓦夫日卡，也不愿让母亲安排安德斯的大女儿来替他理家，可老太太硬是把约翰娜赶回了他哥哥老乔那里。奥拉夫不像老太太那样专横,他有次绷着脸对母亲说,她既然坚持把约翰娜赶走,那此前就应该教会她那位孙女如何做菜。为了吃上约翰娜做的五香李子蜜饯,奥拉夫本来可以容忍其他的许多不顺心,可现在做李子蜜饯的秘方已随约翰娜一道去了。

老乔终于等来了两封回信。一封是尼尔斯写的,信封里还装有一张汇票,作为艾里克去卑尔根的费用;另一封是克拉拉写的,信中说尼尔斯已在他公司的杂物部门为艾里克安排了一份工作,艾里克以后就和他们一起生活,他们现在就等着他去。他应该去纽约搭乘尼尔斯自家公司的一条船,船长是他们的一位朋友,艾里克只需向他说明自己的身份即可。

尼尔斯指示的行程非常清楚,艾里克觉得连小孩子也不会走错。现在火车就快要到达艾奥瓦州的雷德奥克镇,而他却在绝望中摇摆不定。此时此刻他感觉到,他对哥哥的爱从不曾这般深厚,外面那个大世界对他的召唤也从不曾这般真切。可他又觉得喉头哽塞,心里难受。自从夜幕降临,他的心就一直备受折磨,他不忍心老母亲孤零零地一个人守着那幢大房子,守着那幢她曾养育了一大群男子汉的大房子。她的苛刻现在想起来是那么微不足道,而她的孤独却显得那么生死攸关。母亲对他的每一分关爱此刻都历历在目:那次玉米脱粒机轧伤他手时她是如何担惊受怕,奥拉夫责骂他时她又是如何出面制止。当年尼尔斯出走时并没有抛下母亲独守空房,不然他绝不会离家远行,艾里克对这一点确信无疑。

火车鸣响汽笛。列车长进来,不无和善地笑着问他:"嗯,年轻人,你打算怎么办？火车三分钟后在雷德奥克站停靠。"

"知道了，谢谢。我会让你知道的。"列车长出了那节车厢，艾里克痛苦地深深弯下腰。他不能让他唯一的机会就这么失去。他挤压着胸前的口袋，听着尼尔斯那封信发出的簌簌声，想从中获得勇气。他不想让尼尔斯替他感到害臊。火车停住了。他突然想到了哥哥那双和蔼而明亮的眼睛，那双似乎总在远方凝视着他的眼睛。他喉头的哽塞骤然轻松了。"哦，尼尔斯，尼尔斯肯定会体谅的！"他心中暗想，"尼尔斯就是这样，他总会体谅。"

在列车长喊出那声"请上车"的同时，一个身躯瘦长、脸色苍白的小伙子拎着个叠缩式帆布包跌跌绊绊地下了火车，踏上了雷德奥克车站的站台。

第二天晚上，埃里克森太太独自坐在前廊上她那把木摇椅中。希尔达早已被打发上床，那小姑娘是在哭泣中睡着的。老太太把编织活儿摊在膝头，可放在上面的双手却一动不动。她已经那样纹丝不动地坐了一个小时了。她就那样坐着，只有埃里克森家的人和那些大山才能那样坐如磐石。屋里黑洞洞的，除了从小牧场那个水池传来的蛙鸣，四周寂然无声。

艾里克没走大路回家，而是穿越过麦地，为的是不被别人看见。他轻轻地把他的帆布包放在厨房角落，蹑手蹑脚地顺小路走到前廊，一声不吭地在台阶上坐了下来。埃里克森太太毫无反应，四周依然只闻蛙鸣。最后那小伙子怯怯地开了口。

"妈，我回来了。"

"回来就好。"埃里克森太太说。

艾里克探身从台阶下的草丛中捡起一小截枯枝。"挤过牛奶了?"他用发颤的声音问。

"挤过了,都挤了几个小时了。"

"你叫谁挤的?"

"叫谁?我自己挤的。我跟你们任何人一样会挤牛奶。"

艾里克沿着台阶挪了挪身子,靠她近了一点。"哦,妈妈,你干吗……"他难过地问,"干吗不从奥托家叫个男孩过来?"

"我不想让人知道我需要个男孩。"埃里克森太太苦涩地说。说完她紧闭双唇,直愣愣地望着前方。最后她补充道:"我本来一直都想把家里的农场给你。"

艾里克又挪了挪身子,靠她更近了一点。"哦,妈妈,"他的声音还在颤抖,"我不在乎什么农场。我回来是因为我想你也许会需要我,也许。"说完他垂下头,没再吭声。

"很好。"埃里克森太太说。她突然伸出一只手,轻轻地摁在他头上,用手指搓弄他那头柔软的金发。艾里克的眼泪溅落在木台阶上,幸福充满了他的心头。

(原载《波希米亚姑娘—薇拉·凯瑟短篇小说选》,
中国盲文出版社,2020)

邻居罗西基

[美] 薇拉·凯瑟

一

当伯利医生告知邻居罗西基,说他心脏不好时,罗西基断然否定。

"哦?不,我觉得这颗心一直都挺好的。我平时有点儿气喘,也许有点儿吧。只是今年夏天垛麦草那阵喘得厉害些,就这么回事。"

"嘿,得了吧!罗西基,你要是比我懂心脏,还来找我干吗?告诉你吧,你喘不上气就是因为你心脏出了毛病。你都六十五岁的人了,还一直拼命干活,你这颗心啊,累了。从现在起你必须得当心,不能再干重活儿了。你家里有五个小伙子,让他们替你干吧。"

老农夫抬起一双古怪的三角眼,用一种逗趣的目光打量医生。他那双眼睛很大,很有精神,只是上眼皮以某种奇怪的方式在正中处高高翘起,结果让眼睛呈三角形。他看上去不像个病人。他黝黑的脸上有皱,但并非皱纹满面,刮得干干净净的腮颊红光焕发,那溜褐色小胡子下的嘴唇也很红润。他头发稀疏,蓬松地盖在耳朵周围,但其中少有白发。他前额秃得很高,额头上平行的凹线如今已扩展到头顶。罗西基那张脸总显得对什么都感兴趣,显示出一种乐观知足、凡事都从好的方面去考虑的秉性。这使他多少有了点旁观者和观察家所具有的那种超然和悠然。

"唷,埃德大夫[1],我看你是没有治心脏的药吧。看来要解决我的问题,只有另外换颗新的了。"

伯利医生从桌前转过身来,对着这个老农夫皱起了眉头。"我在想啊,罗西基,我要是你,我就会稍稍顾惜一下这颗旧的。"

罗西基把肩一耸。"兴许我不懂该怎样顾惜。我看你是想告诉我,就别再喝咖啡了。"

"我要是你呀,就不再喝了。但这种事你得自己拿主意。我从来都没法让一个波希米亚人不喝咖啡,不抽斗烟。我不想再费口舌了。不过有一点是肯定的,你不能再干农活儿了。你可以喂喂牛,养养猪,在谷仓里做点杂事,但千万不能下地干活,那会让你气喘的。"

"剥剥玉米也不成?"

"当然不成!"

罗西基皱起眉头想了片刻。"我没法让这个心脏跳多久了,没我本来想的那么久,是吧,埃德大夫?"

"只要不让它太累,我想还能跳上个五六年,也许更久。就待在屋里帮帮玛丽吧。我要是像你这样有个好老婆,我就宁愿整天都待在家里。"

---

[1] 英语男子名埃德蒙、埃德华和埃德温都可用"埃德"这个昵称。

病人呵呵一笑。"家可不是男人待的地方。我不喜欢一个大男人整天就围着锅台转。说到我老伴儿,她自己也没少操劳。"

"这就是了,你可以稍稍帮帮她呀。说真的,罗西基,在我认识的人中,没几个能有你那样一个家,舒适温馨,和和睦睦,从不吵架,而且孩子们对你都好。我希望你多活几年,好好享享福。"

"诶,这话不假。他们都是些好孩子。"罗西基赞同道。

医生给他开了张处方,然后问起他大儿子鲁道夫的近况,因为鲁道夫春天刚结了婚,婚后便另立门户,租了块地自己耕种。"波莉还好吧?我开始还担心玛丽不喜欢有个美国媳妇呢,可现在看来似乎都挺好的。"

"是呀,波莉是个好姑娘。她那个守寡的母亲把几个女儿都调教得挺懂事的。波莉有股子勇气,也有点时尚。这挺好,年轻人就该时尚点嘛。"罗西基豪爽地点了点头,说话的声音和眨眼微笑都充满了对他那个儿媳妇的喜爱和赞赏。

"这天看上去像要下雪,你最好赶在雪下来之前回家。开车来的?"伯利医生边问边站起身来。

"不,赶车来的。家里有了五个小伙子,开那辆福特车兜风的机会也就少了。但我也不太喜欢汽车,真不喜欢。"

"好吧,去你家的路还算好走,但我不希望你老在马车上颠来颠去。记住,别再干耙草的活儿了!"

罗西基装出一副漫不经心的样子,一边眼望别处,一边小心地把诊费放到了桌上的电话机后面,然后他戴上长毛绒帽子,穿上有羊皮领子的灯芯绒外套,出了诊所。

医生皱起眉头盯着随手拿起的听诊器,仿佛是那个玩意儿惹得他不高兴。他真希望刚才谈论的是另一个人的心脏,那个人与他告别时不会用会心的目光盯着他,也不会向他伸出一只黝黑而温暖的大手。在离开家乡去读医学院之前,伯利医生曾是个乡下穷孩子,他自打记事起就认识罗西基,而且他对罗西基太太有一种很深的感情。

就在上一个冬天,他在罗西基家吃过一顿香喷喷的早饭,而当时他正饥肠辘辘,因之前他在汤姆·马歇尔家忙碌了一整夜,为难产的马歇尔太太接生。马歇尔家有个富有的大农场,有满圈牲畜,有满仓粮食,还有许多价格不菲的新式农机具,可就是没有家的舒适温馨。马歇尔太太有太多的孩子,干太多的活儿,但她并不善于持家。当那个婴儿终于坠地,被来帮忙的女邻居接过手,母亲也受到适当照料之后,伯利医生拒绝了早餐,匆忙离开了那幢邋遢的房子。当晚雪太深,没法开车,他赶着马车走了八英里路,直奔安东·罗西基家。他从不曾见过另一户农家对客人的欢迎是那样热情,端上的奶油咖啡是那样浓香。难怪那老家伙不肯戒掉咖啡!

他赶到罗西基家时,那些小伙子们刚从牲口棚回来,正在洗手准备吃早饭。铺着油布的长桌上早已为他们摆好盘子,热气腾腾的厨房里弥漫着咖啡、薄饼和香肠的气味。从十二岁到二十岁,五个英俊的大小伙子都表现出伯利医生称之为落落大方的礼貌,毫无那种让人生厌的腼腆拘束,那种他自己少时不得不与之较劲的羞涩拘泥。一个小伙子跑过来把他的马牵走,另一个帮他脱掉皮大衣并将其挂好,而在妈妈的吩咐下,家里最小的孩子(唯一的女孩儿)约瑟芬很快就在桌旁为他添了个座位。

对玛丽来说,喂食是她满腔慈爱的自然流露——她喂小鸡,喂小牛,喂她那群饥饿的孩子。而喂一个她平时少见、但却将其视为己出并为之感到自豪的年轻人,则是件令她格外高兴的事。遇到客人登门,有些乡下主妇会停下手中的活,在桌面油布上再铺上洁白的棉桌布,将平时用的杯盘换成家里最好的陶瓷餐具,木柄刀叉也都换成柄上有镀金的全金属刀叉。但玛丽并不这样做。

"你来时见到是啥样,就该是啥样,艾德医生。要是早知道你来,我会很高兴为你亮出咱家的好东西。但甭管咋说,你来了我就高兴。"

伯利医生知道她高兴——她说话时把头一扬,声音之洪亮似乎是要让整个大草原都知道他上她家做客。罗西基一直没吭声,只是眨巴着眼睛微笑,往炉子里加了些煤,去他的房间用服药计量杯为医生斟了杯酒。大家就座后,他从桌子一端望着妻子,用捷克语跟她说了几句话。然后,出于他天生而且很少会忽略的礼貌意识,他调过头来诡秘地对医生说:"我刚才只是盼咐她,先不要向你打听马歇尔太太的事,等你吃点东西再说。我老伴儿就喜欢问长问短。"

孩子们哄然大笑,玛丽也笑了。看着医生大口吃她做的薄饼和香肠,她高兴得自己都忘了吃饭,只是一边喝咖啡,一边仔细打量着客人。当这位客人还是个乡下穷孩子的时候,她就认识他了,后来这孩子有了出息,她为他感到无比骄傲,总是逢人便说:"看病干吗要上奥马哈去?全州最好的大夫就在我们这儿。"玛丽要真心喜欢谁,一看见他们就会打心眼里感到高兴,就会为他们的每一点成功而暗自喜悦。伯利医生不知道有多少女人会像她那样,但他知道她就是那样的女人。

一顿香喷喷的早餐已下肚,当然就该为这家人讲讲马歇尔太太的事了,医生早就注意到,孩子们对这件事也很关切。

当时还住在家里的大儿子鲁道夫说:"上次我去他家,看见马歇尔太太正在提那些又大又沉的奶桶,连我都知道她不该干那种活。"

"是呀,鲁道夫那天回家就跟我说了这事,我当时也说不该。"玛丽热心地插话道,"这对我倒没什么,挺着大肚子我也什么活儿都能干,因为我身子骨结实呀,可马歇尔太太就太弱了。埃德,你说她能给那婴儿喂奶吗?"玛丽有时候会忘了给埃德冠上她以之为耀的"医生"头衔。"想想吧,你在那儿忙了个通宵,却没能吃上顿像样的早饭!我真不知道那些人有啥毛病。"

"哎,妈妈,"小儿子约翰说,"要是埃德医生在那儿有饭吃,他就不会来咱家吃了。所以你该高兴才是呀。"

"他知道我高兴他来咱家吃饭,约翰,什么时候来都高兴。我只是同情那个可怜的女人。她会多难过呀!这么冷的天,医生饭都没吃就走了。"

"要是这些孩子出生时我就已经开业,那该多好!"医生望着那一溜头发剪得短短的脑袋说,"那样我就可以多吃上几顿香喷喷的早饭了。"

孩子们开始冲母亲发笑,因为这时她满脸通红,不过她保持住镇定,扬起头说,"我才不心疼几顿饭呢,你总不能不吃饭就离开这个家吧?哪个医生都不成。我会在临盆之前把饭做好,到时让安东替你热热就行了。"

孩子们笑得更欢了，一个个大呼小叫道："我敢说你真会那样！""她准会那样做！"

"爸，妈生我们那会儿是你给医生做的饭吗？"

"是呀，那会儿你爸还常给我送早饭呢，可好吃啦。"玛丽抢过话头说。

趁孩子们去为他牵马的时候，医生走到窗前看窗台上的花草。"玛丽，你怎么能做到让这些天竺葵一冬都开花呢？我每次从你家经过，从路上就能看见所有的窗台上都开满了花。"

玛丽摘下一枝带着新叶片的红花，将其插进医生上衣的钮孔。"瞧，看上去好多了。你还年轻，埃德，可总是显得太一本正经。你为啥还不结婚呢？我都替你着急。吃饭那会儿我仔细看过你，我发现你都开始有白头发了。"

"哦，是呀！是有白头发了。恐怕结了婚会白得更快呢。"

"别胡说！你老在饭店吃饭会把身体吃垮的。要是你有妻子，我就可以让人给你家送我做的干果面包了。我不喜欢看见年轻人长白头发。我告诉你个办法吧，埃德，你泡碗浓浓的红茶，放在便当的地方，每天早上用茶水抹抹头发，白发就不那么显眼了。"

有时候，医生会在杂货店里听见些闲聊，许多人都纳闷，为什么罗西基家没能更快地发家致富。罗西基很勤劳，孩子们也都肯干，但他们凡事都顺其自然，从不争强好胜，而且他们并非始终都能展现极好的判断力。他们生活舒适，从不欠债，但也没攒下多少钱。伯利医生最终认识到，像罗西基一家那样慷慨、热心、仁慈的人绝不可能攒下许多钱，而只有不懂享受生活的人才会把钱存进银行。

二

离开伯利医生的诊所后,罗西基进了旁边的农具店。他在那儿点上烟斗,戴上老花镜,把玛丽给他的购物单看了一遍,然后进了隔壁的百货店。他进店后站了一会儿,等平时接待他的那个漂亮姑娘空出手来。那姑娘刚修过眉毛,两条黑墨水划出的曲线让罗西基觉得有趣,因为他记得那两道眉毛本来的模样。罗西基在百货店购物总喜欢慢慢吞吞,趁机同那姑娘说说笑话,姑娘知道老人是喜欢她,所以也愿意和他开开玩笑。

"罗西基先生,你好像隔一星期就要买些被套料,而且总买质量最好的。"姑娘摊开一匹红条纹棉布,开始量罗西基要的尺寸,一边量一边跟他说话。

"要知道,我老伴儿总是在做鹅绒枕头,料子薄了可罩不住细绒。"

"你家肯定有好多枕头。"

"那是当然。我老伴儿还做鹅绒被呢。我们睡得挺舒服的。现在她要给我儿媳妇做一床。你认识波莉吧,她嫁给鲁道夫了。该给你多少钱,珀尔小姐?"

"八元八角五。"

"凑够九元吧。给女人买点糖果。"

"又买糖果。我就没见过别的男人给太太买这么多糖果。你得知道,她会长胖的。"

"我就喜欢胖。我见不得现今那些瘦筋筋的女人。"

"我想你是在说我这种女人吧,欧洲来的先生!"珀尔小姐鼻子一哼,黑眉一扬。

罗西基出了百货店朝马车走去时,天开始下雪了。这是今冬的第一场雪,他很高兴看见雪花。他赶着马车出了镇子,顺着大路穿过一片辽阔而富饶的土地,这里有全县最好的一些农场。他羡慕这片被人们叫做"高地草原"的土地,总喜欢驾车穿过那里。他自家的地在一个不太平坦的区域,那里的土壤有黏性,收成不太好。他当年买地时钱不够多,买不起"高地草原"的地,所以孩子抱怨时他就会对他们说,要是那块地没有黏性,那很可能就不归他家所有了。不过他仍然喜欢欣赏那些肥沃的耕地,就像他喜欢欣赏比赛中获奖的公牛一样。

赶车走了八英里路,罗西基到了紧挨着他家秣草地的那块墓地。他在那儿停住车,坐在车上朝四下里张望。透过飞扬的雪花,他能看见远处的那道山坡,山坡上蜷缩着他家的房子,房子后面是片果园,前面竖着架风车,而顺着那道平缓的山坡,衬着白茫茫的田野,一排排淡金色的玉米秆格外醒目。那是场及时的干雪[1],天上几乎没风,雪花缓缓地在玉米地、秣草地和牧场上空飘洒。那块墓地只用一道简陋的铁丝栅栏围着,里面长满了深深的红草。细细的雪花落进红草丛中,洒在几株低矮的常绿树和那些墓碑上,煞是好看。

罗西基心想,这真是块不错的墓地,有几分家的味道,小而舒适,不觉狭窄,也不阴沉,周围视野也开阔。躺在这深深的草丛中,可

---

[1] 干雪:雪中的空隙被空气充满,液态水含量很少的雪。

以看见整个天穹，可以听见路过的马车，夏天还能听到割草机开到铁丝栅栏旁边的声音，而且这里离家很近。就在玉米地那边，他家的房顶和风车看上去都那么亲切，他不禁暗暗保证，一定要听医生的话，好好当心身体。他承认，自己非常喜欢这个家，还不急于撒手而去。想到撒手人寰也不过是去到自家秣草地的地边，他心中感到一丝安慰。洒在谷仓前院的雪和洒在墓地里的雪，似乎把两个世界连在了一起。墓地里躺的全都是些老邻居，其中多半还是老朋友，所以他不会觉得尴尬或者说局促。他认为，最令人不快的感觉莫过于局促。他很少感到过局促，只在那些他完全没法理解的人跟前有过那种感觉。

啊，是场好雪！雪花那么轻柔，那么优雅，又飘落在那么空旷的原野，这真是一幅美景。他帽子上，肩膀上，马背上，马鬃上，都不可思议地铺上了一层精细的雪花，雪花向空气中散发出一种清凉的香味。这意味着草木鸟兽、人和土地都该歇息了，一个夜长梦美、炉暖饭香的季节来了。罗西基还想到了很多很多，但只喃喃说了声：冬天来了。他朝马吆喝了一声，赶车朝家驶去。

一到家门口，小儿子约翰便跑出来替他把马牵往牲口棚，搂着满满一围裙胡萝卜的玛丽也刚从屋外的地窖里出来。他俩一起进屋。桌上已铺好印有蓝色葡萄串的油布，桌前已为他摆好椅子，他闻到了咖啡蛋糕热乎乎的香味。罗西基从不在镇上吃饭，他认为那是浪费，再说他也不喜欢那里的食物。所以他每次回家，玛丽都会为他准备好吃的。

他在那把椅子上坐下，开始搅着一大杯咖啡，玛丽则从烤炉里取出一盘杏仁小圆面包,一边担心地察看是否烤过了头,一边把面包放到他盘子旁边,然后在他对面坐了下来。

罗西基用捷克话问玛丽要不要喝点咖啡。

她用英语答话,似乎她觉得这才是谈正事该用的语言。"埃德医生怎么说?你快告诉我,安东。"

"他要我向你问个好,可我把这事给忘了。"罗西基眨巴着眼睛说。

"我是说你的事。他怎么说你的哮喘?"

"他说我没有哮喘。"罗西基用他棕色的大手拿起一个面包卷。他右手拇指厚厚的指甲记载着他过去的经历。

"嗯,是怎么回事?你可别想搪塞我。"

"他没多说别的,就说我上年岁了,心脏没以前那么好了。"

玛丽猛然一惊,双手使劲从额前往后捋头发,好像她有点儿精神恍惚。从她瞪大的眼睛看,她可能是对他生气了。

"他说你心脏有毛病?埃德医生是这么说的?"

"别冲我嚷嚷,玛丽,我又不是闯进你菜园子的猪猡。你知道我喜欢听女人轻言细语地说话。他并没说我心脏有啥毛病,只是说它不像过去那样年轻了。他还叫我别再叉草捆子,别再开玉米脱粒机了。"

玛丽真想跳起来,不过她坐着没动。她敬佩他在任何情况下说话都不会粗声恶语。他是在城里长大的,而她是个乡下女人,所以她常说她希望孩子们都像他们的父亲那样文雅。

"你没觉得过哪儿痛吧?以前你就是有点气喘,胃有点儿不舒服。这事除了埃德医生我谁也不信。我想我得亲自去问问他。他没盼咐你什么吗?"

"只说别干太累人的活,比如这个冬天就待在屋里。我想你该有些木工活要我干吧?我可以给你做两个新厨架,而且我一直都想在孩子们的房间里做个壁橱,好让那两个小家伙把衣服给挂起来。"

罗西基考虑着这些事,不时端起杯子喝口咖啡。他上唇那溜胡子又长又软,像耙机那排耙齿一样耷拉在他嘴上。他每次放下杯子后都要用他的蓝手帕擦擦嘴唇。平时喝完水后他则会用手背认真地揩揩胡子。

玛丽坐在那儿专注地打量着他,想从他脸上看出一点变化。对一个几乎已成为你自己身体之一部分的人,要察觉他的变化实在太难了。不错,他的头发稀疏了,前额上已有深深的皱纹,可是,他那张除农忙时节外总刮得干干净净的下巴并没有松弛,那截晒得黑里透红、布满深褶的脖子也依然挺拔,血气旺盛。他面色依然红润,嘴角边各有一条半月形的曲线划过两边脸颊,但那不是皱纹,而是他习惯性表情形成的鼻唇沟。比起刚同她结婚那会儿,他变得矮了些,胖了些,背也宽了一点,弯了一点,像只老乌龟的壳,因为他胳膊腿都很短。

罗西基比玛丽年长十五岁,可她之前几乎没想过这点。他是她的男人,而且是她喜欢的那种男人。正如她经常所说,自己是个粗里粗气的乡下女人,而他却是个斯斯文文的城里男人。他俩是风浪中的同船水手,面对艰难总是同心协力。他家的日子过得还算不错,因为从根本上讲,他俩对如何过日子有相同的看法。对什么最重要,什么较为次之,他俩无需商讨就能达成一致。他俩很少交换看法,哪怕是用捷克语，仿佛他们的心总能往一处想。过他们那种很现实的日子，总有许多东西要牺牲，许多东西要舍弃，可对该牺牲或舍弃什么，他俩从来没发生过分歧。这是种艰苦的生活，也是一种温馨的生活。这个身材不高、肩膀宽阔、有双三角眼、秃头到顶的男人从不曾有过粗暴的言行。他是个城里长大的男人，一个文雅的男人，虽然娶的是个粗犷的农场姑娘，但对她从来都彬彬有礼。

他俩都认为过日子不能敷衍马虎，不能一味精打细算。看见邻居们买更多的地，养更多的牛，他们也不眼馋。有次一个乳品代理商上门，劝他们卖奶油给他，并说他们的近邻法斯勒家去年靠卖奶油赚了许多钱。

"赚了钱没假。"玛丽对代理商说，"可你去看看法斯勒家那些孩子！一个个瘦筋筋的，脸色苍白，看上去像脱了脂的牛奶。我宁愿咱家的孩子脸上有血色，也不愿在银行里有存款。"

代理商耸耸肩，把脸转向罗西基。

罗西基说："我想呀，咱们就照她说的办吧。"

三

玛丽很快就到镇上见过了埃德医生。回来后与孩子们谈过一次话，叫他们时时盯住罗西基。就连最小的约翰也把父亲挂在心上。一见罗西基从谷仓楼上往下叉干草，就有孩子急步爬上楼梯从他手中夺过草叉。他不时会抱怨两句，说自己虽然上了点年纪，但毕竟不是个老太太。

那年冬天罗西基没出家门,下午就在屋里做些木工活,或是坐在窗户和木凳之间的一把椅子上,窗台上满是花草,木凳上并排放着两个盛饮水的木桶。那里被孩子们叫做"老爸角落",尽管那儿压根儿就不是个角落。他在那儿立了个木架子,上面放着他订阅的波希米亚文报纸,还有他的烟斗、烟草、剪刀、针线和顶针。他年轻时当过裁缝,所以不忍心看一个女人替自己和孩子们缝缝补补。他喜欢做针线活,家里所有的工装裤、工作衫和夹克衫都由他缝补。有时还把某个大孩子嫌小的裤子改给小孩子穿。

干缝补活时他爱回想过去。实际上他有许多往事值得回想,毕竟他一生闯荡过三个国家。对他青年时代的生活,他最不愿回想的是在伦敦度过的那两年,在齐普赛街为一个穷途潦倒的德国裁缝当帮工的那两年,那时他常常忍饥挨饿,没有换洗衣服,而且异国语言的声音总令他感到困惑。那些日子在他心中留下了一个他不愿去触碰的痛处。

他到达纽约城堡花园[1]那年是二十岁。他当时的一位保护人替他在一家服装厂谋了份差事,那家服装厂位于维希街,邻近华盛顿市场。他觉得那段日子过得很快活。他成了一名出色的工人,工作勤奋,工资不断增长。他专心于自己的工作,从不羡慕别人的好运,还上夜校学英语。他经常加班,加班费也不少,但不知咋的就是存不下钱。他没法拒绝借钱给朋友,自己花钱也很随意。他喜欢吃可口的

---

[1] 美国第一个移民接纳中心,位于纽约曼哈顿岛南端,从1855年至1890年,这里共接纳了800万移民,其功能后来被埃利斯岛接替。

饭菜，喜欢喝点酒，抽点烟，还喜欢花许多钱去找姑娘玩。星期六晚上，他常花一美元买张站票，站着听完整场歌剧。当时正值歌剧风靡纽约的日子，听一场歌剧能让人回味一个星期。罗西基对音乐有双敏锐的耳朵，对舞台上的灯光、服装、布景有种孩子气的迷恋，而且还喜欢芭蕾。他通常都会带上一个密友，听完歌剧后便去喝啤酒，也许还会吃一顿牡蛎。那真是一种美好的生活，所以他到纽约后的头五年完全心满意足，不再受冻挨饿，不再衣着邋遢，所见所闻都令他开心：一场烟火、一场斗狗、一场游行、一场暴雨，甚至乘一次渡轮。那时候他认为，纽约是天底下最美丽、最富有、最友好的城市。

此外他还享有一种他所谓的"幸福家庭生活"。紧挨着服装厂是一家小家具厂，家具厂老板是个叫勒夫勒的奥地利人，勒夫勒雇了几个熟练工做特种家具，那些式样独特的家具大多是由住宅区那些有钱的德国主妇订购。家具厂有五层楼，顶层是阁楼，是勒夫勒存放上等木料和待售家具的地方。几名熟练工中有个捷克小伙子，他和罗西基很快就成了好朋友。这对朋友说服勒夫勒让他俩把阁楼的一角当成卧室。他们买来舒适的卧床和床上用品，家具则从存放在那里的货物中挑喜欢的用。阁楼的斜屋顶很低，但窗户很多，所以采光通风都不错，而且存放在那儿风干的上等木材散发出一股清香。老板勒夫勒经常去码头，从船上购买从南美和东方运来的木材。两个年轻人像新婚夫妇那样傻里傻气地布置他们的卧室，那个叫齐赫克的年轻木匠设计并制作了各种各样家庭便利用具，罗西基则把他们的衣服收拾得整整齐齐。每到晚上或周末，当楼下机器的震动平息之后，那里就成了世界上最安静的地方，夏夜更有海风吹入。齐赫克经常在傍晚时分吹奏长笛。他俩都喜欢音乐,常一起去听歌剧。那时候罗西基以为,他希望永远像那样生活下去。

但随着时光的流逝,一切都还是老样子,他开始感到一丝不安。春天一来,他便觉得烦躁,于是他就去喝酒。星期六晚上他有可能喝多,到星期天都会头重脚轻,无精打采,很难恢复。星期一他又一头扎进工作。所以,虽然他知道自己烦躁总有原因,但却没有时间来思考那原因到底是什么。当公园广场的草坪变绿的时候,当三一教堂后院的丁香树篱开花的时候,他就会被逃离纽约的渴望折磨。这就是他当时酗酒的原因:在杯中觅得片刻梦幻,在酒中获得无垠自由。

罗西基,这个年老的罗西基,还能清楚地记得,年轻的罗西基发现是什么使他烦恼的那天,那天仿佛就是昨天。那是一个独立日的下午,他坐在公园广场上晒太阳。当时纽约下城区空荡荡的。华尔街、自由街和百老汇都少见人影,那么多石板路和柏油路上都不见车辆,一扇扇窗户犹如一只只空茫的眼睛。空虚感是那么强烈,就像突然没有了机器轰鸣和皮带转动的大工厂里的那种死寂。这种变化太大,能抽干一个人的全部力量。没有生命之潮涌进涌出,那些空空的大厦就像没有囚犯的监狱。年轻的罗西基猛然发现,这就是生活在大都市的烦恼,它用高楼把你与泥土分离,用水泥把你与土地隔绝。人们生活在一个非自然的世界,就像生活在水族馆的鱼,尽管鱼生活在水族馆也许比生活在海洋中更加舒适。

就从那一天起,他开始认真考虑他曾在波希米亚文报纸上读到过那些文章,那些描述捷克移民在西部建立起富足的农场社区的文章。

他当时只想去那里当一个农场工人,因为能拥有一块自己的土地几乎是不可能的。他的父辈都是工人,他父亲和祖父曾在车间里干活。外祖父母倒是生活在乡下,但他们种租来的地,日子过得很艰辛。他家没人曾拥有过一片土地,因为土地属于另一个阶层的人。母亲死的时候罗西基还小,他被送到了他外祖父母在乡下的家里。他在乡下一直待到十二岁,所以与土地、农畜和庄稼有一种特殊的联系,一种只有在童年才能与之建立的联系。外祖父死后,他回到父亲和继母身边生活,但继母对他很刻薄,于是父亲设法帮他乘船去了伦敦。

在公园广场度过那个独立日之后,回到乡下的欲望就一直萦绕在他心头。他所向往的就是在别人的农场上干活,清晨看日出,傍晚看日落,种各种庄稼,守护着它们成长。他是个非常纯朴的人,就像一棵根须不多但主根扎得很深的树。他先后订阅了两份分别在芝加哥和奥马哈出版的波希米亚文报纸。他的心朝着西部越飞越远。

他开始攒钱,想买回他的自由。他三十五岁那年,波希米亚人的体育社团在纽约举办了一次盛大的运动会,罗西基乘机辞掉了服装厂的工作,随来参加运动会的奥马哈代表团一起到了内布拉斯加,想在世界的另一个地方碰碰运气。

四

罗西基的青春时代在他成家之前就早已过去,也许这就是他特别宠爱孩子的一个原因。他对孩子们几乎有一种老祖父般的宽容,从来都无需为孩子们担心,可眼下他得为鲁道夫操操心了。

星期六晚上,小伙子们总会带上小妹妹约瑟芬,挤着那辆福特车到镇上去看电影。一个星期六吃早饭的时候,他们在饭桌上商量当天傍晚时早点出发,好在电影开演前去逛逛商店,看看那里的圣诞节商品。罗西基两眼盯着桌子对孩子们说:

"希望你们听了别不高兴,但我想你们今晚把车让给我用用。也许你们中有人可以搭邻居家的车进城。"

孩子们都露出失望的表情。毕竟他们劳累了整整一星期,毕竟他们仍然还是些孩子。若见到一把新折刀或一盒糖,别说那个小家伙,就连几个大小伙子也会欢天喜地。

"你要是想带妈妈进城,"弗兰克说,"也许可以捎上我们中的两个,至少能捎两个。"

"不,我想把车开到鲁道夫家,让他和波莉进城去看场电影。波莉好久没去过镇上了,我担心她会感到寂寞,你们的大哥现在还买不起车。"

事情就这么定了。孩子们一个个垂头丧气。他们的父亲拿起又一块苹果饼接着说,"也许下周星期六晚上,两个小家伙可以跟他们一块去。"

"噢,难道鲁道夫今后每个星期六都要用车?"

罗西基没有马上回答,过了一会儿才开始认真说道:"听我说,孩子们,波莉看上去不快活。我不想看见有谁愁眉不展。城里姑娘给庄稼汉当妻子,这很不容易。我不想鲁道夫家出什么麻烦。麻烦真要一出,就很难收拾了。美国女孩不可能一下子就适应我们的生活方式。要是你们都同意的话,我想告诉波莉,在过完新年之前的每个星期六晚上,她和鲁道夫都可以用那辆汽车。"

"当然,当然都同意,孩子他爸。"玛丽插话说,"这事你想得周到。城里姑娘就是比乡下女孩更有见识。有时我夜里都睡不着觉,生怕波莉会让鲁道夫对农场生活不满。"

孩子们脸上都尽可能显出无所谓的表情。他们当然盼望星期六晚上能到镇上去玩玩。那天傍晚,罗西基开车到了半英里外的鲁道夫家,那是幢还没有树木遮掩的小房子。

波莉穿着件短袖花格裙,正在收拾晚餐用过的餐具。她身材不高,端庄苗条,有一双蓝眼睛和一头金色短发,两道眉毛修成了两条细细的曲线,和镇上百货店那位珀尔小姐一样。

"晚上好,罗西基先生。鲁道夫这会儿在谷仓,我想应该在那儿。"波莉从来不叫他爸爸,也不叫玛丽妈妈。她对自己嫁了个外国人这事非常敏感。要不是鲁道夫那么帅气,那么能说会道,那么会献殷勤,她绝不会同一个外国人结婚。上高中时他俩是同班同学,九年级时就开始了他们的友谊。

罗西基径直进了屋,尽管他并未得到正式邀请。"我家那些小伙子今晚不去镇上了,所以我把车开过来,让你俩去看场电影。"

正端着杯盘往洗碗池走的波莉扭过头来答道:"谢谢。但我今晚还有不少事要做,人也点儿累了。或许鲁道夫会高兴和你一道去。"

"哦,我从不看电影!我太老派了。坐上车出去兜兜风,你就不会觉得那么累了。今晚外边挺清爽的,天也不冷。你快去打扮一下吧,波莉。我来替你洗这些玩意儿,我会把所有的事都替你料理好的。"

波莉红着脸使劲儿摇头。"我不能让你做这些事,罗西基先生,我想也没想过你做这些事。"

罗西基没再吭声。他从厨房门后找到挂在钉子上的围裙,熟练地将其套在身上,然后轻轻握住波莉的两条胳膊肘,将她推向她的房间。"我家那些孩子生病或出什么麻烦的时候,我经常替我妻子收拾厨房。你快去把自己打扮得漂亮些。我就喜欢你比别的城里姑娘看上去更漂亮。年轻人就得有开心玩的时候,今晚这屋里的事都由我替你照料。"

看到老人那种有趣而明亮的目光,感觉到他握自己胳膊肘的那种抚慰,波莉真想在他肩头上依偎片刻。不过她克制住了自己,只是让两条胳膊被他那双大手多抚慰了一会儿,同时噙着泪花低声问:"你年轻时一直都生活在大城市,是吗?在这儿生活,你没感到过寂寞吗?"

她扭过头来问话时,一只手自然而然地滑落进他手中,他轻轻握住那只手,冲她露出他那种特有的微笑,那种会心、宽容、毫无责备之意的微笑。"那些该死的大城市对有钱人是不错,但对穷人来说就太艰难了。"

"我不太明白。有时候我想,我喜欢去碰碰运气。你在纽约待过,是吧?"

"我还在伦敦待过呢,那可比纽约还大。我就是在伦敦学的裁缝。好啦,鲁道夫过来了,你最好快点儿。"

"以后能给我讲讲伦敦吗?"

"也许吧。只是我不太会讲。波莉,快去打扮吧。"

卧室门在她身后关上,鲁道夫从外面进来,显得焦虑不安,因为他老远就看见了那辆汽车,这个时候家里来人肯定是出了什么事,而且刚才那顿晚餐也吃得很郁闷。他不知所措地站在门口,看着围着围裙的父亲把晚餐用过的杯盘放进洗碗池。他满脸涨得通红,眼里似乎闪着泪花。罗西基竖起一根食指,示意他别出声。

"我把车开过来了,好让你和波莉去看场电影。是我叫她让我收拾厨房的,这样你们就不会去得晚了。你也去换件干净衬衫吧,快去!"

"可是,爸爸,难道家里那几个小伙子不想用车?"

"今晚不用。"罗西基把手伸到围裙下面,摸索着从裤袋里掏出一枚银币,然后压低嗓门匆匆说:"你今晚要为那姑娘买些冰激凌和糖果,就像你追她那会儿一样。她和我可是挺好的朋友。"

鲁道夫当时正囊空如洗,但拿父亲的钱又令他心痛。那年秋天全县的庄稼都歉收,他已经不止一次地后悔当年结了婚。

几分钟后两个年轻人从卧室里出来,都穿戴得很整洁,但都有点拘谨。罗西基催着他们开车上路后,开始不慌不忙地洗那些餐具,把平底锅和咖啡壶洗擦干净,把牛奶放好,打扫厨房,接着又往炉子里添了些煤,然后关上了排气机,这样小两口深夜回家时屋里会很暖和。最后他坐了下来,一边抽着斗烟一边听着时钟嘀嗒作响。

一般说来,娶一个美国姑娘肯定要冒点儿风险。捷克小伙子应该娶捷克姑娘。所幸的是,波莉是一个穷寡妇的女儿,而鲁道夫自尊心又很强,如果她有个可以在他面前提起的富裕家庭,那他俩绝不可能结婚。波莉是四姐妹中的一个,四姐妹全都有活干,一个姐姐在银行当簿记员，另一个在当音乐教师，波莉和她妹妹像珀尔小姐一样，曾一直在商店当售货员。姐妹四人都喜欢音乐，而且都有副好嗓子，都在卫理公会教堂唱诗班唱歌，大姐还担任唱诗班的指挥。

波莉留恋当售货员时的广泛交际，怀念在唱诗班时姐妹相伴。她并非不喜欢做家务活，而是不喜欢家务活太多。罗西基对这小两口有点担心，怕波莉的不满会与日俱增，最终让鲁道夫放弃农场，到奥马哈的工厂里找份活干。两年前，鲁道夫为了凑钱结婚，曾在奥马哈工作过一个冬天。他当时干得不错，那个牲畜围场[1]随时都愿意让他回去。但在罗西基看来，那就意味着他儿子将失去一切。没有土地的人只能一辈子当雇工，当奴隶，最终会一无所有，一文不值。

罗西基心想，过完新年后他可以过来为波莉做些小家具。他认为波莉需要多开心。鲁道夫是那种老成持重的年轻人，对爱情和工作都很认真。

罗西基抖掉烟斗中燃尽的烟丝，起身步行穿过原野回家。前方，灯光从他家厨房的窗户闪出。这令他不禁想到，要是他还在维希街那家服装厂干活的话，结果会怎么样呢？那就会有一群面黄肌瘦的儿子也在缝纫机前干活，下班后大家都精疲力竭地回家，愁眉苦脸地挤在兼作客厅的厨房里吃晚饭，耳边是升降机井对面另一大家子人怒气冲冲的争吵声和从窗口转进的滑轮的啸叫声，窗外有脏衣服搭在肮脏的晾衣绳上，晾衣绳下面是堆满了破扫帚、旧拖把和垃圾桶的庭院……

1　用于大批牲畜被转运或屠宰前临时圈存的场所。

他在风车旁停下脚步，抬头望了望冬夜的寒星，深深地吸了一口气，然后才进了家门。那个窗户亮着灯光的厨房令他倍感亲切，但更令他感到亲切的是那块沉睡的土地，那些明亮的星星，还有那片恢廓的夜色。

五

圣诞节前一天，天异常寒冷。虽然没有下雪，但砭人肌骨的寒风呼啸着掠过坦平的大地，像细钢丝一样抽打着人的脸面。罗西基家的厨房里整天都在烘烤糕饼。罗西基坐在屋里，正在把阿尔贝特穿着嫌小的一件外套改成约翰能穿的大衣。玛丽专为圣诞节扦插的一盆红天竺葵正在开花，排成一溜的几盆冬珊瑚也挂满了浆果。她是第一次种植冬珊瑚，种子是埃德医生去奥马哈参加一次医学会议后为她带回来的。这些盆栽植物让罗西基想起了他在伦敦见过的花木，因为整个下午，坐在那儿做针线活的他一直都在回忆他在伦敦度过的那两年，回忆他一直以来都不敢去回忆的那两年。

当年他到达伦敦的时候，还是个十八的小伙子，身无分文，举目无亲，兜里只揣着一个表兄的地址。据说那位表兄在一家糖果点心店干活，可等他找到那家店铺，发现他表兄早已去了美国。罗西基在街头流浪了好几天，在门洞里或河堤上过夜，直到他完全绝望。他对英语一窍不通，周围陌生语言的声音令他茫然困惑。这时他偶然遇到了一个德国穷裁缝，那人在维也纳学过手艺，会讲一点捷克语[1]。这个名叫利夫施尼茨的裁缝在齐普赛街的一个地下室里开了个替人缝缝补补的裁缝店，地下室上面是一个修鞋匠的铺子。利夫施尼茨并非真正需要一名学徒，但他可怜这个小伙子，于是带他回店里，不付工钱，只管吃住，另外还让他保留可能获得的小费。所谓小费，就是上门送货时顾客给的一两个铜币。但顾客大多都是自己来店里取衣物，所以到罗西基手里的铜子儿也就不多。不过他终于有了个栖身之处。裁缝一家住楼上，有三个房间：厨房、卧室和客厅。利夫施尼茨夫妇和五个孩子睡卧室，客厅里用旧毯子隔出的两个角落则是寄宿者睡觉的地方。罗西基睡在一个角落的旧沙发上，有一床羽绒被裹身，另一个角落则租给了一个在学小提琴的年轻人，而他实际上就是在那儿练习拉琴。那年轻人又穷又脏，罗西基也脏兮兮的。当时可真没什么法子把自己拾掇干净。利夫施尼茨太太做饭洗碗的水都要下四段楼梯到砖铺地面的庭院里用手压泵抽取。尽管那可怜的女人想尽了一切办法，屋里还是少不了臭虫和跳蚤。罗西基知道，当她把一块土豆或一勺汤给这两个忍饥挨饿、眼神忧郁的寄宿小伙时，她自己常常是空着肚子。那时候罗西基已习惯地认为，自己永远不可能离开那个地方，永远不可能穿上件干净衬衫。他有时真想知道，等他那身补了又补的破衣服破得不能再补的时候，他该怎么办呢？

当罗西基把手中的缝纫活和脑子中的回忆都放到一边时，时间

---

[1] 维也纳当时是奥匈帝国（1867—1918）的两个首都之一（另一个是布达佩斯），当时维也纳200万人口中，约1/4来自现属捷克的波希米亚和摩拉维亚地区，所以很多维也纳居民除了讲德语也讲捷克语。

还早。天空一整天都阴沉沉的,没出现过一丝阳光,四点一过就黑下来了。烤炉里正在烤火鸡,他准备去刮脸,换件衬衫。鲁道夫和波莉要来吃晚饭。

晚饭后大家在厨房里围坐在桌旁,小孩子抱怨说天没下雪让他们感到沮丧。大人也都为此不安。他们希望下一场能积起来的大雪,好给地里的小麦保暖,而且雪化时能浸润土地。

"是呀,爸爸!"鲁道夫激动地说,要是又像去年那样天干,这乡下人就要过苦日子了。"

罗西基往烟斗里填满烟丝,"你们这些孩子并不知道什么叫苦日子。你们对谁都分文不欠,有饭吃,有衣穿,还有水把自己洗得干干净净。只要有粮有衣有水,就不能说这日子苦。"

鲁道夫皱着眉头,右手一张一合,然后握成拳头砸在膝上。"爸爸,我要的远远不止这些,不然我就不会在农场上下赌注了。去铁路上或罐头厂我都能拿到不错的工资,都能保证我有钱赚。"

"也许吧。"他父亲干巴巴地回答。

玛丽刚从厨房储藏室出来,正用滚筒毛巾擦手。她感觉到父子俩会把话谈僵,于是拎上针线篮子坐到了桌旁。

"鲁迪[1],我并不太怕过苦日子。"她由衷地说,"我们吃过很多苦,但我们都熬过来了。你爸遇到什么难事都从不放在心上,哪怕遇上苦日子。我给你讲个故事吧,关于他的故事。兴许你们都记不得那年的事了,就是我们遭受那场可怕的热风那年。还记得那个独立日

---

[1] 鲁道夫的昵称。

吗？那天热风把地里的庄稼都烤焦了，地里的玉米，园子里的菜。那时候我们还没种苜蓿，我想是还没引过来吧。

"对啦，就是那天，你爸到地头去照料玉米，我在厨房做梅子果酱。那年我们收了不少梅子。我注意到屋里热得邪门，不过做果酱的时候厨房里总是很热，我忙着做果酱，也就没多想。你爸三点钟就从地里回来了，于是我问他出了什么事。

"'没事'，他说，'只是天太热，我想今天就不再干了。'他在旁边站了一会儿，然后突然说：'你快做完了吧？我想今晚你该给我们做顿好吃的。今天是七月四号，是独立日。'

"我叫他走开，因为我的果酱刚做到一半，待会儿梅子酱抹在热面包上才好吃呢。可他说：'我还想吃炸鸡。'说完他就出去宰了两只鸡。你们三个大小伙子那时都还小，正在外边玩，一个个热得浑身是汗。爸爸把你们带到风车旁的饮马池边，扒掉你们的衣服，把你们泡在水中。当时那两棵梣叶枫也还小，但树荫已经能遮住水池。你们爸爸自己也脱掉衣服，和你们一起泡在水中。你们正在水里玩，这时教区牧师开车上咱家来了，他来通知各家各户当晚去学校聚会，一起祷告求雨。当然，他把车直接开到了风车跟前，而水池里的你们和你们爸爸都光着身子。我当时就在厨房门边，看见那幅场景真忍不住发笑，因为牧师显得好像他从没见过男人光着身子似的。他的确很尴尬，因为你们爸爸没法取到他的衣服，那些衣服正挂在风车上等风吹干呢。所以他躺在池子里，把你们中的一个抱在身前挡着，就那样跟牧师说话。

"等你们在水中玩够后，他给你们穿上干净衣服，自己也换了件干净衬衫，然后我就准备给你们开饭。他说：'屋里太热，吃饭都不自在，我们到果园去来顿野餐吧，就在桑树篱后面那几棵椴树下吃。'

"于是他把晚餐搬到那里，还拿了一瓶我用野葡萄酿的酒，我跟你们说吧，那晚桌上的食物样样都好吃。太阳落下后天凉快了一些，大家都觉得舒服了一点，可我注意到头顶上的椴树叶都卷起来了。我感到纳闷，就问你们的父亲，刮了这整整一天的热风，园子里的菜和地里的玉米不会受灾吧。

"'玉米，'他回答说，'地里没有玉米。'

"'你说什么？'我问，"咱们不是种了四十英亩吗？'

"'今年我们连一个玉米穗也没得收。'他说，"别人家也都一样。今天下午三点钟那会儿，这一带的玉米全都给烤熟了，就像在你的烤炉里烤的一样。'

"'你是说咱们今年将颗粒无收？'我问他。当时我没法相信，他辛辛苦苦干了一个夏天，到头来却一无所获。

"'今年是没收成了。'他说，所以我们才要来顿野餐。我们照样可以享用已经收获的。'

"你们爸爸对过日子就是这态度。当时邻居们一个个都耷拉着脑袋，见面时都不想抬眼看你。那年咱们家却自得其乐，虽说咱家也几乎什么都没有。可邻居们整天愁眉苦脸也不顶事。有些人愁得吃不下饭，结果连家里有的也没能享用。"

年龄小的孩子都说他们的爸爸是天底下最棒的父亲。但鲁道夫仍然在想，那场热风都过去十五年了，邻居们现在都比他家兴旺发达，这说明他父亲做事肯定有什么不对劲儿的地方。他想知道波莉脑子里这会儿在想些什么。他知道波莉喜欢他父亲,但他也知道有些事情让她担忧。每当她母亲送过来咖啡蛋糕、李脯馅饼或刚出炉的面包时,她总会用一种狐疑的眼光打量那些食品。当她对他评说他弟弟都很懂礼貌时,她声调中也有一种暗示,让人觉得她似乎认为,他那几个弟弟居然懂礼貌是不平常的事。与他母亲在一起时,她总显得拘谨,总怀有戒心,对玛丽的心直口快和风趣幽默都很敏感。波莉害怕与众不同,害怕惹人注意,害怕她所说的"庸庸碌碌"。

等玛丽讲完那段往事,罗西基把烟斗放到一旁。

"小伙子们,你们想听听我在伦敦过的那些苦日子吗?"孩子们极力怂恿他讲,他却坐在那儿慢慢抚摸额上深深的皱纹。对他来说,用英语讲一段长长的往事有点儿费劲,他平时跟孩子们讲话几乎都用捷克语,但今晚他想让波莉听听那段往事。

"好吧,你们都知道我在伦敦干过活的那个裁缝店吧?我在那儿过过一个圣诞节,一个我永远都忘不了的圣诞节。过节之前的日子本来就够苦的了,因为老板没接到多少活,收入连交房租都不够。我得说,在伦敦那种大城市过圣诞节,穷人可感觉不到多少乐趣。商店所有的橱窗都摆满了美味食品,街头所有的手推车上也堆满了好吃的东西,可你就是没钱——腰无分文。当时我没有大衣,只有件穿在身上已嫌短小的短外套,连手都冻裂了,好在我不是太怕冷。可就像你们都知道的,我的胃口历来就好,看见橱窗里的猪肉馅饼,那可真把我馋死了!

"圣诞节的前一天,伦敦起了场大雾,雾气直往你骨头里钻,弄得你浑身都湿漉漉的。那天的晚饭,利夫施尼茨太太只让我们吃了点面包和用接盘油¹烧的汤,因为她想把好吃的留着,让我们圣诞节美美地吃一顿。晚饭后老板叫我自己去玩,于是我便到街头去听一群人唱圣诞颂歌。他们唱了些老歌,伴奏的音乐也非常好听,所以我一路跟着他们走了很远,直到我觉得饿得难受。我想,要是我能回屋一觉睡到天亮,也许就不会觉得饿了。

"我悄悄溜进我睡觉的那个角落,蜷缩进我那床羽绒被子。可我刚一躺下,就闻到一股香味。那香味似乎越来越浓,香得我根本没法入睡。开始我并不知道是什么在香。庭院对面的一间厅屋里有盏煤气灯,我那个窗口常常能照到一点灯光。于是我钻出被子,借着那点灯光四下里看。我住的那个角落没有椅子,平时就在地上扣了个没盖的小木箱当凳子坐。我端起那个小木箱,发现下面有只用盘子盛着的烤鹅!我不敢相信我的眼睛。我把盘子端到灯光能照到的窗边,用手摸了摸,用鼻子闻了闻,还用舌头舔了舔,终于确定那真是一只烤鹅。我心想,我就吃一小口吧,这样我就能睡着了,明天我就不吃我那份了。可是,孩子们,我告诉你们吧,等我一停住嘴巴,半只烤鹅都不见了!"

讲话人低下了头,孩子们一阵大笑。只有小女儿约瑟芬悄悄溜到爸爸椅子后面,凑到他耳朵下面轻轻吻了吻她的脖子。

"可怜的小爸爸,我不想叫你挨饿!"

"宝贝儿,那都是很久以前的事了。自打有了你妈妈给我做饭,我就再也不挨饿了。"

1　烘烤时从烤肉上渗出的油滴,常用盘子接住用于做肉汁汤。

"后来呢？请你接着讲吧。"波莉说。

"哦，当然，等我明白我都干了啥时，我吓坏了。我肚子舒服了，可心里却难受得要命。我坐在那张当床用的旧沙发上，膝盖上放着那个盘子。当时我想了很多，我想到那可怜的女人是怎样攒钱买鹅，怎样去借用邻居家的大烤炉把鹅烤透，又怎样把烤鹅藏到我这个角落，以免被她那些饿着肚子的孩子偷吃。我住的那个角落被挂起来的一张旧地毯隔开，她平时就不允许孩子越过那张地毯。而且我还知道，她之所以把烤鹅藏在我那个角落，是因为与那个拉小提琴的小伙子相比，她对我更加信任。现在我毁了她准备的圣诞大餐，今后就再也没脸见她了。想到这儿我穿上鞋来到街上，心想最好是跳河一死了之，不过我又想到，我不是那种人。

"当时已过半夜，天冷得厉害，于是我整夜都在伦敦街头游走。沿着河边走了一阵，可河边有许多喝得醉醺醺的人，男人女人都有。我只管往前走，注意避开警察。我走进了斯特兰德大道，然后又走上了新剑桥街，那里有家开在大楼底层的很大的德国饭店，高大的窗户都张灯结彩，我能看见在饭店里聚会的人。正当我朝里张望时，有两位先生和两位女士从饭店出来，他们都酒足饭饱，有说有笑。我听见他们讲的是捷克话——不像奥地利人讲的那种，而像是捷克老家人说话的口音。

"我想我当时是发疯了，竟做了件我以前从没做过、后来也再没做的事情。我径直走到他们跟前，开始向他们恳求：'同胞乡亲啊，看在上帝份上，请给我能买一只鹅的钱吧！'

"当然，他们一听都哈哈大笑。但那两个女士很温和地招呼我，把我领进饭店,为我要了热腾腾的咖啡和蛋糕,然后要我讲了我来伦敦的全部经过,还问了我眼下的处境。她们用纸片记下了我的名字,还记下了我干活的地方,最后那两位女士每人给了我十个先令。

"考文特花园那个大市场就在附近,那时店铺都已经开门,我冲到那儿买了只鹅和一些猪肉馅饼,还买了土豆、洋葱,并且给孩子们买了些蛋糕和橙子——多得我差点儿都搬不回去!我回去时大家都还在睡觉。我把买来的食物全堆在厨房餐桌上,然后溜回被窝倒头就睡,直到被利夫施尼茨太太的尖叫声惊醒。天哪,她那天一进厨房就被惊呆了!接着她又是笑又是哭,紧紧地拥抱了我,然后去叫醒了所有孩子。她顾不得大家都还没吃早饭,上午就做好了那顿圣诞正餐,于是我们都坐下来放开肚子吃,我以前从没见过那个拉提琴的小伙子能吃那么多。

"那件事过了两三天后,在饭店外遇到的那两位先生找到了我。他们向利夫施尼茨先生打听我的情况。老裁缝说了我不少好话,告诉他们我是个可靠的小伙子。两位先生中年轻的一位是波希米亚人,他聪明能干,在纽约经营一份波希米亚文报纸,年长的那位是个富商,专门做进口生意,这次他们来欧洲是结伴旅行。他们告诉我在纽约谋生有多容易,并且愿意提供路费带我去那里,他们回国的日子也临近了。我的裁缝老板对我说;'你就去吧。留在这里你不会有任何机会,我喜欢看到你有出息,就为了你对我太太一直都那么好,就为了你给我们的那顿圣诞大餐。'就这样,我最后来到了纽约。"

那天晚上,鲁道夫和波莉手挽手穿过田野,被刺骨的寒风从后面推着小跑着回家。鲁道夫满心欢喜,因为波莉说,她认为他们新年夜可以邀请他全家过来一起吃饭。"我们自己做一顿丰盛的晚餐，完全不用你妈插手，让她当一回客人。"

"你想得真周到，波莉。"他很腼腆地说。鲁道夫淳朴而谨慎，他也隐隐约约地觉得，波莉几姊妹比自家几兄弟都更有生活经验，更懂人情世故。

六

那年冬天对种地人来说非常糟糕。天气异常寒冷，除圣诞节前有过几场小雪外，再也没下过雪——连雨都没下过。三月天和二月时一样冷。在寒风肆虐于那片土地的日子里，罗西基每天都坐在窗边。秋天时他和孩子们种下了一大片小麦，现在地里的麦苗都被冻死了。那片地必须重新翻耕，改种玉米。这种情况以前也曾有过，但那时他还年轻，什么事都不会让他发愁。他相信自己和玛丽，知道他俩有能力承受必须承受的一切，而且最终总能度过难关。但他对孩子们就没有这种把握，鲁道夫和波莉头一年就遇到这种关口，这让他感到忧心忡忡。

坐在摆满鲜花的窗前，听着窗格玻璃嚓嚓作响的声音，感觉到风从门缝钻进屋里，罗西基开始思考他很多年以来都再也没思考过的那种问题。很久以前，在纽约那个家具厂的阁楼上，他每到星期日都会思考这种问题。那时候他拼命想要确定的是，自己活在这世上到底想要什么；如今他拼命想要确定的则是，自己想要孩子们一生都干什么，并且想知道自己为啥那么急于想确信，自己死后孩子们会在这片土地上继续耕耘。

这样他们就必须在农场上辛勤劳作，也许到头来还只能维持温饱。但是，只要他能想到孩子们是在这片土地上生活，他就不必担心他们遭受什么大灾大难。当然，磨难总是有的。麦种那么贵时麦苗却全被冻死，这就是磨难；因饲料短缺而不得不卖掉牲口，这也是磨难。然而，总会有风调雨顺、年谷顺成的时候，这时你就衣食丰足了。耕耘自己的土地，所有收获都归你自己。你不必在老板和罢工者之间左右为难，不会两头都不讨好。你也不必跟那种既狠心又狡诈的人打交道。在罗西基的人生经历中，最可怕的事莫过于面对假仁假义、诡计多端的男人，或面对爱耍心计、贪得无厌的女人。

在乡下过日子，如果遇上个不厚道的邻居，你可以不和他来往，彼此井水不犯河水。但要是生活在城里，邻居们的卑劣、粗野和苦恼都是你生活的组成部分。在人生的旅途中，罗西基所遇到的最令他厌恶的东西就是人——堕落败坏的那种人。时至今日，他还能记得伦敦街头某几张令人厌恶的面孔。当然，卑鄙小人哪里都有，这里的乡村小镇也不例外，但他们脾气没那么暴躁，心肠没那么冷酷，手段没那么残忍，不像城里那些以压榨、欺骗和荼毒同类为生的衣冠禽兽。他曾帮忙为两位成衣业的工友下葬，因为他信不过大城市里那些行业公会，不相信那些人会认真操办死者的后事。可是在这儿，如果你病了，有埃德医生照料你；如果你死了，有胖子海科克先生——这世界上最仁慈的人——主持你的葬礼。

罗西基觉得，从长远来看，他那些老实巴交的孩子最好是生活在乡下，他们在农场上干得再糟也比在城里干得好更强。要是他真有个卑劣的孩子，真有个会欺压蒙骗其他兄弟的孩子，那就可以把他送进城。可他家没有这样的孩子。至于鲁道夫，他虽然不满现状，可谁要能打动他的心，他会宁愿自己光着膀子也要把衬衫脱给你穿。罗西基真正希望的，是他的孩子们都能一辈子平平安安，一辈子都不知道人类的残酷。有时候他会自言自语："我和他们的妈妈都没教过他们该怎样去应付那种残酷。"

想到这些，罗西基不禁为自己的现状感到庆幸。说真的，自己当年简直是绝地逃生啊！他也曾替裁缝老板从一个孩子手里收取过补衣服的钱，而那个饥肠辘辘的孩子则眼巴巴地看着他把钱拿走。而现在，这么多年过去了，他再也没从任何缺衣少食的穷人手中收取过一分钱，再也不用面对任何一张因饥寒交迫而扭曲的女人的脸。每每想到这些，罗西基就会戴上帽子，穿上外套，迈着轻快的脚步去到牲口棚，给他那几匹马额外添把燕麦，看着它们馋涎四溢地从他手掌中舔食。这就是他表达感情的方式，这种方式会让他高兴得笑出声来。

那年春天一开始就很暖和，天蓝蓝的，但仍然干旱，一滴雨都没下。小伙子们开始翻耕麦田，准备播种玉米。罗西基常常站在栅栏一角望着他们干活，土壤很干燥，扬起阵阵黄尘，让他看不清耕马、犁铧和干活的人。这是个不好的兆头。

鲁道夫家和他父母家之间那一大片苜蓿地已呈现绿色，但罗西基却忧心忡忡，因为在之前那个多风的冬季，有大量风滚草被吹到地头并堆积在那里。他一直在敦促孩子们将其耙除，生怕那种杂草的种子会落地生根,"吞噬"地里的苜蓿。但鲁道夫认为这是无稽之谈,再说孩子们耕地种玉米已经很辛苦,当父亲的也就觉得自己不能再坚持要他们耙除风滚草。不过他非常喜欢那一大片苜蓿,那可是牲口赖以为生的饲料。他想保住苜蓿还有某种深一层的动机,某种模模糊糊但却很强烈的动机。苜蓿那种特殊的绿色会在老年的罗西基心中唤起他儿时的记忆,能让他依稀记起在欧洲老家时的一些童年往事。当他还是个小男孩儿的时候,他曾在这种碧蓝翠绿融合的田野中玩耍。

一天上午,鲁道夫让马和农具都闲在谷仓,自己开车去了镇上。罗西基来到儿子家,给马套上耙机,悄悄来到地头开始耙那些风滚草。他赶马扶耙都蹑手蹑脚,像是在做什么错事似的,同时又为赢了埃德医生一把而暗自高兴,当时埃德医生正在休他从业七年来的第一个长假,并趁休假期间去芝加哥参加一个临床讲习班。罗西基把风滚草耙到地边,但没有停下来把草堆烧掉。烧草要花一些时间,可他当时已喘不上气,所以觉得最好还是把马牵回谷仓。

他把马牵回谷仓,关进马棚,可这时胸口突发一阵剧痛,他也就没有试图为那些马卸除挽具。他开始走向那幢房子,每走一步都痛得要弯一次腰。那种疼痛就好像心被刀绞。他挣扎着走到风车旁,偏偏倒倒地抓住了梯子,这时他看见波莉像一条细长的猎犬从坡上朝他飞奔而来。转瞬之间,她的肩头已撑在他的腋窝下面。

"靠住我,爸爸,使劲儿!别担心,我们能到家的。"

他们总算走到了房子跟前,但罗西基已痛得两眼发黑,双腿虽还能站住,但已无力迈动。接下来他所知道的就是自己躺在波莉床上,波莉俯身守候在他身边，正把拧干的热毛巾敷在他胸上。她只是偶尔停下来去给炉子填煤，让壶里和盆里一直有热水。她就这样为他热敷了差不多一个小时。她后来告诉他，当时他身体僵直，脸色发青，大汗淋漓。

随着疼痛渐渐减轻，他咬紧的牙关开始放松，眼睛周围的黑圈开始消散，脸上也慢慢有了血色。当最后波莉替他扣上衬衫纽扣时，他舒了口气。

"好啦，我现在觉得好了，波莉。刚才那一阵真可怕。真对不起，让你担惊受累了。"

波莉满脸通红，兴奋地问："真不痛了吗？我可以离开一会儿，去给那边家里打个电话吗？"

罗西基冲她眨了眨眼睛。"不用，波莉。不用去惊动我老伴。这里挺好的，挺安静。要是不麻烦你的话，就让我静静地躺一会儿，躺一会儿就好了。我现在一点儿不感觉痛。这里挺好。"

波莉俯身揩去他脸上的汗水。"啊，我真高兴，都过去了！"她情不自禁地说，"爸爸，刚才看见你那么痛苦，我心都碎了。"

罗西基伸手示意让她在刚才放水壶的那张椅子上坐下，用他眼中那种充满热情和爱意的目光望着她。"你对我真好，我不会忘的。我真不想在你跟前犯病。在谷仓里发作时我就在想，那姑娘对生病没啥经验，我可不想吓着人家，说不定人家都怀有孩子了。"

波莉握住他那只手。他那么专注、那么亲切、那么信任，而且那么快慰地望着她，仿佛他的目光在亲吻她的脸。她也扬起两道修得细细的眉毛，报以他微微一笑。

"我猜呀,说不定你真要当祖父了。但我还没告诉任何人,连我妈妈和鲁道夫都没告诉。你是第一个知道这事的人。"

他握紧了她的手。波莉注意到,他的手又暖和了,他眼中闪出的光芒似乎也更亮了。

"我真想看见那小家伙呀,波莉。"说完这话后他闭上了眼睛,嘴角挂着微笑,静静地躺着没再吭声。波莉则默默地坐在床前陷入了沉思。她忽然觉得,这世上还不曾有谁像罗西基老人这样真心疼她,他妈妈没这么疼过,鲁道夫也没这么疼过。这种感觉让她感到困惑。她皱起眉头,试图要想个明白。罗西基似乎有种疼爱别人的特殊天赋,就像有人具有会聆听音乐的耳朵,有人具有会欣赏色彩的眼睛,这种天赋与生俱来,总会自然而然地显露。你能从他的眼睛里看见那种爱,这也许就是他那双眼睛总让人感到愉悦的原因。你还能从他手中感到那种爱。罗西基睡着后,波莉还握着他那只手,那只宽大、黝黑、灵活而温暖的手。她从没见过有另一只手和他的手一样。她真想知道,这是否就是吉卜赛人的那种手,能那么敏捷、轻松并生动地表情达意——这对一个种地人来说太不寻常了。她见过许多种地人的手,要么掌骨粗大、拳如巨槌,要么指节畸形、手指僵硬,看上去几乎都会令人不适。但罗西基的手不像那样,他的手像水银,既有力又灵活,颜色像浅色雪茄,一条条深深的掌纹布满掌心。这手决不会神经质,也不会呆笨如肉瘤。这手温暖、灵巧、宽厚,还有某种波莉只能将其称之为"像吉卜赛人的"特性——与众不同的灵巧敏捷、生机勃勃,值得信赖。

很久以后波莉还记得那个时刻,因为那是令她醒悟的时刻。她当时觉得，除了罗西基老人的手，还从来没有任何事物让她懂得那么多人生道理。老人的手使她成为了真正的自己，那手传递了一种既明白无误又不可言传的信息。

鲁道夫开车回家的声音打断了她的沉思。她冲出屋子迎住他。

"哦，鲁迪，你爸病倒了，很严重！他把他一直担心的那些风滚草都耙到了地边，然后就几乎进不了屋了。他刚才痛得很厉害，我都害怕他会死去。"

鲁道夫纵身下了车。"他这会儿在哪儿？"

"在床上。睡着了。刚才真把我吓坏了，因为，你知道，我非常喜欢你爸。"她轻轻挽住他的胳膊，两人一道走进屋里。那天下午他们把罗西基送回了家，尽管罗西基声称自己完全好了，他们还是让他卧床休息。

第二天早上，他起了床，穿好了衣服，和家人一起吃了早饭。他告诉玛丽，咖啡喝起来比平日香。他还告诫孩子们，埃德医生回来后不许提他犯病的事。饭后他在窗边坐下来做缝补活，趁玛丽出去喂鸡前，还叫她替他穿好了几根针——她的眼睛没有他老花得那么厉害，手也比他的稳。他点上烟斗，拿起约翰的工装裤。玛丽整个上午都提心吊胆地关注着他，拎着剩饭桶出门时，还看见他在微笑。实际上他是想到了波莉，想到如果他没在那边犯病，他也许永远都不会知道她有一颗多么温柔的心。如今的姑娘不轻易流露自己的感情，但现在他知道了，她脑子里那些傻念头一旦消失，她会是一个很好的女人。女人的心肠是软是硬，你通常不可能从其外表看透，但只要她们有颗温柔的心，到头来一切都会美好。

他刚缝了几针,心口又开始绞痛,感觉和昨天一样。他小心翼翼地把烟斗放上窗台,弯下身子想减轻疼痛,可没有效果——要是可能的话,他最好是设法躺到床上去。他直起身来,试探着跨过熟悉的地面,可现在屋里的地面就像船上的甲板一样上下起伏。他终于倒在了卧室门边。玛丽进屋时发现他躺在那儿,触到他身子那一刻她就知道,他已经走了。

罗西基去世的时候,埃德医生在外休假,回来后的头几个星期又忙得不可开交,但他每天都对自己念叨,必须去乡下看看刚失去了父亲的那一家人。在初夏一个空气温暖、月光柔和的夜晚,他开车去罗西基家的农场。一路上他脑子里想着其他事情,直到经过那块墓地时,他才意识到罗西基已不在对面那道闪着灯光的山坡上,而是躺在这块月光照耀下的墓地里。他停住汽车,熄掉引擎,在车上静静地坐了一会儿。

他突然从心底感到一阵肃静。真奇妙,周围的一切都显得令人感动,似乎都富有意义,尽管他并不清楚那都意味着什么。罗西基那台割草机就紧靠在铁丝栅栏旁边,那天下午,他家的一个小伙子曾在那里收割秣草,他亲手驾驭过的马也曾在那里来回走动。新割的秣草让夜晚的空气中弥漫着芳香。深深的草丛如波浪般起伏,月光为覆盖了坟墓并掩藏了栅栏的草丛镀上了一层银色,草丛中那几株低矮的常绿树格外引人注目,犹如池塘中黑黢黢的影子。天空碧蓝、夜色柔和,一轮满月使星星暗淡无光。

平生第一次,埃德医生觉得那块墓地真的很美。他想到了城市里的那些墓地:一行行低矮的灌木,一排排阴沉的墓碑,那么整齐划一,那么茕茕孑立,与生者的世界格格不入。那些墓地真可谓死亡之城,被遗忘之城,"被抛弃"之城。可这块小小的墓地空旷而自由,永远有微风吹拂那片深深的草丛。头顶上只有浩瀚天空,五彩缤纷的田野铺展到天边。夏日有耕马来这儿劳作,不时有邻居经过这里进城;到了冬天,罗西基家的牲口会在远处那块玉米地里吃草料。这里没有一丝一毫死亡的气息,对一个曾在大城市干活谋生、却一直渴望辽阔的土地、最后终于实现其理想的人来说,再没有比这儿更好的归宿地了。对罗西基来说,他的一生可谓完整的一生、美好的一生。

(原载《波希米亚姑娘—薇拉·凯瑟短篇小说选》,中国盲文出版社,2021)

中编

散文

导读

　　这部分荟萃了笔者多年来陆续翻译的三个国家十位作者的十五篇优秀散文。这十位作家都堪称文学大师，十五篇散文皆可谓经典美文。

　　日本作家厨川白村曾说：散文就是把平日里与好友的任心闲聊照原样移在纸上的东西；而培根在《论友谊》中则说：只有在好友跟前，一个人才可能倾吐其忧伤、欢乐、恐惧、希望、猜疑、忠告，以及压在心头的任何感情。依此看来，散文可以说是作者感情的物化，作者写景状物，叙事寄情，论理抒怀，无一不是在向读者吐露心迹，或者说是在与读者聊天谈心。这十二篇散文风格迥然，或跟你讲述一段往事(如E. B.怀特的《居在龟湾》和艾伦·莱西的《一座向陌生人敞开的花园》)，或向你披露一种心境（如安妮·迪拉德的《飞蛾之死》和洛伦·艾斯利的《海鸥的启示》)，或为你描绘一派风光（如吉丽安·道格拉斯的《初雪》和利奥波德的《青青草地》），或与你讨论一个问题（如培根的《论读书》和爱默生的《论美国学者》）。然而，任何散文，无论是描自然之秀美，探万物之幽眇，寻宇宙之奥秘，悟人生之真谛，其中都少不了作者的一份情怀,所谓"为情而造文"(《文心雕龙·情采》)、"情动而言形"(《文心雕龙·体性》)、"情动而辞发"(《文心雕龙·知音》),古今中外皆同。情动方有言出,言出必有情随,原作者笔下如此,翻译者笔下亦当这般。

所以,翻译散文最讲究的是要译出文中之情。但此情毕竟依附于言辞,如范仲淹欲抒忧国忧民之情,乃振笔于岳阳楼上;欧阳修欲袒与民同乐之怀,遂挥毫于醉翁亭间。同样,吉丽安·道格拉斯为表达将宁静自然作为心灵故乡的心愿,于是织辞在那场林间《初雪》;利奥波德为阐发天人合一、物我两忘的生态美学思想,于是造文在那片《青青草地》。由此可见,要译出原文字词间所蕴含的感情,首先还得译出原文传情达意的言辞。

鉴于此,翻译散文,译者尤其要注意中英两种语言的行文差异。汉语行文重意合,多借助字词或句子所含意义的逻辑关系来实现词语或句子的衔接,如苏东坡不会把"清风徐来,水波不兴"写成"因为清风徐来,所以水波不兴";而英语行文重形合,多借助关联词等语言形式来实现词语或句子的连贯,如本书译者序言中列举的那幅海景"Spume leaps up from the sea caverns of buried reefs and the blue and purple of the turbulent waters are roiled and twisted with clashing and opposed currents",作者就用了四个连词,四个介词,其中还非得用一个 with 来说明波浪翻滚的原因。描写同样的景象,中国散文家大多不会用关联词,较常态的写法会是"潜礁飞沫,暗洞涌浂,狂澜相撞,激流互碰,洪波紫蓝色相间,海面上涡旋涛腾",这其中的因果逻辑,中国读者自然能意会,但读到此种笔法,读者就很难相信这是出自美国作家之手了。于是译者斟酌权衡,兼顾两面,结果中国读者读到的是"泡沫从潜礁暗洞中涌起,激流互碰,湍波相撞,使那片紫蓝色海水涡旋涛腾"。一言以蔽之,翻译的散文读起来得像散文,同时又得让读者体味到是外国作家写的散文。

初雪

[加拿大] 吉丽安·道格拉斯

　　一天晚上，我从我隐居的小木屋朝窗外望去，看见柔软的雪花正慢悠悠地飘进金色的灯光之中。雪下了整整一夜，奔腾的梯尔河渐渐沉寂，森林的喧嚣也慢慢消失。到黎明时分，那溪流、树林和山峰的世界已被积雪覆盖，闪着一片美丽的白光。

　　我一大清早便来到屋外。整个大千世界是如此安谧，甚至连轻微的呼吸也会亵渎这宁静。北边的山岭披上了铁灰色的素装；西边的天空还残留着朦胧夜色；而在东方，在南方，一片淡淡的粉红色正在蔓延。我抬头仰望，只见闪着银光的晨星正俯瞰着这个银色的世界。

　　不一会儿，万里晴空呈现出碧蓝与火红。严寒和寂静重压在每棵树的枝头，残枝断桩都戴上了水晶王冠，一根根伐倒在地的原木披上了厚厚的银装。野浆果树丛的枝条间，随处可见泛着珠光宝气的白粉蘑菇；铁杉和雪松光秃秃的树根，也成了石英与橄榄石砌成的洞穴。

　　一场大雪之后，最可爱的要算是常绿树木。它们缀满白雪的粗大树枝低垂在树干周围，看上去就像一只只正合拢翅膀抵御严寒的巨鸟。

但在一场小雪之后,最美的就要数那些落叶树了。它们是那样脆弱,那样缥缈,像透明的烟雾沿着河岸飘动,仿佛潺潺水声也会把它们震碎似的。低矮的灌木丛犹如银丝织成的工艺品,在这个令人陶醉的世界里,它们是那么轻盈,那么小心地踮起脚尖,哪怕是一阵最轻柔的微风,也会把微微闪光的雪花从它们身上吹落,留下赤裸裸的褐色枝条惹人怜惜。

此刻,天空已是一片湛蓝,太阳把千万颗宝石撒在草地上,撒在河流旁,撒在树林间。美,这位纯洁的少女,静静地在这里漫步,其纤足悄无声息,也没在这无瑕的雪地上留下丝毫痕迹。静,是这般浓重,这般深沉,连松鼠都停止了它们不合时宜的喧闹,雪鹀微弱的啼鸣似乎也在加重这片寂静。

夜幕降临,天地间依然万籁俱寂。面对这样的季节,我心中油然生出一种独特的感情,一种温馨、安宁而又孤独的感情。置身室外的严寒中令人怡然,那严寒让人头脑清醒,心情振奋。回到屋里让绒毯般松软的温暖包裹全身,那种感觉也同样令人愉悦。炉火是人最好的伙伴,咖啡散出醇厚的香味,暗影在墙上蹁跹起舞,而窗外的世界又是那般宁静。能在冬日世界的清幽明净中开始并结束这样的一天,我感到心满意足。

窗外,月亮高挂在深蓝色的天幕上,天幕下是银色的山峦、森林和平川。树木、灌丛和高高的蕨类植物像是用雪花石膏雕成。河水像水银流淌在陶瓷般的河岸之间。

大地和天空都在闪闪发光,剑蕨丛恍若一枚枚别在银色大地上的旭日形钻石胸针。但一切都沉浸在静寂之中。星星投下影子,它们在深夜的蓝天里白得耀眼,好像真在闪出凛凛寒光。我觉得我仿佛能看见宇宙中的每一颗星星。

看来没人能面对这万千美景而不心碎。也许我心中的痛楚正是来自这样的意识:眼前的美实在太短促,我几乎才刚刚触摸到它,而它就要悄然逝去。

(原载《文化译丛》1982年第2期)

飞蛾之死

[美]安妮·迪拉德

我一人独居,有两只猫做伴,它们爱睡在我膝头上。两只猫一黄一黑,黑猫叫"小不点儿"。早上我会跟"小不点儿"开玩笑:还记得昨晚吗?还记得吗?我总是在早餐前将它俩扔出屋子,这样我才能用餐。

屋里还有只蜘蛛,在浴室里,一只种属不明、腹部滚圆的褐色雌性蜘蛛。它那张六英寸见方、错杂凌乱的蛛网以某种方式——某种神奇的方式——让它一直活着,让我一直惊奇。蛛网结在马桶后的一个角落,挂在镶有瓷砖的两壁之间。房子是新建的,若没有那蜘蛛和蛛网,没有那十六七只被蜘蛛抛在地面上的死虫子,那间浴室可谓白璧无瑕。

死虫子看上去大多是潮虫——那些公然爬进屋子、最后死在那里的袖珍犰狳[1]。除了因被吮空而褪去颜色的潮虫躯壳外,角落里还有看上去像是两三只没有翅膀的像飞蛾的东西、一小片新出现的蠼螋残骸、三只皱缩成一团的死蜘蛛。

---

[1] 潮虫是一种小型陆生甲壳动物,其甲胄状背壳很像犰狳背上的甲胄板,故作者称其为"袖珍犰狳"。

我真想知道，蠼螋、飞蛾、或潮虫到底是受哪个白痴差遣，竟然去马桶后那个干净的角落参观。我从没注意到有任何瞎眼潮虫列队撞进那角落，但它们的确是在那儿遭遇危险，每星期都会有两三只潮虫遇难，而那只蜘蛛则茁壮成长。昨天它正在吮一只蠼螋的腹部，今天那只蠼螋已躺在地板上。要从一团黏乎乎的乱丝中找到一条直线，把吃剩的残骸抛到地板上，那肯定需要一点儿天赋。

今天那只蠼螋发出暗淡的微光，它剩下的只有胸背部的一条曲线和一对光滑的尾铗，而我正是凭那对尾铗才知道它是只蠼螋。到下个星期，即便其他死虫子还能留下点儿痕迹，它也将化为灰烬，化入地面的灰尘之中。蠼螋旁边那些被吮空的潮虫扭曲着松脆的躯壳，很快也会变成易逝的纤尘。三只蜘蛛侧躺着，半透明的尸骸残缺不全，步足已干缩成结。几只死蛾都没了脑袋，只剩下些弧形甲壳质碎片交错在一起，像一堆乱七八糟的剥落漆片，像一堆支撑过教堂穹顶的扶垛，但就是不像飞蛾。要不是我有过目睹一只飞蛾变成炭渣的经历，我还真不敢把它们叫做飞蛾。

两年前的夏天，我独自在弗吉尼亚的蓝岭山中宿营。我是自己开车进山的，打算在那儿读些书。我读的书中有詹姆斯·厄尔曼[1]的《燃烧之日》，一本关于法国诗人兰波的小说，而那本小说曾使我在16岁时就想当作家，我希望它能再次给我创作的灵感。于是我每天都坐在帐篷外一棵树下读书，其间有林莺在我头顶的树叶间歌唱，

---

[1] 厄尔曼（1907—1971）是美国作家，《燃烧之日》出版于1958年。

有环节虫在我脚边细枝覆盖的泥地上爬动；我每晚还秉烛夜读，这时有褐斑大林鸮在林中啸鸣，有寻偶交配的灰蛾成群地围在我头顶周围飞舞，因为我的烛光在那片林间空地形成了一道光环。

灰蛾不断地飞进烛光。它们要么发着咝咝声仓皇逃避，跌跌撞撞地栽进我那些烹调器皿形成的阴影之中；要么翅尖被烧焦，一头跌下，它们似乎被融化的翅膀往往会粘附于最先触到的器皿——平锅、壶盖、或汤匙——结果被困的飞蛾只能在方寸间挣扎，没法拍翅飞走，而我则能用一根小棍轻轻一拨，将它们释放。第二天早晨我会发现我的炊具上装饰有飞蛾的翅膀残片，铝制品上到处都是粉状鳞片印下的依稀可辨的三角图形。当时我就在那种情况下读书、烧水、换蜡烛，再继续读书。

一天晚上，有只飞蛾扑进烛光，陷入蜡油，并被烧焦。想必我当时正凝视着烛芯，要不然就是当一道影子掠过书页时我抬起了目光，但不管是哪种情况，反正我目睹了整个过程。一只翅幅两英寸的金色大雌蛾扑进了烛光，腹部陷进蜡油，被热蜡粘住，眨眼功夫便被烧透。当时那两片被点燃的蛾翅像薄薄的纸片，像天使的翅膀，燃起的火焰扩展了空地上的那道光环，映亮了我那件套衫蓝色的衣袖，映亮了我身旁凤仙草绿色的叶片，映亮了一棵松树粗糙的红色树干。火焰随即又变小，蛾翅在一缕难闻的黑烟中化为灰烬。与此同时，它的六条细腿一阵乱蹬，随之蜷曲、变黑、停止抽动；它的头部一阵痉挛，使蜡油吱吱溅洒；其颚须和唇须也全被烧卷、烧掉；它那有节奏鼓动的口器像手枪射击似地噼啪作响。待这一切结束时，它的头，就我能确定的情况来说，它的头也经历了它的翅膀和细腿经历的过程，变成了一个不再属于时间的黑洞。此时它剩下的只有一具闪闪发光的空壳，一截严重受损、部分已凹陷的金色管子；管子竖在一汪蜡油之中。

然后，这只飞蛾的本体，这具壮观的残骸，开始充当一根烛芯。它继续燃烧。蜡油涌进其躯壳，从浸在蜡油中的腹部涌到胸部，再涌到本应该是它头部所在的那个黑洞，最后化为一团火焰，一团桔黄色的火焰，火焰像一名献祭的教士替它罩上了一袭垂地的长袍。那支蜡烛有了两根烛芯，两团并立翻卷的一模一样的火焰。飞蛾的头成了一团火。它燃烧了两个小时，直到我把它吹灭。

它毫无变化地燃烧了两个小时，既没摇头也没弯腰——只是从躯壳内发出火焰，像是人们隔墙看见的室内大火，像是一个空心的圣徒，像是一名去见上帝的、满面红光的处女。与此同时，我在它的光焰下读书，燃起激情；与此同时，巴黎的兰波在一千首诗中烧尽了他的才智；与此同时，夜露在我脚下积成了一个水洼。

好啦！这就是我认为浴室地面上那些空壳碎片是飞蛾的原因。我相信我知道飞蛾是什么模样，不管它们处于什么状态。

我桌上通常有三支从枝形烛台上取下的蜡烛，我爱在有客人来时将它们点上。猫总是躲开烛火，不过"小不点儿"的尾巴还是被火点着了一次，幸好我在它注意到之前就已将火捻灭。我不在乎独居。我喜欢一个人用餐，一个人读书。我不在乎独自睡觉。我唯一在乎孤独的时候是发生趣事的时候。当我因某事有趣而想发笑时，我希望有人在我身边。有时我觉得一个人睡觉非常有趣。

（原载《中国翻译》2003 年第 1 期）

超越生命（节选）[1]

[美]卡贝尔

我愿此生，我唯一确知的此生，能和谐地度过；若此愿不遂，至少也该活得有几分清醒。希望自己之所作所为能被自己理解，这肯定不算要求过分。不过有些奥秘却不容你去理解，诸如宇宙弘旨之所在，乾坤归宿在何方，我为何置身于此间，于此间该做何事。我隐约觉得此生被指望去履行一项既定使命，但这是项什么使命，我却一无所知。而且真正说来，我在过去的岁月里又有过什么作为呢？有那么几本书可显示为我生命之赢余，可显示为在我创作其之前这世间未曾有过的东西，其体积甚至可置换我入土后的那副躯壳，从而使我生命之结束不致给人类造成物质损失。但当回首往昔，我发现自己的生命历程就像溪流之蜿蜒漫无定向，触石砙草根则避而改道，遇岩缝土隙则顺而流之。我似乎做任何事都未经事先考虑，而是任凭事务来摆布自己。且据我眼下所知，在我的整个余生，我每日清晨得剃须也仅仅是为了翌日清晨得剃须！

---

[1] 《超越生命》是卡贝尔（1879—1958）于1919年出版的一部文学随笔集。本篇节选自该书末尾部分。

我总是努力去利用身边的物质环境，因至今我也不知有任何迥异之做法会更为明智可行。然身外之物与涌动于我心中的那种生命毕竟无关。既如此，为何人之一举一动又常为身外之物所引所驱、所扬所抑？我所厌恶的正是这样被物质主宰——这种为了生命苟存于世而对食物、书本、炉火、衣衫以及对肉欲的纯粹需求。的确，我在世间之全部所为或忍而不为之事都不甚明了，无论何处我都看不到丝毫和谐，而我认为，我的人生历程若有任何特定目标之指引，定会显现出那种明澈和谐。但不知何故，我眼前无可辨之目标，一直在浑然度日，而且对这种蹉跎或茫然也无从解说。活下去似乎已成了我的一种习惯，仅此而已。

我希望生活中有美。我曾在落日余晖、春日树林和各色各样女人的眼中看见过美，可如今与这些光彩邂逅已不再令我激动。我期盼的是生命本身之美，而非偶然降临的、美的瞬间。我觉得很久以前我生活行为中也充溢着美，那时我尚年轻，置身于一群远比当今姑娘更为友善可爱的姑娘之中，置身于一个如今已消失的世界。时下女人不过是多少显得有几分姿色，而据我所知，她们最靓丽的容颜也经过煞费苦心的设色敷彩。但我希望这生命，这个在我心中涌动并企盼的生命，能绽放出自身的美丽，纵然这种美丽会转瞬即逝。比如蝴蝶的一生不过翩然一瞬，但在这翩然一瞬间，其美丽得以完善，其生命得以完美。我羡慕一生中有这种美丽闪烁。可我最接近理想生活的行为只是付账单一丝不苟，对妻子相敬如宾，捐善款恰宜至当，而这些无论如何也远远不够。当然，还有我那些书，在我自己撰写以及我可随意翻阅的他人撰写的书中，都有美"封藏"于万千书页之间。然而,我与生俱来的这种欲望并不满足于在纸上写美或从书中读美。简而言之,我所迷恋的是那种无瑕之美,那种天下诗人在恍惚中发现存在于某处的美,那种世人所知的凡尘生活无法赐予也无法预见的美。

我也渴望柔情——但对生活如此奢求难道不像是自作多情?唉,根据我的发现,世人并不相互喜欢。当然,作为理性动物,他们干吗要相互喜欢呢?婴儿自然都有权得到短期柔情贷款,而且在童年时期还会有逐日递减的柔情进账,不过回忆往事时你就会发现,童年大体上是一段孤独寂寞且屡屡受骗的时期。但成人都莫可名状地相互猜疑。我承认,男女求爱时会有一时间的失常,而这种失常往往装扮成柔情蜜意,因此有时还让人误以为是真情,但更多时候会变成男女间无休止争斗的伏笔。你会注意到,已婚男女通常不会柔情缱绻,双方能以礼相待就不错了,除两性身体接触外,夫妻关系往往都不温不火。以我妻子为例,我横竖都觉得她就像斯芬克司,一个永远也猜不透的谜,而我想也没必要去探究她那些秘密。并且就像我不无欣慰地述说的一样,她对我同样知之甚少,对我的私事也没表现出任何病态的兴趣。但这并非说一旦我罹病,她会因惧怕传染而置我于不顾;也非说万一她溺水,我会因不善游泳而不下水施救。我的意思是说,除非到紧要关头,我俩会彼此容忍,和睦相处,但绝不会想到更进一步。我们与亲属的关系也势必日渐疏远。因各自生活已不同,彼此情趣已相异,故见面时存心话说三分且多说套话。再说他们还知晓我们不想被人抖露的底细。至于其他熟人,甚至包括未成年人,我发现彼此间交往全然是蹈常袭故,我们的所言所行似乎都不会超出对方之所料。我知道我们始终都互不信任,虽然有时毫无必要,我们仍本能地隐藏或伪装真实的思想感情。就我个人而言,我不喜欢人类,因为从总体上看,我不知这个物种有何共同的品质使其值得赞美,值得爱慕。但对书中那些人——例如米拉曼特夫人[1]、特洛伊的海伦、贝拉·威尔弗[2]、梅露西娜[3]、比阿特丽克丝·埃斯蒙德[4]等——我却能不失理性地满怀柔情,表达一腔爱慕之意,这一则是因为她们值得我爱慕,二则是因为我知道她们不会怀疑我"变态"或别有用心。

我还常常祈愿,愿我能了解关乎我生活的哪怕任何一点真相。这变化的声色光彩是在真正掠过,还是我脑海中的一种幻觉?譬如,你何以知晓此刻我不是你梦中的幻象?我能确信,你在你坦言的梦中肯定遇见过人,且眼观其形,耳闻其声,那些梦中人于你肯定就像现时之我一样真实。注意,我是说像现时之我一样真实!那么,我这口口声声称之谓的"我"又当是何物?若你设法去感知你自己为何物,那种你觉得寓于你体内并肆意支配你肉体的东西又为何物,那将有一大堆活生生的多余物与你不期而遇——诸如你的衣衫裙袍、手足躯干、习性胃口、禀性偏见以及其他所有附属物,那些你逐一视之便会承认其并非你不可或缺的多余之物——而若是你从心中将

---

[1] 英国剧作家康格里夫所作喜剧《如此世道》(*The Way of the World*, 1700)中的女主角。
[2] 狄更斯晚期小说《我们共同的朋友》(*Our Mutual Friend*, 1865)中的女主人公。
[3] 欧洲民间传说中一个人身蛇尾(或鱼尾)的美丽女子,其形象常见于欧洲各国的文学艺术作品。
[4] 萨克雷历史小说《亨利·埃斯蒙德》(*The History of Henry Esmond*, 1852)中的女主人公。

这些多余物抹去，那在你珍珠色的脑细胞里，在你最终的寓所之中，几乎就只剩下一种感知能力，可你知道，这种感知多半都是幻觉。而毋庸置疑，仅仅作为一种极易受骗的知觉，暂居于神秘莫测的迷幻之中，这并非一种令人羡慕的境况。然而这种生命——这种我死死黏附的生命——也不过如此这般。但与此同时，我却听世人在谈论"真理"，他们甚至花大价钱为其所知的真理担保；可我愿与"爱逗趣的彼拉多"为伍，重复那个几乎没法回答且上千年来无人回答的疑问[1]。

最后我还企求高雅。我认为高雅乃世间最珍贵的品质。其实不然，高雅或许并不存在于现实之中。真正的高雅之士虚怀若谷，闻过则喜，不会被非理性的盲目偏见所左右，而在这个被庸男俗女充斥的世界，这等高雅之士只能被视作怪物。仿佛是出于天性，我们所有人都容不得希罕之事，都恨其不守规矩；而正是依照与此极其相似的准则，小男孩嘲讽不合时令的草帽，他们的父辈则给异教徒派去传教士……

（原载《中国翻译》2009 年第 6 期）

---

[1] 这疑问便是"何为真理"。彼拉多是罗马驻犹太和撒马利亚地区的总督（公元 26—36），据《新约·约翰福音》第 18 章第 37—38 节记述，耶稣在其总督府受审时声称，他来世间之目的是为了证明真理，于是彼拉多问："何为真理？"因彼拉多发问后并没等待耶稣回答，培根在其《论真理》篇首将其称为"爱逗趣的彼拉多"。

海鸥的启示

[美] 洛伦·艾斯利

我常常去到海边,不知道自己欲何所求。我爱去的西岬角总是波涛翻滚,即使在无风的日子也不平静。泡沫从潜礁暗洞中涌起,湍波相撞,激流互碰,使那片紫蓝色海水涡旋涛腾。我经常去那片海滩,在一个半截埋进沙里的威士忌包装箱上坐上几小时。

凝视那片变化无常、波谲浪诡的水域,凝视其形态莫测、不断涌腾的幻象,就好像是在窥视未来。你会看见海水的力量不断聚集,忽而骇浪冲天,忽而惊涛拍岸,不停地消耗着自己。世人看不出这其中的意蕴,但日复一日,银鸥尖声呼啸着翱翔在水面,螃蟹挥舞着螯足疾行于海滩。

而我爱在海边徘徊。

曾有一天,那里只有我、大海和那个半截埋进沙子的破木箱——另外就是它。我最初与它相遇时正值退潮,当时我冒险踏上那片礁岩的边缘,而礁岩前方正迸发出那种波汹涛涌的轰鸣,那种我已开始将其想象为包含着未来的轰鸣。当踏上那滩被海浪不断冲刷、平坦而光滑的礁岩时,我看见一只灰色的翅膀向上倾斜,扑棱着朝远处挪动了几英尺。

那是只硕大的灰背鸥。它悄无声息地向下挪回到一片表面已变硬的苔藻之中。出于其鸟情练达,它挪动得恰到好处,拒我正好一臂之遥。它不再和同类一道翱翔于礁岩之外那片属于一种不定未来的天空。它在属于现在的时空边缘有自己的一方栖身之地。它以大海冲上岸的食物为生。它老了,在安度晚年,如果在险礁恶浪边苟活也可叫安度晚年的话。

银鸥尖声呼啸着翱翔在水面

有次我靠得近了点儿,惊扰了它,于是它直起身来,迎着刮过礁岩的海风微倾着身子。一旦我停下脚步,它也就地蹲下。因为我并非敢跨越那些岩缝的冒险者,所以几天之后,我和它之间建立起了一种相互尊重的关系。我俩都老成持重,或立或坐都保持着一小短距离,互不干扰,毕竟我们种属不同。

我每天早晨去海边时它都在那儿。它一天比一天消瘦，但它仍然飞起来迎我，展开那双曾翱翔长空的宽大翅膀低低地盘旋一周。然后我总是找到我那个破木箱坐下，而它也总是飞回那块包容它生命最后时光的小小空间。我渐渐开始期待看见这只海鸟，仿佛在那片铺满乱石、凹凸不平的海滩上，我俩分享了某种合乎情理而又极其简单的秘密。

几天后它死了。我漫无目的地朝那仍在喷涌的未来扔出一块卵石。没有什么来自未来，没有任何幻象出现。唯一合理的幻象曾是那只年迈的海鸥，那只因历经风浪而不再冒险、只倾斜着翅膀在低空扑棱的海鸥。最终，它那块空间的边缘若即若离地与我的空间交接。我俩都无需再远行，而不知何故，这个残酷而简单的事实既恰如其分又令人惬意。一小块被海水冲刷的礁岩曾接纳过我和那只海鸥。

我想，至少在我心底，这里就是我等待死亡的地方。在这儿，大海把珊瑚和骸骨都磨成卵石，螃蟹趁夜色觅食刚死去的鱼虾。在这儿，万物都会被嬗变或会嬗变，但一切都在生存或即将生存。

（原载《中国翻译》2015 年第 1 期）

雁归来

[美] 利奥波德

谚曰：一燕不成夏，但劈开三月解冻期雾霭飞来的一群大雁可真就是春天了。

一见雪融就歌唱春天的主红雀，发现自己弄错后可知错就改，乖乖地恢复其冬日缄默。想出来晒太阳却遭遇暴风雪的花栗鼠，也只需再钻回自家地窝。可冒黑飞了两百英里、一心就指望在冻湖上找到个冰窟窿的大雁，想要回头就没那么容易了。大雁归来是怀着一种信念，一种预言者自断退路的信念。

对于眼不望天空、耳不闻雁鸣的行路人来说，三月的清晨和他们一样单调乏味。我曾认识位上过大学、佩有全美优秀大学生荣誉会标志的女士。她告诉我说，她从没听见过雁叫，也从未看见过大雁，然而，在她家隔音效果极佳的屋顶上空，大雁会一年两度宣告季节更替。难道我们的教育可能是一个用内在意识去换取身外之物的过程？如果大雁也做这种交易，那它很快会成为一堆羽毛。

向我们农场宣告季节更替的大雁见多识广，甚至通晓威斯康星州的法规条例。十一月南迁的雁群总傲慢地从我们头顶高高飞过，即便认出喜欢的沙洲沼泽也断然不会雁过留声。人们用"像乌鸦一样飞"来比喻走直路,但较之于雁飞,乌鸦就是走弯路了。这些大雁会径直飞往其目的地,即我家南边二十英里外最近的一个大湖。雁群白天会在宽阔的湖面闲逛,夜间则会上岸偷吃收割后还留在地里的玉米。十一月的雁群知道,从日出到日落,在每一片沼泽,每一个池塘,都有满怀希望的猎枪在等着它们。

三月里北飞的雁群则有另一番经历。虽然大半个冬天都在遭受枪击,羽翼上还有铅弹留下的伤痕,但大雁知道,春季停火协定此刻已实施。雁群会沿着 U 形河道飞翔,会从低空掠过现在已没有猎枪的岬角和岛屿,犹如见到久别的朋友,嘎嘎鸣叫着向每一片沙洲致意。雁群会在沼泽和草地上方盘旋,招呼每一个刚解冻的池塘和水坑。最后,它们会绕着我家农场上那片沼泽,礼节性地兜上几圈,然后调整翅翼,静静地滑向附近的池塘,黑色的双腿像起落架般垂下,白色的尾羽衬着远处的山丘。一触到水面,我们这些新到的客人就会欢叫着戏水,从脆弱的香蒲上抖落最后一丝冬意。我们的大雁又回家了!

每年这个时刻,我都希望自己是只麝鼠,躲在沼泽地偷看雁归来。

首群大雁一落脚,便会嗷嗷长鸣,高声邀请每一群迁徙的同类,结果用不了几天,沼泽地里就会满是大雁。在我家农场,衡量春意浓度有两个标准,一是看种了多少棵松树,二是看栖息了多少只大雁。我们的最高纪录产生于 1946 年 4 月 11 日,那天共数到了六百四十二只。

和秋雁一样,春雁也会每天到玉米地觅食,但不是趁着夜色偷偷摸摸地悄悄往返，而是在光天化日下嘎嘎嗹鸣着来去，每次出发前都会为玉米味道高声争论，返回时这种争论声听上去更加喧吵。归雁一旦彻底到家，就不再礼节性地在沼泽上空兜圈。它们会像枫叶般自由翻飞，会忽而左侧忽而右倾地滑翔，会叉开双腿迎着身下同伴的呼叫声直冲而下。我猜想，接下来的嘎嘎声或许与白天玉米宴之可口有关。春雁现在吃的是去秋散落在地里的玉米粒，那些玉米粒入冬后被积雪覆盖，才可免入冬日觅食者——乌鸦、田鼠、野鸡和棉尾兔之口。

有个显著的事实是，大雁选择觅食的那些玉米地大多都是从前的大草原。没人知道这种偏好能说明什么：是证明草原玉米地产的玉米营养价值更高，还是反映了从大草原时代起就代代相传的某种古老传统。或许，这只反映了一个简单的事实，由大草原变成的玉米地越来越辽阔。如果能听懂大雁每天往返玉米地途中的喧嚷争论，我也许很快就会弄明白大雁这种偏好的原因。但我听不懂雁语，而且我也乐于保留点神秘。要是我们对大雁无所不知，这世界该是多么无趣！

如此观察春雁的日常起居和生活习性，你就会注意到有些雁爱单飞，注意到那些飞翔和嗹鸣都更频繁的孤雁。人们倾向于认为孤雁的嗹鸣是在哀鸣，并由此得出结论，孤雁都是些失去伴侣的伤心鳏夫，或是在寻找失散儿女的单身母亲。但有经验的鸟类学家确信，这种对鸟类行为的主观臆测并不可靠。而我对这个问题，长期以来都努力保持一种虚心态度。

为统计雁群通常由多少只雁组成，我和我的学生花了六年时间，最后竟意外地在一定程度上解释了孤雁为何而孤。我们通过数字分析发现，组成雁群的数目通常是六或六的倍数，这种几何倍数很难仅用偶然性来解释。换种说法，雁群是以家庭为单位，或者是多个家庭的组合，而春雁单飞的现象很可能正好契合人们先前出于爱心而更倾向的那种猜想。春季孤雁是在冬季猎杀中失去了家庭的幸存者，嗷嗷哀鸿是在徒然寻找失去的侣伴和子女。这下我可以坦然地为孤雁哀鸣而悲，与嗷嗷哀鸿一道凄恻了。

枯燥的数字能这样证实爱鸟者多情的猜想，这可实属罕见。

四月的夜晚，当天气暖和到能让人坐到屋外的时候，我们喜欢偷听沼泽地里大雁开会的进程。开始的时候，沼泽地里会久久地一片寂静，其间偶尔会听到蛎鹬鼓翅的簌簌声，远处某只猫头鹰的咕咕声，或是某只黑鸭发情时的嘎嘎声。然后，突然传出一声尖厉的雁鸣，随之引来众雁喧哗，嗷嗷嗷嗷，间杂着羽翼拍水的扑漉声，足蹼划水的溅溅声，以及辩论会旁观者闹哄哄的鸣叫声。最后一个低沉的声音作总结发言，其后喧哗声会变成隐约可闻、但总停不下来的窃窃私语声。这时，我会再次希望自己是只麝鼠。

待到老冠花盛开的时候，雁群聚会便逐渐减少。快到五月时，沼泽地会又一次变成长满青草的湿地，这时只有秧鸡和红翼鸫为它带来些许生机。

具有历史讽刺意味的是，直到 1943 年，人类的大国强国才在开罗发现了国家联合的意义。而与人类同一个世界的大雁早就有了这种整体观念，并在每年三月都冒生命危险来诠释这种观念的基本

原理。

最初世界上只有大冰原的联合。随后是三月解冻期的联合,全球的大雁集体迁徙向北逃亡。自十万年前更新世晚期开始,大雁在每年三月都会发出联合的呼声,从中国海到西伯利亚大草原,从幼发拉底河到伏尔加河,从尼罗河到摩尔曼斯克,从林肯郡到斯匹次卑尔根岛。自十万年前更新世晚期开始,大雁在每年三月都会发出联合的呼声,从柯里塔克海滩到拉布拉多半岛,从马特马斯基特湖到昂加瓦湾,从霍斯舒湖到哈得孙湾,从艾弗里岛到巴芬岛,从潘汉德尔地区到马更些河,从萨克拉门托河谷到育空地区。

正是靠大雁这种国际贸易活动,撒落在伊利诺伊田野的玉米粒才会经空运到达北极冻原,在北极六月的白夜里与过剩的阳光结合,从而为全球各大洲哺育雏雁。大雁用食物换阳光,用冬季的温暖换夏季的孤独,而在这一年一度的实物交易中,整个大陆获得的纯利润宛若一首诗,一首充满野性的诗,一首从冥冥天空飘落在三月泥泞上的诗。

(原载《沙乡年鉴》,人民文学出版社,2021)

辽阔领地

[美] 利奥波德

　　一百二十英亩,据县政府书记员的记录,就是我在这世间的领地范围。但那位书记员是个懒家伙,上午九点前从不会查看土地登记簿。而登记簿在拂晓时分能说明些什么,是个值得在此议论的问题。

　　不管看不看登记簿,这都是个事实,一个对我和我那条狗都很明显的事实:在拂晓时分,我就是我能漫步于其上的、这整片土地的唯一主人。此时不仅地界线会消失,思想的樊篱也会荡然无存。这种地契不知、地图不晓的寥廓,却为每一个黎明所洞悉;人们以为在本县已不复存在的荒野,却朝露珠能触到的每一个方向延伸。

　　像其他大片土地拥有者一样,我也有佃户。这些佃户总疏于缴纳租金,但对土地使用权却一丝不苟。实际上,从四月到七月的每天拂晓,它们都会向彼此宣布其疆界,并为其封地向我表达谢意,至少我猜是这样。

　　这种日常仪式,与你可能想象的情况相反,总是以最庄重的礼仪开始。是谁最先制定出其礼节,这我不得而知。凌晨三点半,我会带着这种我能从七月清晨凝聚的庄重,手握象征我主权的两样东西——咖啡壶和笔记本,步出我的小屋,在一条长凳上坐下,面向启明星残留的白光,把咖啡壶置于身旁,从衬衫襟口取出杯子——但愿这不合礼数的携带方式不为人所注意。然后我会掏出怀表,冲上咖啡,把笔记本摊在膝头上。此乃宣告仪式即将开始的信号。

三点三十五分,最近的那只田雀鹀会用清亮的男高音宣布,它拥有北抵河岸、南至古马车道的那片短叶松林。随之在可闻其声的范围内,其他所有田雀鹀也一只接一只地宣布其领地。彼此间没有纷争,至少此时没有,所以我只需要倾听,并打心眼儿里希望它们的雌性伴侣能默许这种好于原状的平妥协定。

田雀鹀的轮唱尚未完全结束,大榆树上那只知更鸟便扬起柔和的颤音,高声宣布它拥有被冰暴劈掉了一根树枝的那个桠杈,同时也拥有那个桠杈的附属物(按它的意思,即树下那一小片草地中的全部蚯蚓)。

知更鸟持续的歌声会唤醒那只黄鹂,后者随即就会向其他所有黄鹂宣称,它拥有大榆树垂下的那根树枝,连同附近所富含韧皮纤维的马利筋梗茎,以及花园里所有质地疏松的植物纤维,并且还拥有像出膛子弹一样在那些梗茎枝蔓间疾飞的特权[1]。

我的表显示三点五十分。斜坡上那只靛彩鹀宣布,那根因1936年大旱而枯死的橡树枝是它的地盘,并附带拥有近旁的各类昆虫和灌木丛。有一点它没明说,但我认为它有所暗示,即它觉得自己有权宣称,它比所有蓝背鸟和所有将其花冠朝向曙光的紫露草都蓝得

---

[1] 黄鹂惯于用树皮、草茎和其他植物纤维在水平枝杈上编筑吊篮状悬巢,喜在梗茎枝蔓间穿飞觅食,飞行速度奇快,很少到地面活动。

更纯粹。

接下来那只鸫鹩——就是在小屋房檐下发现木板节孔的那只——也骤然高歌。另外五六只鸫鹩齐声应和,仪式随之变得喧嚣而混乱。松雀、打谷鸟、黄雀、蓝背鸟、绿鹀、红眼雀、主红雀——全都加入合唱。我那份正式的演唱者名单,那份按其出场顺序和首唱时间排列的名单,终于赘止不决,无以为续,因为我的耳朵再也分辨不出孰先孰后。再说此时咖啡壶已空,太阳也很快就会升起。我得赶在我权力失效之前去视察我的领地。

于是我们出发,我和我的狗,随意徜徉。对刚才所有那些口头宣言,我那条狗从来都不甚重视,因为对它来说,承租土地的凭证不是歌声,而是气味。在它看来,枝头上任何一团不通文墨的羽毛都能发出噪音。现在它打算为我翻译那些只能凭嗅觉阅读的诗,那些天知道是什么动物在夏季夜晚悄悄写下的诗。在每首诗的结尾处都能见到该诗作者——如果我们能找到它的话。但我们实际找到的作者往往都出乎我们的意料:一只突然想待在别处的野兔,一只扑棱着翅膀欲放弃其地盘的山鹬,或是一只因在草丛间湿了羽毛而发怒的雄雉。

我们偶尔会撞上一只从夜袭迟归的浣熊或水貂,间或也会吓飞一只尚未完成其捕鱼作业的苍鹭,或是惊扰一只为其幼鸟保驾护航的雌林鸳鸯,令其急速躲进梭鱼草形成的庇护所。有时候我们还会看见鹿,在饱餐紫苜蓿簇花、婆婆纳草和野莴苣之后,正优哉游哉地返回树林。但更多的时候,我们只能发现其慵懒的蹄足在洒满露珠、丝绸般光滑的草地上交织出的模糊足迹。

此刻我已能感觉到阳光。鸟儿的合唱也已经接近尾声。远处牛铃叮当，说明有牛群正缓缓去向牧场。一台拖拉机的轰鸣则提醒我，邻居已起床活动。这时候世界已收缩成县政府书记员们所熟知的那种世俗范围。我们转身回家，回家吃早饭。

（原载《中国翻译》2017 年第 1 期）

青青草地

[美]利奥波德

有些画闻名于世,是因为多历年所,被一代代人观赏,而在每一代人中,都可能遇到几双有鉴赏力的眼睛。

可我知道一幅很容易消失的画,除了一些爱四处游荡的鹿,它几乎全然不为世人所见。绘出这幅画的是一条河,而就是这同一条河,往往不等我领朋友去欣赏其画作,就会从人的视野中将画永远抹去。此后那幅画就只存在于我的想象之中。

像其他艺术家一样,我那条河也是喜怒无常;其绘画灵感何时降临,创作情绪能延续多久,从来都没有丝毫预兆。但是在仲夏季节,当大朵大朵的白云像舰队游弋于蓝天之际,当纯净无瑕的好天气日复一日之时,单是为了看那条河会不会还在作画,也值得去一趟河边那些沙洲。

绘画始于河边宽宽的一溜泥沙地带,泥沙带薄薄地涂抹在因水位下降而露出的沙地上。当泥沙带在阳光下慢慢干涸之时,黄雀会来其间的那些小水塘中洗澡,而苍鹭、喧鸻、乌龟、浣熊和鹿,则会用足迹为那条带子镶饰一道花边。至此,接下来是否会发生什么尚不得而知。

然而，一旦看见这泥沙带因冒出荸荠苗而变绿，我就会开始细心观察，因为这就是那条河有心情作画的信号。几乎在一夜之间，荸荠苗就会铺成一片厚厚的草甸，那么青翠，那般茂密，连附近高坡上的田鼠也经不住这诱惑，于是会倾巢而出，来享用这青青草地。不难看出，田鼠爱整夜整夜地在天鹅绒般的草甸里穿梭，让芊芊草茎揉擦其两肋。匀称而迂曲的鼠径可证明它们在夜间迸发的激情。鹿也会来这草甸上四处溜达，显然是为了感受足踏青草的那份惬意。就连很少出穴的鼹鼠也挖掘隧道，穿过干燥的沙洲，来到那片带状荸荠草地，在那儿尽情地拱翻草皮，隆起土丘。

到这个时候，多得不计其数、小得无法辨认的植物幼苗，会从青草甸下温润的泥沙中勃然冒出。

要看到此画完成，至少得让那条河三个星期不被人打扰。然后在某个晴朗的黎明，在太阳刚刚融化掉晨雾之后，再去看那片沙洲。这时那位艺术家已铺开各色颜料，并将其拌合着露珠泼洒到草间。现在那一溜比先前更绿的荸荠草甸会缀满五颜六色：猴面花之紫蓝、青兰花之粉红、茨菰花之乳白，其间还随处可见一株株红花半边莲将其红艳艳的矛尖刺向天空[1]。在沙洲尽头，紧挨着一排柳树，有堇紫色的紫苑草和淡粉色的泽兰亭亭玉立。即便你始终都保持肃穆而谦恭，就像你去任何其美只会昙花一现的地方那样，你仍有可能会惊

---

[1] 红花半边莲，一种原产于美国和加拿大的桔梗科半边莲属多年生草本植物，植株高60—120厘米，花梗高高伸出在叶簇之上，梗端的红色穗状花序远看就像朝天竖立的矛尖。

动一头狐红色的鹿,一头在没膝深的花草丛中欣然陶然的鹿。

别指望回去再看一眼那青青草地,因为那片草地将不复存在。要么是河水消退使其干枯,要么是水位上涨冲刷沙洲,使之又变回原来那片空空如也的沙地。不过,你或许会将那幅画挂在心中,并期望在另外某一个夏天,那条河又突然生出作画的心情。

(原载《中国翻译》2019 年第 6 期)

像山那样思考

[美] 利奥波德

一声低沉而骄傲的嗥叫,从一道山崖荡向另一道山崖,回声滚下大山,消失在远方冥冥夜色之中。那是一种感情的迸发,一种野性的不屈与哀伤,是对普天下所有厄运的蔑视。

所有生灵(或许还有许多亡灵)都会留心这声嗥叫。对鹿而言,它在警示所有血肉之躯的归路;对松树而言,它在预示午夜的搏斗和雪地上的鲜血;对郊狼而言,它在许诺随之而来的残肉剩骨;对牧场主而言,它在预测银行账户的欠款;而对猎人来说,这声嗥叫就是獠牙对子弹的挑战。然而,在这些明显而直接的希望和恐惧后面,隐藏着一层更深的含意,一层只有大山才能领悟的含意。只有大山才活得足够长久,才能客观地倾听狼的嗥叫。

不过,参不透这层含意者也都知道那含意的存在,因为凡是在有狼出没的地方,它都会被人感知,也正是它把有狼区域和其他区域区分开来。它会令夜闻狼嗥者毛骨悚然,它会让日观狼迹者不寒而栗。即便未闻狼嗥也未见狼迹,它也会在诸多细微的异象中得以暗示:半夜时驮马的嘶鸣声、石块滚动的咕隆声、鹿奔逃时的咯噔声,甚至匍匐在云杉树下的幽幽路影。只有不堪造就的愣头青才感觉不到狼的存在,才感觉不到大山对狼心怀已见这个事实。

我对大山已见之信服可追溯到我看见一头狼死去的那天。当时我们在一道高高的悬崖上吃午饭,悬崖下面有条河哗哗流淌。我们看见一只四足动物正涉水过河,其胸前翻涌起白色的浪花。开始我们以为它是头鹿,但等它上岸甩着尾巴朝我们这边走来时,我们才意识到自己看花了眼,原来那是头狼。从河边柳树林中突然跳出六只看上去刚长大的狼崽,狼崽摇着尾巴迎向老狼,围在它身边嬉戏打闹。千真万确,在我们所待的悬崖下河岸边一块开阔的平地上活蹦乱跳的,是一群狼。

在那些日子,我们绝没听说过有谁会放弃杀死一头狼的机会。我们立刻开枪向狼群射击,但因为太激动,子弹都没有准头。如何从陡峭的山上朝下方瞄准,从来都是令枪手困惑的问题。等我们都打光枪里的子弹,那头老狼倒下了,一只狼崽拖着条伤腿钻进了一条无路可通的岩缝。

我们迅速赶到老狼跟前,正好看到它眼中那种令人生畏的绿光渐渐熄灭。我当时就意识到,而且从此明白,那双眼睛里有某种对我来说是全新的东西——某种只有狼和大山才领悟的含意。那时我还年轻,不扣扳机就手痒,认为狼少了鹿就会多,没有狼的山林意味着猎人的天堂。但在看见那团绿光熄灭之后,我意识到狼和大山都不会同意这种看法。

从那之后,我一生都在见证各州相继猎杀其境内的狼群。我见过许多大山在没有狼群以后的面貌。我见过山的南坡被迷宫般的新鹿径划得皱巴巴的景象。我见过许多灌丛和幼树因被吃光了树叶而萎蔫并枯死。我见过许多树在鞍桥高度以下的枝叶都被啃光。在这样的山里，你会觉得仿佛是有人给了上帝一把大剪刀，让他除了修剪枝叶就什么活儿也不干。到头来，人们期待中的鹿群因数量太多而纷纷饿死，其白骨与枯萎的鼠尾草混在一堆，其尸骸在树端才有枝叶的杜松下腐朽。

现在我认为，就像鹿群生活在对狼的恐惧中一样，大山也生活在对鹿群的恐惧之中。而大山说不定更有恐惧的理由，因为被狼吃掉的一头鹿两三年后就会被另一头鹿替代，而被鹿群毁掉的一座山恐怕数十年内也难以恢复元气。

对牛群来说也是一样。牧场主清除其牧场上的狼，却没想到自己就要接替狼的工作——把牛群减少到牧场能够承受的数量。人们还没学会像山那样思考。于是我们有了沙尘暴，有了把未来冲进大海的河流。

　　众生都会追求安全、富足、舒适、长寿和平缓的生活。鹿用其敏捷的四条腿追求，牧场主用陷阱和毒药追求，政治家用笔杆子追求，我们多数人则用机器、选票和美元追求，但所有追求都殊途同归：追求的都是我们一生的安宁。这种追求有适度成功就堪称足矣，而适度也许是客观思考之必需，但从长远来看，过分平安似乎只会产生危险。这或许就是梭罗那句格言的寓意：世界之救赎在荒野之中。这或许就是那声狼嗥所隐含的意义，这意义早就为大山所知，但人类对其却少有感悟。

（原载《沙乡年鉴》，人民文学出版社，2021）

碧水泱泱的潟湖

[美] 利奥波德

绝不重游同一片荒野,此乃智慧之组成部分,因为百合花越是金光灿灿,那就越有可能是人为镀金。重游故地不仅会糟蹋一次旅游,而且还会使一段记忆褪色。只有将其埋在脑海深处,充满阳光的冒险经历才会永远辉煌。因为这个缘故,我自1922年与弟弟一道划着小船在科罗拉多河三角洲[1]探险之后,就再也没去过那个地方。

那时候我们所知道的是,自从埃尔南多·德阿拉尔孔[2]于1540年在那里登陆以来,科罗拉多河三角洲早已被世人遗忘。我们当时把帐篷扎在据说他的船队曾停靠过的河口,此前我们已有几个星期没看见过人和牛,甚至连一道篱笆或斧痕也没看见。我们曾跨过一条马车古道,其建造者不详,其使命恐怕也凶多吉少。有次我们发现了一个锡杯,扑向它的时候就像是发现了宝贝。

---

1 科罗拉多河三角洲位于墨西哥索诺拉州西北角科罗拉多河注入加利福尼亚湾的入海口。
2 埃尔南多·德阿拉尔孔(Hernando de Alarcón),16世纪西班牙探险家,1540年至1541年曾率探险队在美洲寻找传说中的黄金城,曾探查加利福尼亚湾,发现科罗拉多河入海口,证明加利福尼亚不是一座岛。

三角洲的黎明是被栖息在帐篷上方牧豆树枝丛间的凤头翎鹑唤来的。其时太阳正从马德雷山脉冉冉升起，将晨晖洒向这片方圆一百英里的美丽荒野，洒向这片被起伏嵯峨的峰峦环绕的辽阔盆地。从地图上看，三角洲被科罗拉多河切成两半，可实际上你看不见那条大河，而河又无处不在，因为从上百个碧水泱泱的潟湖中，那条河没法判定哪个能为它提供既最舒适又最舒缓的水道通向海湾。于是它把每个潟湖都逛上一遭，我们也效仿其法逐一游览。河流分分合合，逶迤而行，忽而蜿蜒于令人生畏的大丛林，忽而嬉戏于令人爱恋的小树丛，三弯九转，恍若迷途，但却不以为然并乐在其中，而我们当时也像那条河一样。所以我最后想说，如果要迁延时光，那就跟随一条不想在大海中失去自由的河一道旅行吧。

"他引我来到静静的水边"[1]，在划着小船荡过那些碧水泱泱的潟湖之前，这行诗仅仅是书中的一串字符。可要是大卫王不曾写过那首赞美诗，我们当时就会情不自禁地写出自己的诗行。那静静的湖水呈深翡翠色，我想是因为有藻类植物所致，不过依然绿意不减。一道牧豆树和翠柳构成的绿墙把水道与远处荆棘丛生的荒漠隔开。在每个弯曲处我们都能看到白鹭静立在前方，像一尊尊白色雕塑衬着其水中的倒影。成群的鸬鹚像黑压压的舰队追逐着掠过水面的鲻鱼。反嘴鹬、白翅鹬和黄脚鹬单腿独立于沙洲打着瞌睡。绿头鸭、赤颈凫和短颈鸭被划桨声惊得展翅腾空。鸟儿飞到远处，在我们前方聚成一小群，或就逗留在那儿，或突然转向飞到我们身后。一群白鹭

---

[1] 语出《旧约·诗篇》第23篇第2节"他让我躺在青青的草地，/他引我来到静静的水边"。

栖落到远处一棵绿柳，看上去宛若一场下得太早的雪。

如此多的飞鸟游鱼可不仅仅是为了款待我们。我们不时会遇上一只山猫，平卧在半沉半浮的漂流木上，伸着利爪随时准备抓捕鲻鱼。成群的浣熊涉足于浅水域，津津有味地咀嚼水生甲虫。郊狼则在内陆小山上观察我们，等着继续吃它们以牧豆树豆荚为主食的早餐，我想副食也许还配有偶然受伤的岸禽，翎鹑或野鸭。每一片浅滩上都有长耳鹿的足迹，我们常常探查这些蹄印，希望能发现三角洲之王美洲豹的踪迹。

我们连美洲豹的影子也没见着，但这三角洲之王的阴影却笼罩着整片荒野，荒野众生都不敢忽略其潜在威胁，因为忽略的代价就是死亡。鹿总要先四下嗅嗅，确信空气中没有美洲豹的气息后才敢绕过一丛灌木，或是在牧豆树下停下来吃豆荚。宿营者总是在聊过美洲豹之后才会熄灭篝火。连猎犬都不敢蜷缩着过夜，除非是蜷缩在主人脚边，因为狗无需提醒就知道，统治黑夜的还是那猫科动物之王，其巨掌能击倒一头公牛，其利齿则像铡刀，能咬断猎物的头骨。

如今的三角洲，对牛群来说也许已经是安全地带，但对爱冒险的猎人来说却永远成了个乏味的去处。免于恐惧的自由已经降临，但碧水泱泱的潟湖已失去了一道光环。

要是吉卜林闻到过阿姆利则[1]人做饭的柴烟味，那他很可能会对其详加描述，因为没有别的诗人吟唱过或闻到过绿色大地上长出的

---

[1] 阿姆利则是印度北部城市。英国作家及诗人、诺贝尔文学奖获得者吉卜林（Joseph Rudyard Kipling, 1865—1936）出生在印度，童年和成年后的一段时间曾生活在印度。

柴火。大多数诗人肯定都是烧无烟煤。

在三角洲人们只用牧豆树作柴火,这可是柴烟最香的柴火。百年寒霜侵染,百载洪水浸泡,再加上数千个日头的烘焙,使这些古树粗糙的枝干易碎而不朽。这种燃料在每个营地都伸手可取,随时准备着让青烟飘过蒙蒙暮色,唱一曲茶壶之歌,烤几片荞麦面包,把一罐翎鹑肉炖得酥黄,还顺带让人腿和马腿都感到温暖。当你往荷兰锅下添完牧豆树木炭后,千万要当心别坐在锅边,以免你被烫得一声尖叫,惊吓了在你头顶栖息的翎鹑。牧豆树有七条命,经得烧。

在中西部玉米带,我们用白栎木烧过饭;在北方林区,我们用松木熬过汤;在亚利桑那州,我们用杜松枝烤过鹿排;但直到在三角洲用牧豆树柴烤过一只嫩雪雁之后,我们才见识了最理想的木柴。

那些雪雁理当被烤成最诱人的酥黄色,因为它们折磨了我们整整一周。此前每天清晨我们都看见它们列着方阵嘎嘎嘎地从海湾飞向内陆,不久之后又列队而归,全都肚子滚圆,一路上安安静静。哪个碧湖里有什么稀罕美味令它们如此孜孜以求呢?我们跟随雪雁的去向一次次迁移营地,希望看见它们的落脚点,找到它们的宴会大厅。一天早上八点左右,我们看见那个盘旋的方阵突然分散成许多小队,开始滑翔,像枫叶似的一队接一队飘向地面。我们终于发现了雪雁会餐的地点。

第二天早上同一时间,我们躲在一片看上去很普通的洼地附近等待,洼地里那些沙滩上满是前一天雪雁活动的痕迹。当时我们已饥肠辘辘,因为从营地到那儿路可不近。我弟弟正要吃一只凉透的烤翎鹑,可鹑肉还没送进嘴里,空中传来的嘎嘎声便让我们都停止了动作。那只烤翎鹑悬在嘴边,雁群在空中悠然盘旋,嘎嘎嚷鸣,犹豫着不肯下来。但最后它们开始降落。烤翎鹑落地,枪声响起,我们将能品尝到的所有雪雁随之都躺在沙滩上蹬腿。

更多雪雁飞来,纷纷落地。狗兴奋得直哆嗦。我们一边从容地吃着烤翎鹑,一边从隐蔽处朝外观望,倾听洼地里的嘎嘎咯咯声。那些雪雁正在啄食砂砾。一群吃饱飞走后,另一群又飞来,狼吞虎咽地啄食它们觉得可口的小石子。在三角洲碧水泱泱的潟湖区有数不清的砂砾,而这片特殊沙滩上的小石子最对它们的胃口。对雪雁来说,这种差异值得它们飞四十英里。对我们来说,也值得这番远涉。

三角洲的各种小动物都多得无须去狩猎。在任何一个宿营地周围随便放上几枪,就可以打下足够我们吃上一天的翎鹑。但要让在牧豆树枝头栖息的翎鹑变成在牧豆树木炭上炙烤的美味,其间得有一个必不可少的过程,那就是用绳子将其挂在帐篷外冻上一夜。

所有的猎物都异常肥美。每头鹿都贮备了大量脂肪,如果鹿允许我们试试的话,说不定我们能往鹿背上的凹处倒进一桶水。不过它并没允许。

猎物肥硕的原因不难查寻。每一棵牧豆树都被豆荚压弯了枝头。干涸的海滨泥滩地长满了一年生荒草,铺在地上的谷粒般的草籽可以满杯满杯地舀起。滩地上还有大丛大丛像是咖啡树的豆科植物,如果你从这些树丛间穿过,你口袋里都会装满了带壳的豆荚。

我还记得一大片西班牙语叫"卡拉巴斯拉"的野瓜,铺满了好几英亩泥滩地。鹿和浣熊把结冻的瓜踢裂,露出瓜瓤瓜籽。野鸽和翎鹑都飞来享受这场盛宴,就像一群果蝇围着熟透的香蕉。

我们未能品尝（或者说没有品尝）翎鹑和鹿享用的美食，但我们在这片流淌着牛奶和蜂蜜的荒野上[1]分享了它们显而易见的快乐。它们的其乐融融感染了我们，我们全都陶醉于一种共同富裕、彼此安宁的欢乐之中。我不记得自己在任何已开发地区对大地产生过类似的感情。

在三角洲宿营也并非全是吃喝玩乐。喝水就是个问题。潟湖里的水含盐，我们能找到的河水又浑浊得不能饮用。每安扎一个新营地我们都得挖一口新井。但多数井里渗出的水也是来自海湾的咸水，于是我们艰难地学习在什么地方才能挖出淡水。当我们不知一口新井里的水是咸是淡时，我们便拎着狗的后腿放它下去先尝尝。如果狗喝水喝得欢，那就说明我们可以把小船拖上岸，生起篝火，支起帐篷。然后我们就可以坐下来，听着翎鹑在荷兰锅里的嗞啦声，看着夕阳在煌煌余辉中缓缓坠下圣彼德罗玛蒂尔山[2]，与周围整个世界一道沉浸在宁静之中。吃过晚餐，洗完餐具，我们可一边回想白天的经历，一边倾听夜晚的各种声音。

我们从不为第二天制定计划，因为我们已发现，人在荒野，不等你吃完早饭，就肯定会有极为诱人的新鲜事让你分心。所以我们就像那条河，悠哉游哉，随意游荡。

在三角洲按计划旅行绝非易事，每次爬上三角叶杨眺望远方，我们都会意识到这点。视野开阔得让你都没信心把眼前的一切细细

---

1 语出《圣经·旧约》，喻丰饶的土地。
2 圣彼德罗玛蒂尔山是墨西哥下加利福尼亚半岛上的一道山脉（最高峰海拔3096米），位于加利福尼亚湾西边，从科罗拉多河三角洲西望可见其北段山峦。

观看，尤其是朝西北方，一条白带像永不消逝的烟雾悬浮在峰峦起伏的山脚下。那就是大盐漠，1829年，亚历山大·帕蒂就在那片荒漠上死于干渴、疲惫和蚊虫叮咬。帕蒂就曾有一个计划：穿过三角洲去加利福尼亚。

有一次，我们计划水陆并行，从一个潟湖迁往另一个更绿的潟湖。我们之所以知道那个湖，是因为有水鸟在其上空盘旋。两湖之间的距离接近三百米，但得穿过一片长有矛状灌木的高高的丛林，而那片丛林浓密得令人难以置信。此前的洪水把那些像长矛一样的枝干冲斜，一片倾斜的矛杆就像马其顿步兵方阵挡住了我们的去路。我们一边小心后退一边安慰自己，不管怎么说，还是我们原来那个潟湖更美。

被迷宫般的矛状灌木林困住是一种我们不曾听说过的真正危险，而我们曾被警告要当心的危险却并未出现。当我们在美国一侧的边界放船下水时，就听说过会死于非命的可怕预言。有人告诉我们，比我们的小舟结实得多的船也曾被怒潮吞没，而所谓怒潮，即从海湾涌进河道的潮水形成的水墙。我们谈论过怒潮，精心设计了绕开怒潮的方案，甚至在梦中见到了怒潮，还梦见海豚骑在浪尖上，空中有尖叫的海鸥为其护航。我们到达河口后，把船拖上岸吊在树上等了两天，但并没等到怒潮。它并没如期而至。

那时三角洲地区还没有地名，我们只好自己为所到之处命名。有个潟湖被我们命名为"里伊托"[1]，我们就是在那儿看见了天上的珍

---

[1] 美国亚利桑那州南部有个风景优美的小镇叫里伊托。

珠。当时我们躺在地上享受十一月的阳光,懒洋洋地看一只鹰在头顶飞翔。这时从离鹰较远的天空突然出现了一个由许多小白点组成的正在旋转的圆圈。圆圈时隐时现,渐渐飞近。一声号角般的啼鸣隐约传来,我们立刻就知道了那是一群鹤,正在巡视它们的三角洲,并发现一切皆好。那时候我的鸟类学知识还是业余水平,只满足于将它们归为美洲鹤,因为其羽毛是那样白。但它们无疑是沙丘鹤。不过这并不重要。重要的是我们是在与那群最原始的飞禽共享那片原始的荒野。在遥远时空的荒僻之处,我们和它们曾找到一个共同的家园,我们一同回到了更新世时期。要是可能,我们也会用号角般的鹤唳声来回应它们的问候。如今已过去了那么多年,可我还能看见它们在空中盘旋。

这一切都已成为过去,非常遥远的过去。我听说那些碧水泱泱的潟湖现在已用来种甜瓜。若真是那样,那些甜瓜应该不乏风味。

人类总是爱毁掉其所爱之物,因此我们这些拓荒者已毁掉了我们的荒野。有人说我们是迫不得已。但即便真是这样,我也庆幸在没有荒野让年轻人涉足的时候我已不再年轻。如果地图上再没有未开垦的空白地带可标,那我们拥有四十种自由[1]又有何益?

(原载《沙乡年鉴》,人民文学出版社,2021)

---

[1] 暗讽富兰克林·罗斯福总统于1941年提出的四种自由(言论自由、信仰自由、免于贫困的自由和免于恐惧的自由)。

居在龟湾

[美] E. B. 怀特

蚊虫随夜暖而至,我们的卧室成了它们的星空剧场。我整夜忽起忽卧,挥毛巾驱赶蚊虫,为让毛巾有威力,我还将一端浸湿。由于彻夜未眠,今晨我感到头晕,像是喝醉了酒,而这种状态颇利于写作,因命笔立言的责任感此时全被抛在了脑后。昨晚妻子拿来一大块纱网,我俩跪下来给壁炉口蒙上了面纱,使壁炉看上去像个新娘。(我们对蚊虫的来路有多种推测,包括猜它们是顺壁炉烟囱而下。)我曾从第三大道那家五金店买回几个活动纱窗,将其安装在各个窗口,但这幢楼的窗框很旧,而且不规则,结果窗框和纱窗之间便有缝隙,只要没患象皮肿[1],任何蚊子都能轻易地钻进房间。(另外把下扇窗提起以亮出纱窗透风时,上下窗扇交错处甚至会有更大的缝隙,这缝隙屋里人很难想到,但蚊虫肯定都不会忽视。)我还买了台老掉牙的窗式空调,只花了二十五美金,非常便宜,而且我很喜欢。它只能削掉出风口边的热气,对室内温度几乎不起调节作用,但它发出的巨大噪声使人想起乘地铁的情景,因此我可以关掉灯,闭上眼,

---

[1] 象皮肿又称象皮病,患此病者之腿、臀等部位会因水肿而肥大。

持巾待挥，被叮上第一口时便想象自己正在挤地铁，被生气的女孩用饰针刺扎。

对龟湾蚊虫的来路，我还有一种想法：它们是从空调进风口吹入卧室的，就像鹰借暖流扶摇而上，蚊虫乘冷风飘然而入。这想法虽然离谱，但一个人要消磨无法入眠的时辰，总得有那么点想法。我曾想买一种老式的喷雾杀虫剂，为此去商店，问伙计要飞牌喷雾枪和喷雾油，他用怪怪的目光打量我，仿佛想知道我这些年都待在哪里。"我们有比飞牌厉害得多的玩意儿。"说着他拿出罐药剂，该药剂含有氯丹和另外几种不宜明说的化学成分。我告诉他说，我对氯丹过敏，不能用那玩意儿。"会直接伤肝的。"我一边说一边狠狠瞪了他一眼。

早晨是这房间里最惬意的时分。终于精疲力竭，餍足的蚊子歇在墙头和天花板上安睡，以消困解乏。屋里是乱糟糟一堆床单枕毯和随手丢下的衣袍，窗前有叶片蓬茸的蔓藤过滤明晃晃的日光。像蚊子一样，空调也终于安静下来。到日头当空的正午，从第三大道会传来狂躁诱发者——美洲蝉的噪鸣。花园里会有麻雀唧唧啾啾——那是它们随性的二度求偶[1]，一种压抑的激情，与酷暑谐和；夏日之恋，悠然而怅然。失去这套公寓，我会怀念它的；今年秋天我们就要搬走，搬回牧场[2]去定居。我每每试图简化生活，烧掉用不着的书，卖掉不常坐的椅子，丢掉积累的杂物。不过我已经注意到，从长远来看，我这些净化措施——这些我妻子出于谨慎和宽容而听之任之的净化

1　北美高纬度地区的麻雀从3、4月份开始繁殖，每年至少可繁殖两窝。
2　指怀特夫妇在1933年在缅因州汉考克县南部买下的一个濒海牧场。怀特很多时候都生活于此，他的《夏洛的网》和《吹小号的天鹅》就是根据其牧场生活经历写成的。

措施——通常都使得生活更加复杂,想必这次也会重蹈覆辙,因为我不信自己会安于这种状态,作为一匹老马,想来我将迈出的第一步就是着手改善那座牧场。我甚至还会参加一个牧场改良协会。在上次试图用火净化自己的过程中,我设法弄了个动物园[1],而且维持至今,我还在大桶大桶地为动物拎水,有时我觉得干这活儿已力不从心。

(原载《英语世界》2012 年第 10 期)

---

[1] "动物园"指怀特牧场的禽畜养殖场。

一座向陌生人敞开的花园

[美]艾伦·莱西

我并不知晓她当时的境遇,也从未听说过她的姓名,但我觉得我曾了解她,因了她精心照料过数十年的那座花园。

她住过的房子离我家有两英里地。那是幢两层小楼,造型简约,结构方正,屋顶陡斜,轮廓线都未经装饰,是19世纪中期新泽西海岸附近典型的住宅式样。

那座花园也同样简约。她种花从不墨守成规,不会凡事都照搬书本,按书上的建议去换种时令花卉,以期园中常有花开,从早春第一朵番红花到晚秋最后一枝黄菊。她对某条园艺规则也漠然置之,任其去说高植株花卉应种在带状花坛的后排,矮植株的种在前排,不高不矮的则种在中间,除非偶尔想营造出引人注目的特色。

在她的花园里,所有的花都有特色,所有的花植株都高;而且不难看出,她喜欢三个类属的花,并且只喜欢那三类:玫瑰、百合、铁线莲。三类花混栽间种,令人悦目赏心,但却不显刻意规划的痕迹。

她栽培了十余种铁线莲,总共大概有五十株。她修剪其枝条,绑缚其茎蔓,使其植株沿金属杆攀缘;在整个夏季,金属杆顶部会陆陆续续戴上硕大的花冠，绀青、殷红、堇紫、浅蓝、莹白，五彩缤纷，花团锦簇。

她对玫瑰有一种恋旧的偏好。花坛中看不见一株时兴的杂交香水玫瑰或丰花玫瑰。与之相反，她钟爱旧时流行的品种——红白玫瑰、包心玫瑰、大马士革玫瑰，以及数种东亚皱瓣玫瑰。她自己繁殖新株，把削下的扦条直接插入土中，罩上倒扣的加仑罐加以保护。

我想百合花是她的最爱。除了一些圣母百合，旁人很难叫出其他品种的名字，因为花坛中到处都随意摆放着木制育苗箱，箱里都密密匝匝地种着墨绿色的百合幼苗。幼苗下偶有纸标签飘动，标签上写有栽种日期和杂交记录，这说明她是个业余的杂交品种培育者，尤其爱培育像香瓜那种暖黄色调或像柠檬那种淡黄色调的百合。

她认为其花园应该与人共享。她家围栏边曾立有一块标牌："房主花园，欢迎观赏。请尽饱眼福，但切莫采摘。"

直到五年前，那花园还一直被照料得无可挑剔：草坪按时施肥，定期修剪，花坛里没有一根杂草，高植株的百合都被小心地系在支撑桩上。可后来发生了变故。我不知当时究竟出了何事，只见修剪草坪的次数日渐稀疏，后来竟完全无人修剪。芄芄丰草侵入花坛，挤入百合、玫瑰和铁线莲之间。前院那棵榆树萎蔫并枯死，被海风刮落的枯枝也不再有人清除。

年复一年，花园愈发荒废。野生忍冬和南蛇藤在园中滋蔓。漆树、臭椿、毒葛和其他杂树野藤也不请自入，威胁着少许尚在挣扎求生的百合、玫瑰和铁线莲。

到了去年，那幢房子也人去楼空。前门被紧锁，窗户被胶合板封闭。其后几个月，房前一直竖着块"此房待售"的告示牌，就在原来竖立邀客赏花标牌的那个位置。

我几乎每天都要驱车经过那幢房子，而且一直都很想在后备箱里带把锹，把车停在花园边，去拯救几株正被蓬蓬荒草窒息的百合。可禁闯私宅的法律条款，加之那房子街对面就是警察局这一事实，使我心生畏怯，从而抑制了这种诱惑。然而，她那座花园总让我想到物盛必衰，想到种花人及其营造的花园都像秋花春草，乃时间之造物，由时运摆弄，易衰朽飘零。

上个星期，那块出售房子的告示牌被撤掉了，封闭窗户的胶合板被揭开了。几名油漆工来刷那幢房子，那颗枯死的榆树也被砍倒。今天上午，一辆搬家卡车停在屋前车道上，有人从车上卸下一副秋千、一个烧烤架、一台三角钢琴，还有一整套实用的家具。一对年轻夫妻正带着孩子搬进那幢房子。

我希望那家人中有个园丁，一个钟爱百合花、铁线莲和老品种玫瑰的种花人，其爱花之心能确保其他事都暂被撇在一边，先让那一溜花坛多少恢复其旧貌。

（原载《英语世界》2015 年第 10 期）

论读书

[英]培根

读书之用有三：一为怡神旷心，二为增趣添雅，三为长才益智。怡神旷心最见于蛰伏幽居，增趣添雅最见于高谈雄辩，而长才益智则最见于处事辨理。虽说有经验者能就一事一理进行处置或分辨，但若要通观全局并运筹帷幄，则还是博览群书者最能胜任。读书费时太多者皆因懒散，寻章摘句过甚者显矫揉造作，全凭书中教条断事者则乃学究书痴。天资之改善须靠读书，而学识之完美须靠实践；因天生资质犹如自然花木，需要用学识对其加以修剪，而书中所示则往往漫无边际，必须用经验和阅历界定其经纬。讲究实际者鄙薄读书，头脑简单者仰慕读书，唯英明睿智者运用读书，因为书并不示人其用法，其用法乃一种在书之外并高于书本的智慧，只有靠观察方可得之。读书不可吹毛求疵，不可尽信书中之论，亦不可为己言掠辞夺句，而应该仔细推敲，用心思量。有些书可浅尝辄止，有些书可囫囵吞枣，但有少量书则须细细咀嚼，慢慢消化；换言之，有些书可只读其章节，有些书可大致浏览，有少量书则须通篇细读并认真领悟。有些书还可以请人代阅，只取代阅人所作摘录节要；但此法只适用于次要和无关紧要的书,因浓缩之书如蒸馏之水淡而无味。读书可使人充实,讨论可使人敏锐,笔记则可使人严谨;故不常做笔记者须有过目不忘之记忆,不常讨论者须有通权达变之天资,而不常读书者则须有狡诈诡谲之伎俩,方可显其无知为卓有见识。读史使人明智,读诗使人灵透,数学使人精细,物理学使人深沉,伦理学使人庄重,逻辑修辞则使人善辩,正如古人所云:学皆成性[1]。不仅如此,连心智上的各种障碍都可以读适当之书而令其开豁。身体之百病皆有相宜的调养运动,如滚球有益于膀胱和肾脏,射箭有益于肺部和胸腔,散步有益于肠胃,骑马有益于大脑等等。与此相似,若有人难聚神思,可令其研习数学,因在演算求证中稍一走神就得重来一遍;若有人不善辨异,可令其读经院哲学,因该派哲学家之条分缕析可令人不胜其烦;而若是有人不善由果溯因之归纳,或不善由因及果之演绎,则可令其阅读律师之案卷;如此心智上之各种毛病皆有特效妙方。

(原载《培根随笔》,四川人民出版社,1997)

---

[1] 语出奥维德《列女志》第15篇第83行。

论财富

[英]培根

笔者认为财富不过是德行的包袱。包袱一词用拉丁字眼impedimenta[1]更好,因为财富之于德行,不啻辎重之于军队。辎重不可缺少,亦不可滞后,但它每每有碍行军,有时为顾辎重甚至会贻误战机或妨碍胜利。巨额财富并无真正用处,除布施之外,其他用途均属幻想。因此所罗门有言:"财物越多,食者越众;除了饱饱眼福,财主得何益呢?"[2]任何人的个人享用都不可能达到非要巨额钱财的地步,有巨额钱财者只是保管着钱财,或拥有施舍捐赠的权利,或享有富豪的名声,但钱财于他们并无实在的用处。君不见有人为几粒石子或罕见之物开出天价?君不见有人为使巨额财富显得有用而着手某些铺张的工程?不过读者也许会说,钱财可以替人消灾化难,正如所罗门之言:"钱财在富人心里就像一座城堡。"[3]然此言正好道破天机,那城堡是在心里,而绝非在现实之中;因为不可否认,钱财替

---

1 拉丁文 impedimenta 有"障碍""包袱""辎重"等义。
2 语出《旧约·传道书》第5章第11节。
3 语出《旧约·箴言》第18章第11节。

人招灾致祸的时候远远多于替人消灾化难的时候。

别为炫耀而追求财富,只挣你取之有道、用之有度、施之有乐且遗之有慰的钱财。但也别像修道士那样不食人间烟火,对金钱全然不屑一顾。只是挣钱要分清有道无道,就像西塞罗当年替波斯图穆斯辩护时所说:"他追求财富增加显然不是为满足其贪婪之心,而是为了得到行善的资力。"[1] 还应听从所罗门的教诲,别急欲发财,"急欲发财者将失去其清白"[2]。在诗人的虚构中,财神普路图斯受天帝朱庇特派遣时总是磨磨蹭蹭,而受冥王普路同差遣时却跑得飞快。这段虚构的寓意是,靠诚实和汗水致富通常很慢,但靠他人的死亡发财(如继承遗产之类)则快如钱财从天而降。但若把普路同视为魔鬼,这种虚构也恰如其分;因为当财富来自魔鬼时(如靠欺诈、压迫和其他不公正的手段获取财富),的确来得很快。

致富的途径千条万条,可多半都是邪门歪道。其中吝啬最为清白,但也并非清白无瑕,因为它阻止世人乐善好施。利用土地致富是最合理的生财之道,因土地提供的财富乃大地之母的恩赐,只是走这条路致富较慢。但已有万贯家财者若肯屈尊经营土地,其家财定会成倍增加。笔者曾识一位英格兰贵族,他当时需审计的账目为全国之最,因为他拥有大片的麦田、林场、牧场和羊群,还拥有巨大的煤矿、铅矿、铁矿和诸如此类的产业,所以大地于他就像是一片财源滚滚且永不枯竭的海洋。有人说他挣小钱很难,赚大钱却很容易,

---

[1] 语出西塞罗《为波斯图穆斯辩之二》。波斯图穆斯是公元前1世纪罗马银行家及元老院元老。
[2] 语出《旧约·箴言》第28章第20节。

此话一点不假。因为一个人若像他那样拥有雄厚的资金,便可囤积居奇,恃强凌弱并与人合伙经营年轻人的行当[1],这样他非赚大钱不可。

一般行当和职业挣的是老实钱,其挣钱手段主要有二:一是勤劳奋勉,二是童叟无欺。但靠讲盘议价而盈利,其公道就令人生疑;凡乘人急需而漫天要价,凡贿赂雇员和代理人而招揽生意,或是耍手腕排挤其他可能更公平的商人等等,都是奸诈卑劣之举。至于做投机买卖,即购物并非为自己所用,而是为了再高价出售,这对原卖主和二手顾客都可谓敲诈。如果选择的搭档可靠,合伙经营通常有大利可图。放债取息乃最可靠的发财之路,但也是最有害的邪路,因放债取息者不仅让别人流汗自己吃面包[2],而且还在安息日盈利[3]。不过放债取息虽说可靠,但也并非没有风险,因公证人和中间人常常为了私利替没有偿还能力的人作信誉担保。若有幸率先获得某项发明或某项专利,有时候也可大发横财,如最先在加那利群岛建糖厂的那人。因此,一个人若能成为真正的逻辑学家,既善于发现又善于判断,那他就可以大捞一把,尤其是遇上走运得幸之时。靠固定收入生活者终归难成巨富,而倾其所有投机者又往往会倾家荡产;所以最好是有份固定收入作投机冒险的后盾,这样即使投机失败也有退路。在没有法律限制的地方,垄断商品并囤积待售乃发财之重要手段,在当事者能预见何种商品将供不应求,从而事先囤积时更是

---

[1] 指有利可图的娱乐业。
[2] 《旧约·创世记》第3章第19节载,上帝对即将被逐出伊甸园的亚当说:"你必须汗流满面才有面包吃。"
[3] "摩西十诫"第四诫即为当守安息日(停止一切劳作),参见《旧约·出埃及记》第20章第8—11节。

如此。出仕受禄固然最为风光，但若俸禄之获取是靠阿谀奉承、偷合苟容或其他奴颜婢膝的行径，那这种钱亦可列为最卑污之类。至于攫取遗嘱及遗嘱执行人身份（像塔西佗所说的塞内加那样用网捕捞遗嘱和遗孤监护权[1]），这比前者更为卑污；因前者讨好的毕竟是公侯君王，而后者得讨好一些卑鄙小人。

别太相信那些看上去蔑视财富的人，那些人之所以蔑视财富，乃因其对发财已不抱希望；他们一旦发财，仍然会惜财。别在小钱上精打细算，须知钱财长有翅膀，有时会自己飞走，有时你得放钱财飞走，以便带来更多财富。人们通常把财产留给儿女或捐给社会，但或留或捐都以数额适中为妙。若子嗣年少，尚缺乏见识，留给他一大份家业不啻是留下了一块诱饵，将招来各种猛禽对他进行围攻。同样，为虚名而馈赠的捐款和基金就像没加盐的祭品[2]，不过是善行之涂金抹彩的墓冢，里面很快就会开始腐烂[3]。因此勿用数量作你捐赠的标准，而要用标准来规定你捐赠的用途；并且不可把捐赠之事拖到弥留之时，因平心而论，死到临头才捐赠，那无疑是在慷他人之慨。

（原载《培根随笔》，四川人民出版社，1997）

---

1 参见塔西佗《编年史》第 13 卷第 42 章（商务印书馆 1997 年版第 438 页）。
2 《旧约·利未记》第 2 章第 13 节云："献给上帝的所有祭品都要加盐。"
3 《新约·马太福音》第 23 章第 27 节云："你们这班道学先生和法利赛人将大祸临头，因为你们就像一座座经粉饰的墓冢，外表富丽堂皇，里面却塞满了死人骨头和各种污秽。"

谈自我教育(节选)[1]

[英]约翰·卢伯克

教育,即我们所有天资的和谐发展。它始于幼稚园,续之于学校,但并不止于学校。不管我们愿意与否,教育都会贯穿我们的一生。唯一的问题只在于我们后半生所学是出于明智之选择,还是出于偶然之所获。历史学家吉本说:"每个人都会接受两种教育,一种受教于人,一种受教于己,而后一种教育更为重要。"较之受教于人所得的收获,自我教育之收获肯定永远都更有裨益。哲学家洛克就曾说:"仅凭老师的调教和约束,还不曾有人在学问上大有作为,或在某科学领域超凡出众。"

在学校未崭露头角者不必因此而气馁。最具才智者未必就该最早成熟。当然,如果你并未努力,虽然我不会说你应该自馁,但你自己应该感到惭愧;不过,若是你已经竭尽全力,那你只需要持之以恒;须知有众多在校时无法出类拔萃者,其后半生都大获成功。我们知悉,威灵顿公爵和拿破仑皇帝上学时都笨头笨脑,据说其他许

---

[1] 《自我教育》是卢伯克的随笔集《生命之用》(*The Use of Life*, 1895)第 7 章之章名,本篇节选自该章前半部分。

多杰出人物念书时也同样愚钝,如科学家牛顿、讽刺作家斯威夫特、军事家克莱武、小说家司各特、诗人彭斯,以及戏剧家谢里丹等等。由此可见,学业平庸者未必就会老大无成。

天资历来被形容成"一种吃苦耐劳的超强能力",此说差不多已接近真理。正如黎里[1]的那句妙言:"若无天资,再勤奋也徒然;但若无勤学,有天资也没用。"另一方面,许多聪颖伶俐的孩子却因健康不佳、勤奋不足或品格缺失而在后半生无所作为,就像歌德说的那种"虽花开甚繁却不结果实的树",只能到街头赶马车,去澳大利亚剪羊毛,或是以卖文维持生计;而一些比较迟钝但勤奋刻苦、品格高尚的孩子却稳步上升,身居高位,为自己增光,替祖国赢利。

关于教育的价值,偶尔会有人产生怀疑,正如教育家阿诺德博士在《基督徒的生活》一书中所言:"有人不可思议地把无知混同于无邪,于是许多无知者似乎都以此来宽慰自己。然而,即便你把一个成人的学识抹去,你也不可能让他重返婴儿状态,而只能让他回到野兽状态,而且是一种最有害、最邪恶的野兽。"因为就像阿诺德博士在另一本书里指出的那样,世人若对其生命之向导视而不见,便会沦为七情六欲的奴隶,从而只剩下两个生命阶段的恶——少年之愚昧和成年的堕落。

凡在校接受教育有良好开端者都不会任其停止。认为学习仅仅是为了微不足道的便利,认为我们该止于德国人所谓的"面包黄油"学习,这是极其浅薄的教育观念。用所罗门的话说,一种明智的教育,

---

[1] 约翰·黎里(John Lilly, 又拼作 Lyly, Lylly, Lyllie, 1554?—1606),英国散文家、诗人及剧作家。这句妙言出自其代表作《尤弗伊斯:才智剖析》(*Euphues, The Anatomy of Wit*, 1578)。

其目标应该是使人知晓古训教诲；理解至理名言；接受智慧、仁义、公平、公正的训喻；使心智愚钝者聪敏；使年少者有知识，能辨善恶是非。[1]

梭罗说："人们会远离正道去取一枚银币，但世间可取的还有金子般的言辞，古哲先贤留下的言辞，那些其价值已被历代智者替我们验证过的金玉良言。"[2] 有句令人伤感的法国谚语说："若少有老年之智，老有少时之力，那该多好！"而一种明智的教育必须有助于满足我们这两种需求：给年少者以学识，给年长者以力量。富兰克林说："经验是所学费高昂的学校，可愚钝者只有进这所学校才会有收获。"

请努力牢记，何谓书之精华，何谓人之精英，何谓思想之精髓，何谓学校之根本。我们无须为学不如人而感到羞愧，但我们应该为能学却未学而感到羞耻。

教育不仅仅是学习语言，也不仅仅是格物致知。教育异于授艺，并高于授艺。授艺只为将来之用而积累知识，教育却为将来撒播可结实的种子，其收获可达三十倍、六十倍，甚至一百倍。[3] "智慧乃一切之根本，所以为了领悟并获取智慧，你应不惜舍弃你全部所得。"[4]

（原载《中国翻译》2014 年第 3 期）

1　参见《旧约·箴言》第 1 章第 2—4 节。
2　语出《瓦尔登湖》"读书篇"（Reading）。
3　此处暗引《新约·马太福音》第 13 章第 18—23 节："凡闻天道而不明其理者，魔鬼就会来将撒播于他心中的种子夺去……闻天道而明其理者，心中的种子将会结实，其收获有 30 倍者、60 倍者，甚至 100 倍者。"
4　语出《旧约·箴言》第 4 章第 7 节。

论美国学者（节选）[1]

[美] 爱默生

……凡事皆无绝对之完美。正如气泵无论如何也抽不出绝对真空一样，任何大师都不可能从其书中完全排除习俗、地域和应时应景的影响，或者说都不可能写出纯思想之书——那种在方方面面都能像对其同代人或下代人一样对遥远的后代也有直接作用的书。人们发现，每个时代必须写每个时代的书，更确切地说，每代人都必须为下一代人而写。远古时代的书籍对当今时代也许并不合用。

不过一种苛弊也由此而生。依附于创作行为（即思想行为）的神圣感往往被转换成文字纪录。吟唱诗人曾被视为圣人，此后其吟唱之歌亦被视为圣歌。作者曾富有正义而智慧之精神，此后其书则被确认为完美之书，恰如对英雄的热爱蜕变成对其雕像的崇拜。结果书籍随即变成有害之物，思想导师随之沦为暴君。民众迟钝而扭曲的头脑，那些不易为智慧之光开启的头脑，一旦这样被开启，一旦接受这种书籍，便会对其产生依赖，而一旦这种书籍遭人菲薄，

---

[1] 《论美国学者》是爱默生于1837年在哈佛大学的一次演讲，演讲主体内容分为三个部分，本篇节选自第二部分。

民众就会大声抗议。我们的大学就建立在这样的基础上。在此基础上，书也不是由思想者写成，而仅仅是由思考者写成，由那些能干的思考者，即那些从错误的基础出发，以公认的教条为据，而不着眼于自己对原理法则之领悟的人。谦恭的后生在图书馆里成长，以为他们的义务就是去接受西塞罗、洛克和培根表达的观点，而忘了西塞罗、洛克和培根当年写这些书时，也只是图书馆里的后生。

于是我们培养的不是思想者，而是书呆子。于是便有了那种视书如命的唯书阶层，这个阶层不愿涉及自然和人性，而想要形成某种与人世和心灵相对的第三等级。于是便有了拥有各级学位的补遗者、校勘家和藏书狂。

被善用之书乃精华之物，被滥用之书则秕糠不如。那么何谓善用呢？什么是那个千方百计要达到的唯一目标呢？书的作用无非是给人以启迪。与其让书的引力使我偏离自己的轨道，从而成为一颗卫星而不是一个星系，那我宁愿从不读书。世间唯一可贵之物乃活跃之心灵。这心灵人人都可拥有，因为它就在每个人胸中，不过对多数人来说，它受到阻梗，尚未开启。活跃之心灵能看见绝对真理，并能阐述或创建原理法则。在这种活动中，心灵即天资；天资并非某些幸运儿的特权，而是人皆有之的合法资产。究其本质，心灵具有革新性。而我们的书本、大学、艺术社团和各种机构却往往因过去某位天才的一句话而裹足不前。他们会说——此言极是，我们且遵而循之。他们就这样把我束缚。这些人总是顾后，而不是瞻前。可天才总是瞩目前方，因为人的眼睛不是长在脑后，而是长在额前。所以人会希冀，天才会创造。若一个人不创造，那无论其天资有多高，也不可能沐浴纯洁的圣光。他心中也许有冒烟的炭屑，但毕竟尚未形成火焰。世间不乏具有创造性的方法、行为和言辞。所谓具有创造性，即这些方法、行为和言辞表明它们并非以习俗惯例或权威经典为据，而是从心灵之良知自发而出。

另一方面，心灵若不成为自己的先知，而且从另一心灵接受真理时又不静思自省，融会贯通，那么即便那真理之光光芒四射，其结果也是有害无益。大凡天才之名过盛，则足以成天才之大敌。各国文学均能证明我此说不谬。二百年来，英国的戏剧诗人在思想和文笔上一直都在效仿莎士比亚。

世上无疑有一种正确的读书方法，即让书严格地服从读者。思想者切不可盲从于所读之书。书籍本为学者闲时所用。能直接领悟上帝之书，就不该耗费宝贵的时间去读他人的读书笔记。但人孰能无惑，当偶尔困惑袭来时——当太阳被遮蔽，群星也敛其光芒时——我们便可到那些由阳光星光点亮的书灯之下，凭借其指引再次走向黎明所在的东方。闻道之目的乃闻道者自己能传道。有则阿拉伯谚语说："一株无花果树注视另一株无花果树，结果自己便硕果累累。"

我们从好书中获得的那种喜悦可谓非凡。好书会使我们铭记这种信念：作者读者天性相通。读英国大诗人乔叟、马维尔或德莱顿的诗篇时，我们会感到一种颇具现代气息的喜悦——我是说一种在很大程度上因他们的诗篇把"时间"抽象化而产生的喜悦。我们的惊喜交加中会羼杂几分敬畏，因那位生活在过去世界的诗人，那位生活在二百年前或三百年前的诗人，竟然说出如此贴近我心灵的话，说出我几乎也能想到并说出的话。但若要为这种心灵相通提供哲学上的证据，我们就应该假设存在着某种"前定和谐"[1]，存在着某种对未来心灵的预见，存在着某种供这些心灵将来之需的储备。这就像我们观察昆虫时注意到的那个细节：成虫在死之前会为它们永远也见不到的幼虫贮存好食物。

我不能因对秩序的热爱和对直觉的夸饰就遽然低估书的作用。众所周知，人体可从任何食物中摄取营养，哪怕是从煮熟的野草或皮鞋炖的汤，而人的心灵也同样可以从任何知识中汲取营养。世上一直都有除书本知识外几乎一无所知的伟才英杰。不过我想说，要忍受这种食物，你得有个健全的头脑。善读书者一定是创新者。就像有则谚语所说："要想把印度的财富搬回家，首先得让那财富为你所有。"因此，除了创造性的写作外，还得有创造性的阅读。当心灵被努力和创造力振奋时，我们读的任何一本书都会页页生辉，都会给予我们各种启示。这时每个句子都会显得更有意义，作者的见识也会显得无比广博。于是我们会看到一种由来已久的实情，即在沉闷的岁月里，先贤们往往也只是灵光乍现，因此记录其真知灼见的文字可能只占其著作的极少部分。明智者读柏拉图或莎士比亚总是只读这极少部分，只读先贤真想说的那一部分，而将其余部分略去，即便略去的部分也绝对出自柏拉图和莎士比亚的手笔。

当然，对明智者来说，有些书非读不可。比如对历史和科学著作，

---

1 前定和谐（又译"先定和谐"或"预定和谐"）是德国哲学家莱布尼茨的"单子论"用语。莱布尼茨所谓的"单子"即不可分割、不占空间、能自由运动并独立存在的精神实体，他认为独立而封闭的单子本身不会相互作用，相互影响，但由于上帝在创世时已作了预先安排，所以单子间存在一种和谐秩序，这便是单子的"前定和谐说"。

你就必须靠苦读方能融会贯通。同样,大学也有其非尽不可的职责,那就是传授基础知识。但大学可以发挥更大的作用,只要它们的目标不仅仅是基础训练,而是鼓励创造;只要它们把天下英才的智慧之光都聚于校园宜人的厅堂,并用这凝聚之火去点燃莘莘学子年轻的心灵。思想和知识乃自然之物,仪器和自负都无助于对其之获取。价值万金的学位服和教学基金也抵不过用寥寥数语表述的真知灼见。若忘记这点,即使我们美国大学的资金投入会逐年增多,其社会价值也会逐年减少。

(原载《中国翻译》2009 年第 4 期)

下编

文论

导读

这里选编的三篇文论分别是爱伦·坡的《创作哲学》《诗歌原理》和弗罗斯特(1874—1963)的《诗运动的轨迹》。三篇文论都谈论诗歌,因此也可以称为诗论。

爱伦·坡虽被世人尊为写恐怖小说的大师、侦探小说的鼻祖、科幻小说的先驱,但他的文学生涯却是始于诗歌并终于诗歌,而且他也首先把自己视为一名诗人。其实然,爱伦·坡不但是诗人和小说家,也是位有独到见解的文学评论家,若按字数计算,他一生所写的文学评论文字甚至多于他创作的全部诗歌和小说。而在他大量的文论篇什中,《创作哲学》和《诗歌原理》无疑是最为重要也最有影响的两篇。至少近百年来,篇幅较短的《创作哲学》一直都是英美大学英语系学生的必读篇目。而自上世纪末笔者将这两篇文论译成中文以来,爱伦·坡的创作理念和美学思想对中国学子也产生了不小的影响。

有学者认为,从表面上看,《创作哲学》是爱伦·坡在谈《乌鸦》

一诗的创作过程，可实际上这是作者在利用《乌鸦》的影响进一步宣扬他一贯坚持的创作理论或艺术主张：即艺术更应该是深思熟虑并精心构思的结果，而不仅仅是灵感（"美妙的癫狂"或"心醉神迷时的直觉"）的产物。如果说《创作哲学》反映了爱伦·坡的艺术主张，《诗歌原理》则体现了他的精神追求，读者若先读读该篇第十四段（就是论及对人间之美的感悟、对天国之美的追求那段），再读作者的诗歌小说时也许就会有一种新的感悟。可以这样说，这两篇文论可谓爱伦·坡的创作蓝图，而他的一篇篇小说、一首首诗歌，则是其效果渲染图。

弗罗斯特被称为"美国第一流的诗歌天才""美国诗歌新时代的领袖""二十世纪美国最优秀的诗人""真正被世界公认的杰出诗人"。《诗运动的轨迹》是弗罗斯特为其《诗合集》增补版（1939）所写的序言。其中"诗始于欢欣，终于智慧"和"诗人没有眼泪，读者亦不会流泪。诗人没有惊喜，读者亦不会惊喜"等论述早已成了脍炙人口的格言。

我翻译的文论不多，对文论翻译尚无深刻体会。但在此值得说明的是：如果说翻译《诗运动的轨迹》属于规定动作（合同约稿），那翻译《创作哲学》和《诗歌原理》则是我的自选动作。我当初为何要翻译这后两篇文论？或许文论本身的特点和弗罗斯特的格言就是答案。文论应该论点鲜明，逻辑性强，具有较强的说服力和感染力，而这三篇文论都令我信服，令我感动，并令我获益匪浅。我想与中国读者分享我的信服、感动和收益，这是我当初翻译它们的动因，也是我今天将其编入这本译文自选集的缘由。

创作哲学[1]

［美］爱伦·坡

在此刻摆在我面前的一封短信中，查尔斯·狄更斯在提到我对《巴纳比·拉奇》的创作技巧所作过的一番审视[2]时说："顺便问问，你是否意识到葛德文是倒着写《卡莱布·威廉斯》[3]的？他先让他的主人公陷入错综复杂的困境，从而使小说的第二卷成形，然后他才设法为他先前已写出的故事寻找某种结束方式。"

我不能认为这就是葛德文小说情节发展的确切模式（实际上他自己的说法与狄更斯先生的看法也不尽相符），但《卡莱布·威廉斯》的作者是位非常优秀的艺术家，他不会意识不到一种多少与此相似的模式可带来的好处。最清楚不过的事情是，作家写任何故事之前，都必须精心构思每一个称得上情节的情节，使之与故事的结局吻合。只有时时想到故事的结局，我们才能让故事中的所有细节，尤其是

---

1 《创作哲学》是爱伦·坡就《乌鸦》一诗的创作谈，于1846年发表在《格雷厄姆杂志》（*Graham's Magazine*）。
2 狄更斯的长篇小说《巴纳比·拉奇》（*Barnaby Rudge*）于1841年1月至11月在杂志上分章连载，爱伦·坡于同年5月在《星期六晚邮报》上发表书评文章，文中试图根据该书已发表的章节推测出全书的结局。
3 葛德文的《卡莱布·威廉斯》（*Caleb Williams*，1794）也写了一桩谋杀案。

故事各部分的情调,都有助于创作意图的逐步实现,从而使每个情节都显现出其必不可少的起因或因果关系。

我认为,小说构思的习惯模式中有一种根本性的错误。作者要么是借历史故事来阐明主题,要么是用当今的某个事件来暗示主题,或充其量是动手把一些耸人听闻的事情拼凑起来塞进小说以构成叙述的基础——通常再设法添加些描写、对话或作者的议论,而细节或情节的任何漏洞都尽可能任其暴露无遗。

我更喜欢一开始就考虑一种效果。由于始终把故事的独创性放在心上(因为只有自欺欺人者才敢摒弃这种如此明显且如此容易获得的趣味之源),我总是在动笔前就问自己:"于此时此刻,在无数易打动读者心扉、心智或心灵的效果中,我该选择哪一种呢?"首先选好一个故事,然后选定一种强烈的效果,接下来我便会考虑,是否能用情节或情调最充分地创造出这种效果——是否用一般的情节和独特的情调,或是用一般的情调和独特的情节,或是让情调和情节都具有独特性——最后我会在手边(更确切地说是在心中)搜寻这类情节或情调,这类最有助于我创造出心目中那种效果的情节和情调。

我经常在想,要是某位作家愿意(或者说能够)在杂志上写篇文章,一步步地详述他某篇作品逐渐达到其完美境地的过程,那该多么有趣。为什么迄今为止世上还没有这样一篇文章呢?对此我百思不得其解——不过这种疏漏也许是作家的虚荣心所致,而不是因为别的什么原因。大多数作家(尤其是诗人)都宁愿让读者以为他们写作靠的是一种美妙的癫狂[1]（一种心醉神迷时的直觉），他们当然害怕让读者窥视幕后。他们怕让读者看到他们构思尚未成熟时的优柔寡断和惨淡经营，看到他们只是在最后一刻才茅塞顿开并领悟大义，看到他们在形成最后观点之前的无数模糊的想法，看到他们因无法处理一些周密的设想而绝望地将其放弃，看到他们小心翼翼地挑选和剔除，看到他们劳神费力地涂抹和删改。一言以蔽之，他们害怕公众看见幕后的大小转轮、启幕滑轮、活动楼梯、活动板门、华丽服装、胭脂口红以及黑色的饰颜片，而在百分之九十九的情况下，这些东西都是艺术家们必不可少的道具。

另一方面我也意识到，很少有作者能追述自己完成一件作品的步骤。一般情况下，乱纷纷涌来的启示和联想都是一边被获取，又一边被遗忘。

就我自己而言，我从没感受到过上文提到的那种虚荣心，而且在任何时候回忆我任何作品的写作过程都没遇到过丝毫困难。我历来都把分析（或曰重现描述）的趣味视为我向往的东西，而由于这种趣味完全独立于被分析之作品中的任何真实或想象的趣味，所以不该认为我展示我完成某篇作品的方法步骤是不合时宜。我认为《乌鸦》一诗是我最广为人知的作品。我意欲让它来证明其创作过程与机遇和直觉毫不沾边——这篇作品是用解决数学问题所需的精确和严谨一步步完成的。

请允许我不谈当时的境况（或者说困窘），虽然首先是那种境况

---

[1] "美妙的癫狂"（fine frenzy），语出莎士比亚《仲夏夜之梦》第 5 幕第 1 场第 12 行。

使我产生了要写一首令公众和批评家都满意的诗的意图,但它毕竟与这首诗本身无关。

那么就让我从这个意图开始。

我首先考虑的是诗的长度。如果文学作品篇幅太长,不能让人一口气读完,那作者就必须乐于放弃那种可从印象的完整性中得到的非常有价值的效果——因为若要人分两次读完,中间便会插进世俗的杂务,结果任何完整性都会毁于一旦。但由于在一般情况下,没有诗人肯放弃任何有助于他实现创作意图的东西,所以唯一还能考虑的就是看是否长诗有任何优点可弥补其完整性的损失。在此我可以马上回答——没有。我们所谓的长诗只是连在一起的一系列短诗——换句话说,只是一连串短促的诗意。无须证明,诗之所以是诗,仅仅是因为它可在启迪心灵的同时对其施予强烈的刺激;但由于心理上的必然,所有强烈的刺激都很短暂。鉴于此,《失乐园》至少有一半篇幅本质上是散文——一连串诗的刺激不可避免地与相应的沉闷相间——由于篇幅太长,结果通篇就失去了那种非常重要的艺术要素,即失去了效果的完整性或统一性。

所以显而易见,任何文学作品的长度都该有个明确的限定,那就是能让人一口气读完;虽说在某些散文体经典作品中,例如在(并不需要统一性的)《鲁滨孙漂流记》中,超越这个限定也许有益无害,但这个限定绝不可在一首诗中被超越。在这个限度内,一首诗的长度可以精确地与其价值相称——换句话说,与它的刺激或启迪相称——再换句话说,与它能产生的诗歌效果的程度相称;因为非常清楚,作品之简短肯定与其预期效果的强度成正比——但这有一个附加条件,即任何效果的产生都绝对需要作品具有一定的持久性。

有了上述考虑,加之我想到那种刺激的程度不能让公众感到太强,又不能让评论家觉得太弱,于是我立刻就为我要写的这首诗设想出了一个适当的长度——大约100行。后来实际上写成108行。

接下来我所考虑的是选择一种可传达的效果。在此我最好说明,在整个构思过程中,我始终都在想,要让这个作品被普天下人读到。我历来坚持一种观点,即诗的唯一合法领域就是美;可要是我在此文中来论证这个在诗学中根本无须论证的观点,那我很有可能会离题万里。不过我想简单阐述一下我的真正意思,因为在我的一些朋友中,已经出现了误述我本意的倾向。我认为,那种最强烈、最高尚、同时又最纯洁的快乐存在于对美的凝神观照之中。实际上,当人们说到美时,其准确的含义并非人们所以为的一种质,而是一种效果——简言之,他们所说的只是那种强烈而纯洁的心灵升华(这里的心灵指灵魂,不是指心智或情感),对这种升华我已有过说明,人们只有在对美的凝神观照中方可对其有所体验。我之所以把美标定为诗的领域,完全是因为一条明显的艺术规律——即应该让结果产生于直接的原因,或者说目标之实现应通过最适于实现目标的途径;恐怕迄今为止还没人会如此愚钝,以致否认上文所说的那种特殊升华在诗中最易获得。至于"理"和"情"(或曰心智之满足和凡心之激动),虽说这两个目标也可通过诗来实现,但通过散文体作品则更容易实现。确切地说,理须精确,情须质朴(真正易动情者会懂我的意思),而这与我说的美是完全对立的,因为我坚持认为美是灵魂的激动,或者说是灵魂愉悦的升华。当然,以上所论绝非是说诗中不可有理有情，甚至在有益的情况下，因为理和情可用来表现或协助表现诗的总体效果，就像不协和音用于音乐作品一样。但在任何时候，真正的艺术家都该首先设法使它们显得柔和，使它们恰如其分地从属于主要目标，其次应尽可能地把它们包裹在美中，因为美才是诗的基调和本质。

既然我把美视为我诗的领域，那我下一步考虑的问题就是最能表现这种美的情调——而所有的经验都告诉我，这种情调应该是悲哀的。任何美一旦到达极至，都会使敏感的灵魂怆然涕下。所以在诗的所有情调中，悲郁是最合适的情调。

这样定下了长度、范围和情调后，我便运用普通的归纳法，想找到某个艺术振奋点，用来作为我构思这首诗的基音[1]，作为全诗结构的枢轴。我仔细琢磨了所有惯用的艺术因素——或更恰当地说，琢磨了戏剧意义上的所有点子[2]——结果我很快就发现，最经常被人用的就是叠歌。叠歌运用之广泛足以使我确信其固有的价值，从而免去了我对其进行分析的必要。但我仍然考虑了它被改进的可能性，而且很快就看出它尚处于原始状态。按照通常的用法，叠歌（或称叠句）不仅被局限在抒情诗中，而且其效果也只依赖声音和意义之单调所产生的感染力。归根到底，它的愉悦性仅仅来自人们对其同音同律和循环重复的感觉。我决定要使叠句有所变化，从而极大地加强其效果，做法是大体上保持叠句声音之单调，同时却不断地变

---

[1] 基音（keynote）是一个音乐术语，指一个调的音阶中的第一音，亦称主音。
[2] 此处"戏剧"指歌剧之类，因点子（Point）也是个音乐术语，指用模仿式对位写作的一段音乐中的主题。

化其含义；换句话说，我决定通过叠句寓意之变化不断地创造出新的效果，而叠句本身却基本上保持不变。

决定了上述要点，接下来我便开始考虑我那个叠句的特性。既然叠句的寓意要反复变化，那么显而易见，它本身必须简短，因为要让一个长句的寓意反复变化，那将会遇到不可克服的困难：叠句寓意的易变性当然与句子的简短成正比。这使我一下就想到那个叠句最好是一个单词。

现在冒出的问题是该用一个什么样的单词。既然已决定诗中要用一个叠句，那么把全诗分成若干小节当然就成了一种必然——必然要用那个叠句作为每节的末行。而毋庸置疑，若要具有感染力，这个末行就必须读起来声调铿锵，听完后余音绕梁。这些考虑使我不可避免地想到了"O"这个最响亮的长元音，并想到了这个元音应该同可以被拖得最长的辅音"R"连在一起。

叠句的声音就这样定了下来，现在需要找一个单词来表现这种声音，与此同时，这种声音得尽可能地与我先前所选定的全诗的悲郁情调保持一致。在这样的前提下寻找，我绝对不可能漏掉"Nevermore"[1]这个单词。实际上我首先想到的就是它。

接下来所需要的就是为反复使用"Nevermore"找一个理由。可我很快就发现，要找一个足以使人信服的理由非常困难。不过在正视这个困难时，我终于意识到它仅仅难在我先入为主的假定，即我本打算让一个人来反复念出这个如此单调的叠句——简而言之，我

1　Nevermore 的意思是"永不再……"或"绝不再……"，具体所指往往随语篇语境而定。

终于意识到一个人没有理由再三重复这个单调的字眼。于是我突然想到了一个主意,用一种不会推理但会"说话"的动物;而非常自然,我脑子里首先冒出的是一只鹦鹉,不过它很快就被一只乌鸦所取代,因为乌鸦同样会"说话"[1],但却远比鹦鹉更能与悲郁的情调保持一致。

这时候我的构思已基本形成:在一首长约百行、情调悲郁的诗中,在每一个诗节的最末一行,一只被人视为不祥之鸟的乌鸦一成不变地重复着一个字眼——"永不复焉"。但我绝没有忘记我的目标——要在方方面面都达到极致或完美。于是我问自己:"依照人类的共识,在所有悲郁的主题中,什么最为悲郁?"答案显而易见——死亡。于是,我又问:"那么这个悲郁的主题在什么时候才最富诗意?"根据我已在上文中用一定篇幅作过的阐释,这答案又是一清二楚——"当其与美结合得最紧密的时候,所以美女之死无疑是天下最富诗意的主题。而且同样不可置疑的是,最适合讲述这种主题的人就是一个痛失佳人的多情男子。"

现在我必须合并这两个想法:一个是多情男子哀悼他刚死去的情人,一个是乌鸦不断重复"永不复焉"。我必须让上述想法合二为一,因为我没有忘记,我的意图是要让这个字眼每次被重复时都要改变其寓意,而要实现这种合并,唯一合理的方式就是想象那只乌鸦用"永不复焉"来回答那位多情男子的提问。正是在这个时候,我忽然意识到我已有机会去获得我一直想要的那种效果——即寓意变化所

---

[1] 欧美和北非有人把乌鸦作为宠物驯养,这种乌鸦会学舌[A pet raven may learn to "speak." ——*The New Encyclopaedia Britannica*(15th Edition, Micropaedia Britannica, vol. viii.),1979 年版,第 8 卷,第 435 页]。

产生的效果。我发现我可以让那位多情男子提出第一个问题,一个乌鸦可以用"永不复焉"来回答的问题。我可以让这第一个问题是个寻常的提问,第二个就不那么寻常,第三个更不寻常,直到问话人感觉到"永不复焉"这个字眼特有的阴郁,感觉到这个字眼被一再重复,并意识到重复这个字眼的乌鸦有预言家的名声,从而终于从他先前的无动于衷中惊醒,开始产生一种盲目的恐惧,并疯狂地提出一些其性质与先前截然不同的疑问——一些他对其解答极为关切的疑问。他提出这些疑问一半是出于盲目的恐惧,一半是出于那种乐于自我折磨的绝望。因理智使他确信,乌鸦不过是在重复一句学舌学来的口头禅,所以他提出这些疑问绝非因为他相信乌鸦会主吉凶祸福或有魔鬼附体,而是因为他感觉到一种疯狂的快感,一种明知答复将是意料中的"永不复焉"却偏偏要提问的快感——这种快感因他的过度悲伤而更显美妙。既然意识到了这个倏然而至的机会(或更确切地说,这个在构思过程中突然冒出而我又不得不接受的机会),我心中便首先确定了全诗的高潮,或者说确定了最后一个提问——对这个提问,"永不复焉"终将成为一个恰如其分的回答;在回答这个提问时,"永不复焉"这个字眼将包含人们所能想象的极度的悲哀和绝望。

到此为止,这首诗可以说是有了个开头(在全诗即将结尾的部分,在所有艺术效果应该开始的地方),因为正是在这个时候,在我进行上述考虑的时候,我动笔首先写出了下面这个诗节:

"先知!"我说,"恶魔!还是先知,不管是鸟是魔!

> 凭着我们都崇拜的上帝——凭着我们头顶的苍天,
> 请告诉这充满悲伤的灵魂,它能否在遥远的仙境,
> 拥抱一位被天使叫做丽诺尔的少女,她纤尘不染,
> 拥抱一位被天使叫做丽诺尔的少女,她美丽娇艳。"
> 乌鸦答曰"永不复焉"。[1]

我此时先写出这节诗有两个目的:一是确定全诗高潮,以便我能更好地把握那位多情男子在此前提出的问题,从而使其严肃性和重要性逐次递增;二是确定节奏韵律以及各节的长度和总体排列,同时确定此节之前各诗节的节奏效果强度,以保证它们不超过这节诗的效果。要是我真有本事在写出这节诗之后还能写出更有力的诗节,那我也早就毫无顾忌地有意将其弱化了,为的是不影响全诗的关键效果。

在此我最好还是说一说这首诗的写法。像往常一样,我的首要目的是创新。在诗歌创作中长期忽略独创性,这是天下最莫名其妙的一种现象。诚然,固定的韵律[2]几乎已不可能改变,但音步和诗节的安排却显然有无穷变化之可能;然而,几百年来,没有一个诗人写过,或想到过去写一首有独创性的诗。事实上,除非对于那种有异常能力的人,独创性绝非像有些人以为的那样凭冲动或直觉就能获得。一般说来,创新必须经过殚精竭虑的求索,而且它更多地是需要否定的勇气,而不仅仅是创造能力,尽管创造能力于创新极其重要。

---

1 《乌鸦》全诗共 18 节,此节为第 16 节。
2 指英诗中音节轻重长短之配置。

当然，我不能声称《乌鸦》的韵律和音步有任何创新。前者是扬抑格，后者则为八音步和不完整八音步交替（第五行重复不完整八音步，末行为不完整四音步）。说得通俗一点，全诗采用由一长一短的两个音节组成的音步，每小节第一行有八个这样的音步，第二行有七个半（实际上是七又三分之二），第三行有八个，第四行七个半，第五行七个半，第六行三个半。如果分开来看，这样配置音律的诗行都被前人用过；但《乌鸦》的创新之处在于用这样的六个诗行组成了诗节，而前人从未进行过哪怕与此稍稍相似的尝试。这种诗节的创新效果被其他一些与众不同且完全新颖的效果所加强，而那些效果则产生于对尾韵和头韵的用韵原则之发展。

接下来要考虑的问题是如何让那名伤心男子与乌鸦碰面，而要让他们碰面，首先就要决定场所。关于这个场所，最容易想到的似乎应该是一座森林或一片旷野；但我一直认为，孤立的场景必须放在封闭的空间才会出效果，这就像把画装进画框一样。封闭的空间对保持读者的注意力集中具有一种不容置疑的影响力，当然，空间的封闭不可与空间的完整性混为一谈。

于是我决定让那名伤心男子置身于他的房间——一个她曾经常出入，而今因他的睹物思人而变得神圣的房间。房间装饰得很华丽，这仅仅是在遵循我已经解释过的对美的想法——美是唯一真正最富诗意的主题。

既然决定的场所是一个房间，我就必须让那只乌鸦进去，于是让乌鸦从窗口进屋的想法便应运而生。我之所以让房间主人一开始把乌鸦翅膀拍窗的声音误认为是"敲门声"，一是想凭拖长情节来增加读者的好奇心,二是想尽可能产生一种附加效果,即从对主人开门见茫茫黑夜、于是似幻似真地以为是他情人的亡灵前来敲门的描写中产生出的效果。

我之所以让那个夜晚风雨交加,首先是要为乌鸦寻求进屋提供理由,其次是要让户外的风雨和室内的宁静形成对照。

我让乌鸦栖在那尊帕拉斯半身雕像上面,也是要让白色的大理石与黑色羽毛产生对比效果(须知正是有了乌鸦我才想到该有一尊雕像)。而我之所以选择帕拉斯雕像,一是为了与房间主人的学者身份相符[1],二是因为帕拉斯这个名字读音响亮。

我在诗的中间部分也运用了这种对比,以期加深最初的印象。譬如我让乌鸦进屋时有一种荒诞的气氛(在允许的前提下尽可以使其显得滑稽)。它猛地扑棱着翅膀进屋。

> 它既没向我致意问候,也没有片刻的停留,
> 而是以绅士淑女的风度栖到我房门的上面。

在接下来的两节诗中,这种意图更明显地得到贯彻:

> 于是这只黑鸟把我悲伤的幻觉哄骗成微笑,
> 以它那老成持重一本正经温文尔雅的容颜,
> "虽冠毛被剪除,"我说,"但你显然不是懦夫,

---

[1] 帕拉斯是智慧女神雅典娜的别名。

> 你这幽灵般可怕的古鸦，漂泊来自夜的彼岸，
> 请告诉我你尊姓大名，在黑沉沉的冥府阴间！
> 乌鸦答曰"永不复焉"。

> 听见如此直率的回答，我对这丑鸟感到惊讶，
> 尽管它的回答不着边际——与提问几乎无关；
> 因为我们不得不承认，从来没有活着的世人
> 曾如此有幸地看见一只鸟栖在他房门的上面，
> 看见鸟或兽栖在他房门上方的半身雕像上面，
> 而且名叫"永不复焉"。

在为结局的效果作好准备之后，我马上就把气氛由荒诞变成了最为严肃——这种严肃的气氛开始于紧接上引诗节的下一个诗节，其第一行为：

> 但那只独栖于肃穆的半身雕像上的乌鸦只说了……

从这时起，房间主人不再取笑乌鸦，甚至不再觉得乌鸦的模样有任何古怪之处。他把乌鸦称为一只"狰狞、丑陋、可怕、不吉不祥的古鸟"，觉得那双"炯炯发光的眼睛"燃烧进了他的心坎。我让房间主人的感觉或幻觉产生这种大转变，是想在读者心中引起同样的转变，从而进入一种适当的心境来读结局——而此时结局将尽可能快捷地出现。

随着真正的结局出现——随着乌鸦用"永不复焉"来回答房间主人的最后一个提问：他是否将在另一个世界见到他的心上人——这首诗在其明显的一面（即作为一首纯粹的叙事诗）可以说也就结束了。到此为止，诗中的一切都可以解释，或者说都属于真实的范畴。一只乌鸦曾在其主人家中学会了说"永不复焉"，后来它逃离了主人的照管。在一个风雨之夜，它想进入一个还亮着灯光的窗户——窗内有一位青年学者，他正在一边读书，一边怀念他死去的心上人。乌鸦用翅膀拍打窗扉，青年学者打开窗户，乌鸦进入室内，栖息在一个对它来说最方便而且青年学者又伸手不及的位置。青年学者被这件有趣的事和这位"来访者"古怪的模样逗乐，于是诙谐地问乌鸦的尊姓大名，当然他并没指望得到回答。但乌鸦用它会说并习惯说的字眼"永不复焉"作答，这个字眼立刻在青年学者悲郁的心中引起了共鸣。他开始陷入沉思并禁不住喃喃自语，结果乌鸦的又一声"永不复焉"再次使他感到吃惊。此时青年学者已猜中了乌鸦为什么会答话，但如我上文所解释，人性中对自我折磨的渴望和在一定程度上的盲目恐惧仍驱使他向乌鸦进一步提出问题。他明知答复将是意料中的"永不复焉"，但这种明知故问可能会使他感到悲哀的最美妙之处。随着这种自我折磨的放纵到达极端，这首诗中的故事（或者依我上文所说，这首诗在其基本或明显的一面）已有了一个自然的结尾，而到此为止，一切都尚未超越现实。

但这样处理主题，无论你写作技巧多么娴熟，无论你细节描写多么生动，作品都会存在某种令有艺术眼光的读者反感的生硬或直露。艺术作品永远都需要两种东西：一是得有点儿复杂性，或更准确地说是适应性；二是得有点儿暗示性，或曰潜台词，不管其含义是多么不确定。尤其是暗示性可以使艺术作品"意味深长"（且容我从对话体作品中借用这个有说服力的术语），不过人们总是过分喜欢把"意味深长"同"理念"混为一谈。而正是对意义的过度暗示（即把暗示从主题的潜台词变成主旋律）使所谓的超验主义者[1]的所谓诗歌变成了散文，而且是最平淡无味的散文。

基于上述看法，我为全诗增加了两个结尾的诗节，从而使其暗示意义渗入前面的整个故事。暗藏的意味首先出现在以下诗行：

让你的嘴离开我的心，让你的身子离开我房间！
乌鸦答曰"永不复焉"！

读者可以看出，"让你的嘴离开我的心"是这首诗用的第一个隐喻表达法。它可与"永不复焉"这个回答一起让人回到前文中去寻找一种寓意。此时读者开始把乌鸦视为一种象征，不过直到最后一节的最末一行，读者才能弄清这象征的确切含义——乌鸦所象征的是绵绵而无绝期的伤逝：

那乌鸦并没飞走，它仍然栖息，仍然栖息
在房门上方那苍白的帕拉斯半身雕像上面；
它的眼睛与正在做梦的魔鬼的眼睛一模一样，

---

[1] "所谓的超验主义者"指爱默生等与爱伦·坡艺术见解相左的文人。

照在它身上的灯光把它的阴影投射在地板；

而我的灵魂，会从那团在地板上漂浮的阴暗中

解脱吗——永不复焉！

（原载《中外诗歌研究》1998 年第 4 期）

诗歌原理[1]

[美]爱伦·坡

关于诗歌的原理,我并不打算谈得既全面又深刻。在以下非常随意的讨论中,在讨论我们称之为诗的这种东西的本质时,我的基本做法将是引用一些小诗来加以考究——引用一些我最喜欢的、或在我头脑中留下了最鲜明印象的英国和美国的小诗。我说的"小诗"当然是指篇幅很短的诗。在讨论之始,请允许我简单谈及一个稍微有点特殊的原则,因为不管正确与否,这个原则一直都影响着我对诗的评判。我认为长诗并不存在。我坚持认为"长诗"这种说法绝对是一个自相矛盾的用语。

几乎用不着由我来评说,诗之所以是诗,仅仅是因为它可在启迪心灵的同时对其施予刺激。诗的价值与这种有启迪作用的刺激成正比。但由于心理上的必然,所有刺激都很短暂。所以这种使诗成其为诗的刺激在任何鸿篇巨制中都不可能持久。读者至多读上半小时,这种刺激的强度便会减弱、衰竭,一种厌恶感会随之产生;于是

---

[1] 本文原为一篇讲稿,坡曾于1848年秋天在罗德岛州的普罗维登斯县据此稿发表演讲;坡去世之后,本文于1850年发表在《萨廷文艺联合杂志》10月号上。

在效果和事实上，诗都不再成其为诗。

《失乐园》通篇都值得热情赞赏是评论界的权威定论，但读者读这部作品时却绝对不可能保持评论家们所要求的热情，所以毫无疑问，已有许多人发现评论界这一定论与实际阅读效果难以相符。事实上，只有当我们忽略所有艺术作品都必不可少的统一性，从而把《失乐园》仅仅视为一系列短诗的组合，我们才可能把这部伟大的作品看成是诗。假设为了保持这部作品的统一性（为了保持其印象或效果的完整性），我们就像读诗所必须的那样把它一口气读完，那结果只会是兴奋和沉闷的不断交替。在一段我们觉得是真正的诗的佳句之后，不可避免地会出现一段平淡无味的文字，一段任何评论家的臆断都没法迫使我们赞赏的文字。但若是我们在掩卷之后又回头再读，不过这次略去第一卷（即从第二卷开始），那我们将会惊奇地发现，先前被我们指责的部分现在却值得赞赏，而先前被我们大加赞赏的部分现在却应加以指责。由此可见，即便是这世上最优秀的史诗，也没有什么聚合的、总体的、或完全的效果——而这恰好是个事实。

至于《伊利亚特》，虽说我们尚无确凿证据，但至少已有充分的理由认为，它原本是被作为一系列抒情诗的组合；不过即便承认这部作品当初是被有意写成史诗，我也只能说它的根据是一种有缺陷的艺术观念。现代的史诗都是古代模本的翻版，仅仅是一种轻率而盲目的摹仿。不过这种艺术上的异常现象已经结束，产生这种现象的时代已经过去。如果说真有什么长诗在什么时候盛行过的话（对此我表示怀疑），今后也绝不会再有长诗广为流行了——这一点至少是清楚的。

如果我们规定，在其他因素都相同的前提下，诗的长度就是衡量其价值的标准，那这看上去无疑是个荒唐透顶的主张——不过，我们能看出这主张之荒唐，还得感谢各期《评论季刊》[1]。就一部诗作而论，能长期博得那些善冷嘲热讽的活页短论的喝彩，当然不可能仅仅因为形式上的原因——不可能仅仅因为其篇幅的长度！诚然，一座山只要能给我们山体高大的感觉，便会给我们留下巍峨壮丽的印象；但没有人会按这种方式去感觉诗歌作品，谁也不会因《哥伦比亚德》[2]部头大就对它肃然起敬。连《评论季刊》也不曾教导我们这样去被它感动。到今天为止，这份季刊也没坚持要我们评价拉马丁[3]必须凭其诗作的体积，评价波洛克[4]必须凭其诗卷的重量。但据该刊对"长期不懈的努力"之没完没了的称赞来看，除了体积和重量，我们还能想到什么呢？倘若某位可爱的先生因"长期不懈的努力"而完成了一部史诗，那就让我们真诚地称赞他这种努力（如果这种努力真值得称赞的话），但我们得克制住不要因为他努力就称赞他这部史诗。我希望在不久的将来，有常识者认定一篇诗作，最好是根据这篇诗作造成的影响或产生的效果，而不是根据它为产生效果所花费的时间，或根据某些人一直认为的造成影响所必须的"长期不懈的努力"。事实上，坚持不懈是一回事，创作天赋则是另一回事，基督教世界

---

[1] 《评论季刊》（*The Quarterly Review*）是于1809年创刊的一份英国文学评论杂志，其政治和艺术主张与著名的《爱丁堡评论》相对立。
[2] 《哥伦比亚德》（*The Columbiad*, 1807）是美国诗人巴洛（Joel Barlow, 1754—1812）所著长诗。
[3] 拉马丁（Alphonse Lamartine, 1790—1869），法国诗人。
[4] 波洛克（Robert Pollock），19世纪苏格兰诗人，著有宗教教诲长诗《时间之道》（*The Course Of Time*, 1827）。

的任何评论季刊都不可将这两者混为一谈。我的这一论点,以及我一直都在强调的许多论点,不久就会因其不证自明而被接受。虽说其间它们会被笼统地斥之为谬论,但从本质上讲,这些斥责将不会妨碍它们作为真理。

从另一方面来看,一首诗显然也有可能简短得失当。过分简短的诗往往会蜕变为格言警句。虽说不时也有很短的诗给人留下鲜明或生动的印象,但它们绝对产生不出一种深远或持久的影响。须知在封蜡上盖印也得有持续的压力。贝朗瑞[1]已经写了无数辛辣尖刻和动人心弦的歌谣,但总的说来,这些歌谣都因为分量太轻而未能在读者心中留下深刻的印象,结果就像一片片被吹上天的虚幻的羽毛,只好被人舍弃。

关于诗因太短而减弱其影响的情况,这儿有一个值得注意(但却一直不为公众所注意)的例子——一首精致可爱的《小夜曲》:

> 从夜晚第一阵香甜的睡眠中,
> 从梦见你的那些睡梦中惊醒,
> 身边正轻轻吹拂着习习晚风,
> 头顶正烁烁闪耀着满天星星。
> 醒来,从梦见你的那些梦中,
> 此时附在我脚底的一个精灵,
> 不可思议地让我的脚步移动,

---

[1] 贝朗瑞(Pierre Jean de Béranger, 1780—1857),法国歌谣诗人。

引我到你窗下,我的心上人!

四处飘荡的歌声已渐渐飘远,
消逝在那条幽暗静寂的小溪;
黄兰浓郁的芳菲早已经消散,
就像我梦中那些甜蜜的思绪;
夜莺那如泣如诉的声声哀怨,
也终将在它自己的心底死去,
就像我必然会在你心中长眠,
啊,因为我是如此深深爱你!

哦,请把我从青草地上扶起!
我已经虚弱无力,消瘦憔悴!
让你的爱你的吻都化作细雨,
让细雨洒在我的嘴唇和眼眉!
我心儿怦怦直跳,难以抑制,
我的脸颊已冰凉,面如死灰;
哦,请再次把我拥进你心里,
我的心最终应在你心里破碎![1]

也许熟悉这首诗的人很少,然而它的作者却正好是雪莱。想必

---

[1] 雪莱这首小诗原名为《印度少女的歌》(*The Indian Girl's Song*),后来又名《印度小夜曲》(*The Indian Serenade*)。

人人都能体会到诗中那种热烈但又不失优雅和缥缈的想象，但谁也不能体会得仔细入微，除非他也曾从梦见心上人的美梦中惊醒，随之又沐浴在南方仲夏夜馥郁的香气之中。

威利斯[1]的好诗之一（依我之见是他写过的最好的诗），无疑也是因为太短这一缺陷而未能在评论家笔下和读者心目中获得它应有的位置。

> 阴影在百老汇大街上延伸，
> 天色已是薄暮朦影的傍晚，
> 这时一位风仪秀整的女士
> 沿街款款而行，神气活现。
> 她是独身一人在街头行走，
> 但有无形的幽灵在她身边。
>
> 从容使她脚下的大街入迷，
> 声誉令她身边的空气陶醉，
> 一切都显得对她那么友善，
> 全都称赞她既文雅又娇美；
> 因为对上帝赐予她的一切，
> 她都用心收藏，谨小慎微。

---

[1] 威利斯（Nathaniel Parker Willis, 1806—1867），美国编辑及作家，在主持编辑《纽约明镜晚报》期间曾雇爱伦·坡为该报文论版编辑（1844）。

她严守着自己的天生丽质，
躲着那些热情忠实的情人；
因为她心中只有金钱财富，
而有钱人还没来向她求婚；
但沿街卖笑也可受人尊重；
只要是花魁神女干这营生。

此时又走来一位漂亮姑娘，
百合花般苍白，纤弱瘦小；
她身边也有看不见的幽灵
要使她成为妓女沿街卖笑；
她在渴望与鄙视之间独行，
没人能消除她的悲愁烦恼。

慈悲不能使她求天下太平，
怜悯没法使她舒展开眉头，
因为当爱的祈求随风而去，
她那颗女人心也付之东流！
这罪孽虽被天上基督宽恕，
却始终被地上的男人诅咒！

  威利斯已写过那么多纯粹的"社会诗"，但在这首诗中，我们却难以辨认出那些"社会诗"的作者。这首诗不仅充满了理念，而且充满了活力,同时还显露出一种真诚(一种显而易见的真情),而这种真诚我们在作者的其他诗中都难以寻觅。

在过去的几年中,正当那种对史诗的狂热(即那种认为诗必冗长的信念)由于自身之荒谬而逐渐在公众头脑中消失之时,我们却发现一个异端继之而出;这个异端因过分虚伪而令人无法长期忍受,但它在其盛行的短短几年中,已经完成了对我们诗歌创作的腐蚀,它对诗歌创作造成的危害可以说比其他有害因素加在一起造成的危害还大。我说的这个异端就是"教诲诗"。不管是直接断言还是间接默认,有人都一直想当然地认为:诗的基本宗旨就是论理。据说每首诗都应该向读者灌输一种道德真谛,而且评判这首诗的价值也要凭这种道德真谛。我们美国人特别拥护这种高见,而我们波士顿人则更进一步,已经把这种高见发展到了极端。我们总是认为,要是仅仅为写诗而写诗并承认这就是我们的目的,那就等于承认我们的诗完全缺乏高尚和感染力。但实际情况却是,只要我们愿意审视一下自己的内心,我们立刻就会在心底发现:与这种只以诗为目的而写出的诗相比,与这种除了诗什么也不是的诗相比,与这种本身就是诗的诗相比,与这种名副其实的诗相比,天底下并不存在,也不可能存在任何更为高尚、或更为高贵的作品。

我对"理"怀着一种心底所能发出的最深的敬意,但我却要在一定程度上限制其说教的方式。为了使理生效,我宁愿限制它们。我不愿因滥用它们而削弱其效力。理需要的是严谨。它不会对娇花嫩草动恻隐之心。诗中所必须的一切正是与理毫不相干的一切。给理戴上宝石和鲜花,只会把它弄成一种似是而非、招摇过市的怪物。

要使理产生效果，我们需要的是语言的严谨，而不是语言的华丽。我们必须凝练、精确、言简意赅。我们必须沉着、冷静、不动感情。总而言之，我们必须使心态尽可能地处于一种与写诗时的心态截然相反的状况。谁要是看不出理和诗在启迪方式上的天壤之别，那他肯定是鼠目寸光。而谁要是明知有这种差别，却偏要坚持去调和油水不容的理和诗，那他肯定就是个无可救药的理论狂。

如果把精神世界分成最一目了然的三个不同部分，我们便有了纯粹的理解力、审美力和道德感。我让审美力居中，因为它在精神世界里正是居于这个位置。它与左右两端都关系密切，但把它与道德感分开的是一种非常细微的差异，所以亚里士多德毫不犹豫地把它的某些作用归于道德本身。不过我们发现这三者的功能有非常明确的区分。理解力关心道理，审美力让我们感知美，而道德感关注的则是责任心。换言之，当道德感在教人以责任义务，当理解力在晓人以利弊得失，审美力却在满足于向人们展示美——审美力向丑恶宣战，只因为一个理由，那就是丑恶造成残缺，破坏均衡，并仇视一切匀称、适度、和谐的事物；一言以蔽之，只因为丑恶仇视美。

因此显而易见，一种永存于人类心灵深处的天性就是美感。美感能使人从身边各种各样的形状、声音、色彩、气味和情趣中去感受愉悦。而正如让百合花倒映在碧湖中，或让阿玛瑞丽丝[1]的眼睛闪耀在明镜里一样，用语言或文字再现这些形状、声音、色彩、气味和情趣，也是愉悦的一个源泉。但这种纯粹的再现还不是诗。如果

---

[1] 阿玛瑞丽丝是古希腊诗人忒奥克里托斯和古罗马诗人维吉尔、奥维德等人的田园诗中歌咏的一位牧羊女。

一个人仅仅是用诗来再现他和世人一样感知到的那些景象、声音、气味、色彩和情趣，不管他的感情有多炽热，不管他的描写有多生动，我都得说他还不能证明他配得上诗人这个神圣的称号。远方还有一种他尚未触及的东西。我们还有一种尚未解除的焦渴，而他却没能为我们指出解渴的那泓清泉。这种焦渴属于人类的不朽。它是人类不断繁衍生息的结果和标志。它是飞蛾对星星的向往。它不仅是我们对人间之美的一种感悟，而且是对天国之美的一种疯狂追求。对天国壮美之预见令我们心醉神迷，正是在这种预见的启迪下，我们才通过时间所包容的万事万物和想象之中的种种结合，竭力要去获得一份那种壮美，尽管那种美的每一个元素也许都仅仅属于来世。于是我们借助诗（或借助最富诗歌情调的音乐），于是我们发现自己感动得流泪，于是我们哭泣——但并非像格拉维纳神父所认为的那样是由于过度喜悦，而是由于一种必然发生且难以忍受的悲哀，因为尚在这世间的我们此刻还无力完全而永久地把握住那些神圣的极乐狂喜，我们只能通过诗或音乐隐隐约约地对它们瞥上一眼。

　　一些极有天赋的人为领悟那种超凡之美而作的努力，已经为这个世界带来了世人们能够理解为诗并感觉为诗的一切。

　　当然，诗趣也可以通过绘画、雕塑、建筑、舞蹈、尤其是音乐等形式来表现；特别是园林花圃之营造亦是表现诗趣的一方广阔天地。不过我们眼下的论题只涉及这种情趣的文字表现。在此且容我简单说说诗的韵律。我历来都确信以下事实：在节拍、节奏和韵律形式上都富于变化的音乐对诗歌来说非常重要，所以绝不可骄横地把它摈弃；音乐是诗歌至关紧要的助手，只有白痴才会拒绝音乐的帮助。

鉴于此，我现在仍然坚持它确切无疑的重要性。也许正是由于音乐，心灵被诗情启迪时才会最大限度地接近那个它努力要实现的伟大目标——创造超凡之美。事实上，也许这个伟大的目标有时候还真被人实现过。本人就常常因一阵使人发抖的快乐而情不自禁地觉得：一柄人间的竖琴也能奏出天使们不可能不熟悉的曲调。因此用不着怀疑，在诗与通常意义上的音乐的结合之中，我们将为诗的发展觅到一片最为广阔的天地。古代欧洲的吟游诗人[1]曾拥有我们所不具备的优势——而当托马斯·穆尔[2]以最合理的风格唱他自己的歌时，他就在使自己的歌完美如诗。

现在让我来总结一下。简而言之，诗是有韵律的美之创造。诗的唯一裁判是审美力。诗与理解力和道德感只有间接的关系。除非出于偶然，诗既不涉及道理也不涉及责任。

然而我还需对上述总结稍稍加以阐释。我认为，那种最纯洁、最高尚、同时又最强烈的快乐来源于对美的凝神观照。正是在对美的凝神观照中，我们才以独自的力量发现有可能去获得那种使人快乐的升华或灵魂的激动；我们确认这种升华或激动就是诗情，并轻而易举地把它区别于道理和激情，或者说区别于理智的满足和凡心的激动。所以，我把高尚包括在美中，把美作为诗的领域，完全是因为一条明显的艺术规律——即应该让结果尽可能直接地产生于它们的原因。恐怕迄今为止还没人会如此愚钝，以致否认上文所说的

---

[1] 这种吟游诗人携竖琴漫游，沿途自编自弹自唱，多吟诵英雄业绩和爱情故事。
[2] 托马斯·穆尔（1779—1852），爱尔兰诗人，著有《爱尔兰歌曲集》。他的诗情感真挚，极富乐感，许多诗本身就是作为歌词创作的，其中《夏日的最后一朵玫瑰》(*The Last Rose of Summer*) 最为著名。

那种特殊升华无论如何也是在诗中最易获得。不过以上所论绝非是说把激荡感情、规戒义务和晓谕事理引进诗歌就完全无益,因它们偶尔也可用不同的方式有利于诗的总体效果。但在任何时候,真正的艺术家都应该设法使它们显得柔和,使它们恰如其分地从属于美,因为美才是诗的基调和本质。

下面我介绍几首值得大家注意的诗,而且我认为最好是以朗费罗先生那部《漂泊者》[1]的序歌开始:

> 白日已尽,黑暗
> 从夜的翅膀下飘,
> 好像从一只飞鹰
> 飘落下一片羽毛。
>
> 我瞥见荒村灯火
> 雨雾中渺渺幽幽,
> 忽然间悲从中来,
> 令心儿难以承受。
> 一种悲哀与渴望,
> 此情不同于痛苦,
> 它只与忧愁相似,
> 如烟雨恍若蒙雾。

---

[1] 《漂泊者》是朗费罗编的一部多人诗歌作品集,于1845年出版。

来为我读首诗吧,
一首真诚的小诗,
以消除这种焦虑,
驱散白日的忧思。

虽前辈诗圣的足音
仍响在时间之长廊,
可别选他们的雄文,
也别读他们的华章。

因那些词章像军乐,
总是在提醒我们,
人生乃不尽之辛劳;
而今宵我渴望宁静。

读一位普通诗人吧,
他的诗出自心房,
如夏雨降自阴云,
如泪水流自眼眶;

他日日停辛伫苦,
他夜夜目不交睫,

但他依然能听见
心底美妙的音乐。

这种歌可除焦虑,
这种歌可解忧思,
如赐福祈祷之后,
上天给予的恩赐。
那就从这个珍本
挑你喜爱的篇章,
把你优美的声音
添进诗人的诗行。

于是夜将充满音乐,
而白日的焦虑烦忧
则会像阿拉伯人,
卷帐篷悄悄溜走。[1]

这首诗的想象并不算丰富,但却一直因其措辞之精美而公正地受到赞赏。诗中有些比喻给人的印象非常深刻,而给人印象最深的当数:

---

[1] 这首序歌后来以单篇形式收入诗人的诗集《布鲁日钟楼及其他诗》(*The Belfry of Bruges and Other Poems*, 1846),篇名为《白日已尽》。

虽前辈诗圣的足音
仍响在时间之长廊。

最末一节的想象也令人难以忘怀。不过从总体上看，这首诗受赞赏主要是因其与全诗情调一致的优雅自如的韵律，特别是因其总体风格之自然。相当长时间以来，把这种文风之自然只看作表面上的轻松已成了一种时髦，因许多人认为写诗难以做到自然真切。但事实并非如此，只有那些循规蹈矩者和矫揉造作者才难以形成自然的风格。有人认为一个人的创作格调永远都应该是那种已为大多数人习惯接受的格调（当然永远都必须随场合之变化而有所变化），而这种看法恰好是凭理性或直觉写诗的必然结果。若据《北美评论》[1]这种时髦的看法，那这位在任何时候都应该"温和"[2]的诗人在很多时候就肯定是傻瓜或白痴，而且他绝无资格被认为自然，就像装腔作势的花花公子或蜡像馆的睡美人没有资格被认为自然一样。

在布莱恩特[3]的短诗中，给我印象最深的莫过于一首他题为《六月》的诗。我在此只引用其中四节：

在那儿，穿过夏日漫长的时辰，
应该有金灿灿的阳光；
那儿应该有茵茵绿草簇簇野花

---

1 《北美评论》是 1815 年创刊于波士顿的一份文学批评杂志。
2 "温和"是以朗费罗为代表的"炉边诗人"的共同特点。
3 布莱恩特（William Cullen Bryant, 1794—1878），美国诗人。

娇嫩鲜艳地长在一旁；
金黄鹂应该紧挨我的墓地，
编织并讲述它的爱情故事；
慵懒的蝴蝶
应该歇在那儿，那儿应该听到
嗡嗡的蜜蜂和呜呜的蜂鸟。

即使中午有欢闹声从村里传来，
那又有什么关系？
即使月光下有少女的笑语酣歌，
那又有什么关系？
即使当晚霞消退，暮色低垂，
有未婚的情郎走近我的墓碑，
那又有什么关系？
我希望这片可爱的墓地四旁
不会出现更悲伤的声音景象。

我知道，我知道我不会再看到
六月绚丽烂漫的情景；
六月的阳光也不会再为我照耀，
也不再有六月的风声；
但要是这样多好：在我墓边，
当我所爱的朋友们前来悼念，

都不会急着离去。
阳光、歌声、清风和繁花
会令他们在墓边流连忘返。

这番景象会使他们变软的心肠
又想起往日的事情,
并谈起一位朋友不能再分享
这欢乐的夏日美景;
他已告别这群山环绕的地方,
告别充满这地方的壮丽景象,
只剩下这墓冢青青;
这时他们心头会极其乐意
再次听见他活着时的声音。

此诗节奏之流畅颇能给人听觉以快感——可以说是非常悦耳动听。这首诗总能以一种奇特的方式使我感动。诗人表面上在乐滋滋地谈他的坟墓,可从这表象下面却硬是涌出一股浓浓的悲郁,于是我们感到心灵在颤抖,而诗歌真正的高尚就在这种颤抖之中。我们最后得到的印象是一种令人喜悦的悲伤。

在以下我准备继续为大家介绍的诗中,如果或多或少都总有一种与此相似的情调,那容我在此先提醒诸位,尽管我们不知其原因和方式,但这种悲伤的情调与美的真正展现有着不可分割的联系。不过这种情调是:

> 一种悲哀与渴望,
> 此情不同于痛苦,
> 它只与忧愁相似,
> 如烟雨恍若濛雾。

我说的这种情调甚至在平克尼[1]这首充满光彩与活力的《祝她健康》中也清晰可辨:

> 我为一名女士斟满这酒杯,
> 为一名用可爱造就的女性,
> 在普天下的柔情淑女之中,
> 她是一位尽善尽美的佳人;
> 优裕的环境和仁慈的命运
> 赋予了她婀娜多姿的体形,
> 绰约风姿宛若无形的清风,
> 不像来自人世而来自天庭。
>
> 她说话的声调就像是音乐,
> 酷似清晨百鸟婉转的啼鸣;
> 而她一字一珠吐出的话语

---

[1] 平克尼(Edward Coote Pinkney, 1802—1828),美国诗人。

比美妙的歌声还悦耳动听；
因为那些话语涌自她心底，
出自她那两片可爱的嘴唇，
好像采足花粉的只只蜜蜂
刚刚飞离一朵朵玫瑰花心。

对她来说爱心就是思想，
就是她丈量时间的尺寸；
她的感情具有花的馨香，
具有花儿初绽时的清新；
经常变化的高尚的激情
是如此充满她那颗芳心，
她似乎就像往昔的女神——
那种种高尚激情的化身。

谁要是见过她美丽的笑脸，
一定会把它久久铭记在心；
谁要是听过她悦耳的话语，
心中会久久回荡她的声音；
但是，我对她的回忆怀念
会更天长地久，绵绵不尽，
我临终时的最后一声悲叹
也只会叹息她的香消玉殒。

> 我为一名女士斟满这酒杯,
> 为一名用可爱造就的女性,
> 在普天下的柔情淑女之中,
> 她是一位尽善尽美的佳人;
> 祝她健康!但愿这个世上
> 会有更多像她那样的身影,
> 这样生活也许会全部是诗,
> 而厌倦将不过是一个名称。

不幸的是平克尼先生出生在遥远的南方,要是他生在新英格兰的话,他也许早就被那个宽宏大量的小集团[1]封成了美国的头号抒情诗人,因为长期以来,那个小集团凭借对《北美评论》的操纵而掌握着美国文学的命运。刚才列举的那首诗非常优美,但说到它所唤起的高尚感,我们主要得归因于我们与诗人的热情产生了共鸣。我们可以原谅诗人的夸张,因为那些夸张中也不乏真诚。

不过对于我要为大家介绍的这些诗,我并不打算细说它们的优点,因为优点总是不言而喻的。博卡利尼[2]在其《帕耳纳索斯山传闻》中给我们讲了这样一则寓言:佐伊鲁斯[3]有次请阿波罗看了一篇他就

---

[1] 指包括爱默生为首的超验主义者在内的新英格兰文人。爱伦·坡曾批评新英格兰文人(尤其是波士顿文人)互相标榜,排斥南方作家。

[2] 博卡利尼(Traiano Boccalini, 1556—1613),意大利讽刺作家。

[3] 佐伊鲁斯(Zädlus),公元前4世纪希腊修辞学家及批评家,因其对荷马史诗的严厉批评而闻名于世。

一部很值得赞赏的诗作所写的非常尖刻的批评文章，随后阿波罗要求他说说那部作品的优点，但他回答说他只忙于挑错。于是阿波罗给了他一袋脱粒后尚未簸过的麦粒，叫他挑出全部秕糠作为奖赏。

如今这则寓言很适合用来讽刺那些吹毛求疵的批评家，但我不能断定阿波罗的做法是否正确。我不能断定世人是否就没有极大地误解批评家真正的责任范围。文学作品的优点，尤其是诗的优点，可以被视为一种自明之理，它只需被适当地提及，然后任其去不证自明。如果优点需要加以论证，那它也就不成其为优点。所以，过分强调一篇作品的优点，就等于承认它们并非十足的优点。

在托马斯·穆尔的《爱尔兰歌曲集》中，有一首歌最具严格意义上的诗之高贵特征。但这一点似乎一直莫名其妙地被人视而不见。我是指他那首《来吧，我罹祸的爱人》。若论其语言表达之生动有力，可以说拜伦的任何一首诗都没能将其超过。这首歌中有两行体现了神圣爱情的真谛，因为这两行表达了一种感情——与迄今为止用语言表达的其他任何一种感情相比，它也许一直都在更多人心中唤起更为强烈的共鸣：

> 来吧，我罹祸的爱人，倚在我怀中吧！
> 尽管众人都避开你，这儿仍是你的家；
> 这儿依然有那张乌云也遮不住的笑脸，
> 这颗心这双手依然属于你，直至永远。

> 啊！若不能荣辱与共，那爱情有何益？

若不能同甘苦同患难，相爱有何意思？
我不知晓，也不会问是否你心里有罪，
但我知道我爱你，我不管你究竟是谁。

欢乐时你曾一直把我称为你的小天使，
我应该做你的天使，在这恐怖的时日，
勇敢地把你跟随，哪怕下火海上刀山，
庇护你，拯救你——或与你一道长眠！

近来一直流行一种看法，那就是穆尔富于幻想但却缺乏想象（幻想和想象之区别最初由柯尔律治提出[1]，而没人比柯尔律治更充分地了解穆尔超乎寻常的才智）。实际情况是这位诗人的幻想力比他的其他能力都强，并且比其他所有人的幻想力都强，结果就很自然地让人以为他只具有幻想力。然而天下还从未有过这样的大错特错。还没有哪位真正的诗人在名誉上蒙受过如此巨大的伤害。在所有用英语写成的诗中，若要论真正意义上的想象之丰富和深刻，我还想不出有哪首诗堪与《我多想在那阴暗的湖边》相比，而《湖边》的作者正是托马斯·穆尔。遗憾的是我不能背诵这首诗。

托马斯·胡德是最为杰出的现代诗人之一，说到幻想力，他也

---

[1] 柯尔律治在其《文学传记》第4章中说："幻想力和想象力是两种性质截然不同的能力，这两个词并不像人们通常以为的那样是词异义同，或最多也就是指同一种能力的高下之分。我承认，很难设想把希腊词Phantasia和拉丁词Imaginatio翻译成两个毫不沾边的英语单词，但……在这种情况下，对这两个词的借用就已经开始并得到公认：弥尔顿极富想象力，而考利则极富幻想力。"

是幻想最为奇特的诗人之一。他那首《美丽的伊妮丝》对我一直都有一种无法形容的魅力。

> 你可见到美丽的伊妮丝?
> 她已经去了西方,
> 去让另一个世界惊叹,
> 当那里隐去了夕阳;
> 她带走了她可爱的微笑——
> 带走了我们的阳光,
> 带走了胸前的珍珠项链
> 和她泛着红霞的脸庞。
>
> 回来吧,美丽的伊妮丝,
> 趁夜晚还没有降临!
> 我怕今夜会星光灿烂,
> 月色会格外澄莹,
> 而星月下的某位小伙子
> 会因夜行而交上好运——
> 我甚至不敢往下写——
> 他挨着你说爱谈情。
>
> 我多想,美丽的伊妮丝,
> 我就是那殷勤的骑士,

快活地陪在你身边。
在你耳旁悄声低语!
难道这儿没忠实的情郎,
他们那儿没漂亮的少女?
不然他为何漂洋过海,
来此觅最美的佳丽?

我曾看见你走向海滩,
唉,美丽的伊妮丝,
身边有高贵的绅士簇拥,
前方飘着面面旌旗;
还有快活的少女少男,
他们都有雪白的翅翼;
这原本是一个美丽的梦
——虽然梦境已经消失!

唉,唉,美丽的伊妮丝,
她走时有歌声陪伴,
有音乐为她送行,
还有人群为她呼喊;
可偏偏因这歌声乐声,
有人更觉肝肠寸断,
因为对他所钟爱的姑娘,

歌声在唱"再见,再见"。

再见吧,美丽的伊妮丝,
那条搭载你的木船
没载过如此美丽的姑娘,
也不曾跳跃得这么欢——
唉,为那海上的欢乐,
还有这岸上的悲叹!
那曾使一人心欢的微笑
如今可使众人心酸?

这同一位诗人写的《鬼屋》是迄今为止写得最纯粹、最完美、在主题和技巧上都最具艺术性的一首诗,而且极富理想——极富想象。遗憾的是它篇幅稍长,不宜在这次演讲中引用。为了弥补这个遗憾,请允许我向诸位介绍他那首被人交口称誉的《叹息桥》[1]。

又一个不幸的女人
厌倦了生命,
终于迫不及待地
了结了她的一生!

---

1 指横跨泰晤士河的滑铁卢桥,在 1878 年之前,通过该桥需交纳通行费,故过桥人稀少,许多不幸者因此而将其选作为自杀地点。胡德有感于此,借用威尼斯那座著名的叹息桥为之命名。

轻轻地捞她出水,
小心地抬她上堤;
她身子那么纤弱,
又那么年轻美丽!

瞧她那身衣裙
恍若裹身的尸衣;
从她浸透的素服
河水还不断下滴;
赶快把她弄干,
要疼爱,不要厌弃!

碰她时别显轻蔑,
想到她应感伤悲,
应显出高贵仁慈,
不去想她的孽罪——
如今在她身上
只剩下女性之美。

无须去过分追究
她离经叛道之罪尤;
死亡已经抹去

她的耻辱和污垢；
如今在她身上
只有美依然存留。

她虽曾误入歧途，
可仍是夏娃的姊妹——
请从她冰凉的嘴唇
擦去渗出的河水。

请替她绾好头发，
那头散乱的秀发，
那头淡褐色的秀发；
趁好奇心在猜测
何处曾是她家？

她的父亲是谁？
她的母亲是谁？
她是否有位兄弟？
她是否有位姐妹？
或是否还有一人
于她比谁都亲，
于她比谁都近？

唉，基督的仁慈
难以普及众生！
杲杲阳光之下
却是一番惨景！
在一座繁华都市，
她竟然无家栖身！

父母双亲不认，
兄弟姐妹翻脸；
凭着不贞的证据，
爱神亦被推翻；
甚至连上帝的庇护
似乎也与她疏远。

但见一河春水
泛着倒映的光波，
高楼低屋的窗口
透出万家灯火；
夜静而无家可归，
她迷茫而又困惑。

三月料峭的寒风
使她瑟瑟发抖；

可她不惧桥洞阴森,
也不怕幽暗的急流。

一生的不幸遭遇
使她精神失常;
她乐于跳进水中,
乐于去探究死亡;
只要能脱离人世,
不管被冲到何方!

她勇敢地纵身一跃,
全不顾水冷流急——
岸上的男人们哟,
放荡的男人们哟,
看看吧,想想吧!
要是你能下水,
就下去浸上一遭,
尝尝那水的滋味!

轻轻地捞她出水,
小心地抬她上堤;
她身子那么纤弱,
又那么年轻美丽!

趁她冰凉的四肢
还没有完全僵硬,
请怀着宽容之心,
把它们摆好放平;
然后再替她合上
那双茫然的眼睛!

那令人生畏的眼睛,
眼珠上还蒙着淤泥,
仿佛在最后一瞬,
她曾用绝望的目光
勇敢地凝望来世。

她虽然悲观地自杀,[1]
但却是因侮辱欺凌,
因人情世故炎凉
和她错乱的神经[2]
把她逼到了绝境——
所以请让她的双手
像默默祈祷时那样
谦恭地交叉在胸前。

---

1 基督徒认为生命乃上帝赋予,自杀是一种犯罪。
2 法律规定精神错乱者的行为可免负法律责任。

> 承认她有污点,
> 承认她有罪孽,
> 但仍应宽大为怀,
> 留她给上帝裁决!

与其哀婉的情调一样,这首诗的力度也给人以强烈的感受。虽说诗的韵律节奏差点使诗人的想象显得脱离现实,但却与"疯狂"这一全诗的主题极其吻合。

在拜伦勋爵的短诗中,有一首诗还不曾从评论家那里得到过它无疑应该得到的赞赏。

> 虽然我走运的日子早一去不返,
> 虽然我那颗命运之星早已陨落,
> 可你温柔的心儿却拒绝去发现
> 那么多人都能看出的阴差阳错;
> 你的心虽然知道我遭遇的不幸,
> 却毫不畏缩地要与我患难与共;
> 我心灵所描绘的那种真正爱情,
> 我从不曾找到,除了在你心中。
>
> 所以当身边的大自然向我微笑,
> 我决不会相信那笑容是在欺骗,

因面对如今唯一露向我的微笑，
我禁不住就会想起你那张笑脸；
而当狂风正在与大海进行战争，
就像我信任的心灵在与我搏斗，
若掀起的波涛激起了一种感情，
那是因波涛把我从你身边带走。

虽然我最后的希望也被打碎，
希望的碎片早已沉没在水里，
虽然我觉得心已被交给痛苦，
但它绝不会成为痛苦的奴隶。
虽然有那么多痛苦把我追逐，
但它们尽可以把我碾成齑粉，
却不可把我轻视，把我征服——
因为我想的是你，不是它们。

虽然你也是人，却不曾令我失望，
虽然你是女人，却不曾把我抛弃，
虽然你被人爱，却避免让我悲伤，
虽然你受信赖，却不曾将我抹去，
虽然你遭诽谤，但从不胆战心惊，
虽然与我分手，但不是为了逃开，
虽然关注我，但并非为损我名声，

而且你不愿沉默,以免世人瞎猜。

然而我并不想责怪这个世界,
也不鄙视这场敌众我寡的战争——
既然我的心不宜珍重这个世界,
那若不尽快离它而去就是愚蠢;
虽说这样离去所付出的代价
远远超出了我当初所能估计,
但我发现无论它使我失去了什么,
都没能够从我心中把你夺去。

于是从已毁灭的过去之遗骸,
我至少可以回忆起许多往事;
它使我认识到我过去之所爱
比失去的一切都更值得珍惜;
于是沙漠中仍流着一股清泉,
于是荒原上依然有一棵绿树,
于是有一只小鸟在那片荒原
对我的心儿把你娓娓讲述。[1]

---

[1] 这首诗名为《致奥古斯塔·之二》(*Stanzas to Augusta*, 1816)。奥古斯塔·玛丽娅是拜伦同父异母的姐姐,她对这位诗人弟弟始终怀有深挚的爱和同情之心,在拜伦因"婚变"而遭受上流社会攻击时,唯有她能理解拜伦并给予他支持和安慰。

虽然这首诗采用了一种很难处理好的格律，但其遣词造句却几乎无可挑剔，而且它表现的主题也非常崇高。只要逆境中的男人仍然坚定地保持着对女人的爱，他就不会认为他有权抱怨命运——这是一种使心灵升华的信念。

关于阿尔弗雷德·丁尼生，尽管我由衷地把他视为人世间最高尚的诗人，但时间只允许我引用他很短的几节诗。我把丁尼生看成并叫做诗人中最高尚者，并非因为他给我们的印象总是最深刻，亦非因为他给我们的刺激总是最强烈，而是由于他的诗总是最空灵——或者说总是最高雅、最纯粹。他比这尘世间的任何诗人都更少世俗之气。我下面介绍的这几节诗引自他新近出版的长诗《公主》[1]：

泪哟，泪哟，我不知为何缘由，
从某个神圣的绝望之深渊涌出，
涌上我的心头，又盈聚在眼眶，
当我眺望金秋时节欢乐的原野，
当我想起那些一去不返的日子。

鲜艳得宛如清晨那第一道曙光
照亮从远方载友人归来的帆船，
矇眬得恍若傍晚最后一抹红霞
带着我们所爱的一切坠下天边；

---

[1] 叙事长诗《公主》（*The Princess*）出版于1847年。

鲜艳而矇眬,一去不返的日子。

哦,让人感到那么伤感而陌生,
犹如在黑沉沉的夏夜破晓之际,
弥留者听见半醒的鸟初试歌喉,
临终者看见熹微晨光爬上窗扉;
伤感而陌生,一去不返的日子。

亲切得就像死后记忆中的热吻,
甜蜜得如同在无望的幻想之中
偷偷地亲吻本不该亲吻的芳唇;
深奥得堪比狂热而惆怅的初恋;
一去不返的日子哟,生中之死。

到此为止,虽说非常粗略且极不全面,但我已尽力向诸位阐述了我对诗歌原理的想法。我的目的是要说明,诗的本源就是人类对超凡之美的渴望,同时这种本源总是在一种使灵魂升华的激动中得到证明——这种激动与激情无关,因激情只能使凡心激动;这种激动也与道理无关,因道理只能使理智满足。说到激情,唉,激情的倾向是使灵魂堕落,而不是使其升华。与此相反,爱情——那个真正的、神圣的厄洛斯[1]，那个区别于维纳斯的乌拉尼亚[2]——才无疑是所有诗歌主题中最纯粹、最理想的主题。至于道理，诚然我们若探明一个道理，便会在其引导下感觉到一种以前并不明显的和谐，从而立刻体验到真正的诗歌效果——但这种效果只能归因于那种和谐，丝毫也不能归因于那个道理，因为它仅仅是有助于使那种和谐清晰显现。

关于何为真正的诗，我们无论如何也应该更直接地获得一种清晰的概念，而这只需要借助一些可在诗人心中唤起真正诗歌效果的普通要素。发光的天体、绽开的鲜花、低矮的灌木丛、起伏的麦浪、倾斜的东方大树、遥远的青山、聚集的乌云、时隐时现的小溪、泛着银波的大河、远离尘嚣的碧湖之静谧、映着星光的孤井之深邃——诗人从这一切中发现滋养他灵魂的神粮[3]。百鸟的啼鸣、埃俄罗斯[4]的琴声、晚风的悲泣、森林的呼啸、浪花对海岸的抱怨、树林清新的呼吸、紫罗兰的芬菲、风信子的馥郁芳泽、傍晚时分越过神秘莫测的茫茫大海从远方荒岛上飘来的幽香——诗人从这一切中感知滋养他灵魂的神粮。在所有高贵的思想中，在所有超凡脱俗的动机中，在所有神圣的冲动中，在所有慷慨无私、自我牺牲的行为中——诗人获得滋养他灵魂的神粮。在女性之美中——在她们优雅的步态中，在她们明亮的眼睛中，在她们悦耳的嗓音中，在她们柔和的笑声中，在她们悲哀的叹息中，在她们衣裙和谐的窸窣声中——诗人感觉到滋

---

1 厄洛斯是希腊神话中最古老的神祇之一，是爱情的化身。
2 古老的希腊神话把爱之女神一分为二，一个是司崇高理想爱情的阿佛洛狄忒·乌拉尼亚，一个是司世俗肉欲爱情的阿佛洛狄忒·潘得摩斯（维纳斯）。
3 "神粮"本指希腊神话中奥林匹斯山诸神所食之物。
4 埃俄罗斯（Aeolus）是希腊神话中的风神。

养他灵魂的神粮。在女性迷人的爱抚中，在女性燃烧的热情中，在女性慷慨的施予中，在女性温顺而富于献身精神的忍耐中——诗人强烈地感觉到滋养他灵魂的神粮。但更重要的是——啊，最重要的是——因了女人爱之忠诚、爱之纯洁、爱之强烈、爱之崇高和爱之神圣——诗人五体投地地信奉这种滋养他灵魂的神粮。

作为结尾，请允许我再朗诵一首短诗。这首诗与我刚才所引用的任何一首诗都不是一类。它的作者叫马瑟韦尔[1]，诗名则为《骑士之歌》。由于我们现代人都理性十足地认为战争既荒唐又邪恶，因此这首诗的情调也许不易在我们心中唤起共鸣，这样我们就难以欣赏此诗真正的优点。为了充分欣赏这首诗，我们必须把自己想象成古代的骑士。

> 那就上马吧！各位勇敢的骑士，
> 赶快把你们的头盔戴上；
> 因为死神的信使：名声和荣誉，
> 又在召唤我们奔赴疆场。
>
> 我们眼中不该有英雄气短的泪花，
> 当我们手中紧握快刀利剑；
> 我们离去应义无反顾，无牵无挂，
> 别去想身后的粉黛红颜。

---

[1] 马瑟韦尔（William Motherwell, 1797—1835），苏格兰诗人。

让那些乡下情郎去泪水长流,
让胆小鬼去悲鸣哭泣;
我们的使命是像男子汉一样战斗,
或像英雄一样马革裹尸!

(原载《中外诗歌研究》1999年第1-2期)

诗运动的轨迹[1]

[美] 弗罗斯特

抽象对哲学家来说是老生常谈，但它在当代艺术家手中却还像是一种新鲜玩意儿。我们为何不能有自己选择的任何一种诗所固有的特性呢？我们在理念上可以有。可要是我们在实践中不能有，那它也难有结果。我们的生命向往那种特性。

如果诗仅仅是一种声调的话，让我们假定只有人文学者才关心这种声调有多纯正。这声调是矿石中的金子。那么我们只把金子淘出，而将其他可有可无的东西摒弃；直到我们发现写诗的宗旨是要让每首诗都尽可能发出不同的声调，而要做到这点，现有的元音、辅音、标点、句法、词汇、句型和格律并不够用。我们还需要借助于语境——意义——题材。这对于声调之变化是莫大的帮助。词汇能造成的变化，三言两语就可讲清。格律的变化也同样——尤其在英语中，因为英语诗歌实际上只有两种格律，即严谨的抑扬格和不严谨的抑扬格。古代诗人有许多格律，但如果他们仅依靠格律来形成旋律，那他们

---

[1] 此篇为诗人为其《诗合集》增补版（*Collected Poems, Enlarged Edition*,1939）所写的序言。

的格律仍然不够用。看我们的弹性节奏[1]派诗人为避免单调而使劲从一个音步中略去一个短音，那可真叫惨不忍睹。其实要让源自充满激情且富于意义的声调之旋律穿越因受限制而呆板的格律，其可能性可谓无穷无尽。我们可以后退一步，把诗仅仅看成又一种有意义要表达的艺术，不管它纯正还是不纯正。也许纯正更好，因为更深远，来自更丰富的经历。

这下就有了我们要谈的这种野性。让我们再假设这种野性和声调一样，理应成为诗不可或缺的要素，那么一种野性的旋律就可以是诗。于是我们要解决的问题就是像现代抽象派艺术家那样使这种野性保持纯洁，使之成为一种野而不狂的野性。我们爱偏离正道，爱陶醉于漫无目标的联想，像充满活力的蚱蜢在炎热的下午东蹦西跳，从一个偶然的启示跳向另一个偶然的启示。只有主题能让我们镇静下来。我们先前的困惑是：在格律这种一成不变的框架之中，一首诗怎么能获得一种变化的旋律。同先前的困惑一样，我们现在的困惑是：一首诗何以能既具有野性，同时又有一个要实现的主题。

若让一首诗自己来说明这点，那应该是一件令人愉快的事。一首诗自有其运动轨迹。它始于欢欣，终于智慧。这条轨迹对爱情也是一样。谁也不可能真正相信那种强烈的感情会在一个地方静止不动。它始于欢欣，它喜欢冲动，随着第一行写出它就开始设定方向，然后经历一连串的偶然和侥幸，最终到达生命中的一片净土——那

---

[1] 英国诗人霍普金斯为他独特的诗歌节奏发明的一个术语，这种节奏不像传统诗那样依靠规则的音节和重音单位，而是依靠不那么规则但更强烈更精练的措词。

片净土不必很大，不必像各教派学派立脚的地盘那么大，但应在与混乱相对的片刻清净之中。它有结局。它有一种虽说意外但却早已在原始情绪的第一意象中就注定了的结局——结局的确是来自情绪。若它的最佳部分早就被想到并被刻意保留到最后，那它就是首伪诗，而不是真正的诗。诗应该在运动过程中发现自己的名字，并发现最精彩的部分就在最后的某个语句中等着它——在某个同时包含了智慧和悲伤的语句之中，在某个酒歌般悲喜交融的语句之中。

诗人没有眼泪，读者亦不会流泪。诗人没有惊喜，读者亦不会惊喜。对我而言，最初的欢欣就在突然回想起我此前不知自己所知的某事或某物的惊喜之中。我会身在某处，处于某种状态，仿佛我是从云中钻出或是从地面高高升起，心中怀着一种因认出早已淡忘的事物而感到的喜悦，其余的一切接踵而来。意想不到的惊喜一点点地增加。最有助于我实现目的的印象似乎总是那些我当初获得时未加留心因而没有记录下来的印象，而结果是我们总像巨人似的把经历抛到前方去铺我们未来的路，以防有朝一日我们也许会想另觅一条实现目的的路，超越以往的经历去什么地方。那条路也许更有魅力，因为它不会笔直得单调乏味。我们总喜欢一根漂亮拐杖的直中有曲。现代精密仪器正在被用来使东西弯曲，就像过去人们凭眼睛和手工所做的一样。

较之非逻辑的野性，我知道怎么会有一种更逻辑的野性。但这种逻辑是后来才有的，是在行动之后，在回忆之时才有的。它必须是被感觉到，而不是像预言那样被预见到。不管对诗人还是对读者，它都必须是一种启示，或一连串启示。因为情况应该是这样：素材在任何时间空间都必须有最充分的自由在这种逻辑中运动,并在其中建立各种关系,包括先前的关系,以及除类归之外的一切关系。我们爱空谈自由。因为我们16岁之前没有离开学校的自由,我们就认为我们的学校自由。我已经放弃了我的民主偏见,现在我乐意让下层民众自由地被上层阶级全面照管。政治自由于我可有可无。我可以把它送给左邻右舍。我要替自己保留的就是我运用素材的自由,我身心状态随时能响应我所经历过的大混乱之召唤的自由。

学者和艺术家相聚时往往会恼于说不清他们之间的差别。他们都凭其学识立业,但我认为两者间最大的差别就在于他们获取知识的方式。学者总是沿设计好的逻辑路线谨慎而周密地获取知识,诗人的方式则可谓潇洒,总是随缘凑巧地从书里书外获取。他们并不刻意附着于什么,而是让愿意附着于他们的东西来附着他们,就像在旷野中行走时芒刺附着于他们身上那样。诗人并不把求知作为必修课,甚至不作为选修课。这第二类知识更适合凭借艺术才智随心所欲地去获取。可以这么说,学者能用其获取知识的那种条理告诉你他的所识所知;艺术家则肯定会夸耀,说他能从某个在时空上都先有的条理中取出其不可分割的某一部分,然后放进一个甚至于与之无关的新条理中。

如果激进主义就是被一些青年皈依者误认为的独创性,那我可能早就不止一次地皈依它了。独创性和进取心是我为自己的国家祈求的东西。对我自己而言,独创性只须是一首诗运动轨迹之新颖,而这条轨迹即我上文所描述的轨迹——从欢欣到智慧。这条轨迹对爱情也是一样。像热炉子上的冰块,诗必须经历它自己的融化过程。

一首诗完成之后可以被修饰润色,但不可绞尽脑汁地拼凑而成。一首诗只要能自己运动并带着诗人和它一道行进,它最珍贵的特性就将永远保持。它将会让人百读不厌,就像金属永远保持其香味。它永远都不会失去它在运动过程中意外呈现的意蕴。

[原载《弗罗斯特作品集》(第三卷),人民文学出版社,2019]

曹明伦译著年表

1. 《弗罗斯特诗选》，[美]弗罗斯特著，四川文艺出版社，1986年。
2. 《湖上夫人》，[英]司各特著，湖南人民出版社，1986年。
3. 《原来如此的故事》，[英]吉卜林著，希望出版社，1986年。
4. 《爱情与叛逆》，[美]大卫·奥斯本著，四川文艺出版社，1987年。
5. 《最后一个吟游诗人的歌》，[英]司各特著，湖南人民出版社，1988年。
6. 《东方财团》，[美]沃尔夫·里纳著，重庆出版社，1988年。
7. 《亚当夏娃日记》，[美]马克·吐温著，四川美术出版社，1991年。
8. 《亚当夏娃日记》（插图版），[美]马克·吐温著，安徽文艺出版社，1992年。
9. 《小爱神——斯宾塞爱情十四行诗集》，[英]斯宾塞著，安徽文艺出版社，1992年。
10. 《爱伦·坡集：诗歌与故事》（上下卷），三联书店，1995年。
11. 《莎士比亚十四行诗全集》，漓江出版社，1995年。
12. 《维纳丝与阿多尼》，[英]莎士比亚著，漓江出版社，1995年。
13. 《威拉·凯瑟集：早期长篇及短篇小说》（上下卷），三联书店，

1997年。

14 《培根随笔》，[英]弗兰西斯·培根著，四川人民出版社，1997年。

15 《培根随笔选》（英汉对照本），四川人民出版社，1998年。

16 《玛米恩》，[英]司各特著，四川人民出版社，1998年。

17 《爱伦·坡幽默小说集》，四川人民出版社，1998年。

18 《爱伦·坡精品集》（上下卷），安徽文艺出版社，1999年。

19 《莫格街谋杀案》，[美]爱伦·坡著，沈阳出版社，1999年。

20 《培根随笔集》，北京燕山出版社，2000年。

21 《怪异故事集》，[美]爱伦·坡著，北京燕山出版社，2000年。

22 《云雀之歌》，[美]威拉·凯瑟著，沈阳出版社，2001年。

23 《弗罗斯特集：诗全集、散文和戏剧作品》（上下卷），辽宁教育出版社，2002年。

24 《金甲虫》，[美]爱伦·坡著，安徽文艺出版社，2004年。

25 《培根论说文集》，北京燕山出版社，2005年。

26 《黑猫：爱伦坡惊悚故事集》，台湾商周文化公司，2005年。

27 《培根随笔:理性思考的58则建言》，台湾商周文化公司，2006年。

28 《司各特诗选》（上下卷），台湾城邦爱诗社，2006年。

29 《佛罗斯特诗选》（上下卷），台湾城邦爱诗社，2006年。

30 《佛罗斯特永恒诗选》（英汉对照版），台湾城邦爱诗社，2006年。

31 《培根随笔集》（名著名译插图本），人民文学出版社，2006年。

32 《爱伦·坡作品精选》（插图本），长江文艺出版社，2007年。

33 《鲸鱼的咽喉为什么很小》，[英]吉卜林著，中国少年儿童出版社，2007年。

34 《爱星者与星——锡德尼十四行诗集》（英汉对照本），河北大学出版社，2008年。

35 《小爱神——斯宾塞十四行诗集》（英汉对照本），河北大学出版社，2008年。

36 《莎士比亚十四行诗集》（英汉对照本），河北大学出版社，2008年。

37 《培根散文》，人民文学出版社，2008年。

38 《亚当夏娃日记》（英汉对照本），译林出版社，2009年。

39 《原来如此的故事》，[英]吉卜林著，贵州人民出版社，2009年。

40 《云雀之歌》，[美]威拉·凯瑟著，中国三峡出版社，2009年。

41 《原来如此的故事》（彩图版），东方出版社，2010年。

42 《培根随笔集》（双语版），北京燕山出版社，2010年。

43 《培根随笔全集》（英汉对照本），译林出版社，2010年。

44 《爱伦·坡诗集》，湖南文艺出版社，2012年。

45 《爱伦·坡诗选》（英汉对照版），外语教学与研究出版社，2013年。

46 《爱伦·坡诗集》（大师插图本），北京时代华文书局，2013年。

47 《爱伦·坡暗黑故事全集》（上下卷），湖南文艺出版社，2013年。

48 《爱伦·坡短篇小说全集》（三卷本），当代中国出版社，2014年。

49 《佛罗斯特名作集——未走之路》，台湾游目族文化事业公司，2014年。

50 《爱伦·坡暗黑故事全集》（繁体竖排版，上下卷），台湾绘虹企业，2015年。

51 《原来如此的故事》（名著名译名绘版），接力出版社，2015年。

52 《未走之路——弗罗斯特诗选》,人民文学出版社,2016年。

53 《到风雨中来做我的爱人——佛罗斯特诗集》,台湾遊目族文化事业公司,2016年。

54 《原来如此的故事》(全译修订版),人民文学出版社,2017年。

55 《黑猫:爱伦·坡短篇故事集》,时代文艺出版社,2017年。

56 《钟楼魔影:爱伦·坡短篇故事集》,时代文艺出版社,2017年。

57 《乌鸦:爱伦·坡短篇小说精选》,江西人民出版社,2017年。

58 《爱伦·坡短篇小说集》,文汇出版社,2018年。

59 《爱伦·坡诗集》(精装插图本),湖南文艺出版社,2018年。

60 《黑猫:爱伦·坡短篇小说集》,四川文艺出版社,2018年。

61 《爱伦·坡小说选》,春风文艺出版社,2018年。

62 《我发现了》,[美]爱伦·坡著,湖南文艺出版社,2019年。

63 《阿瑟·戈登·皮姆历险记》,[美]爱伦·坡著,人民文学出版社,2019年。

64 《弗罗斯特作品集》(全三卷),人民文学出版社,2019年。

65 《小爱神——斯宾塞十四行诗集》(大字版),中国盲文出版社,2019年。

66 《波希米亚姑娘——薇拉·凯瑟短篇小说选》(大字版),中国盲文出版社,2020年。

图书在版编目（CIP）数据

人群中的人：曹明伦译文自选集 / 曹明伦译著. --
北京：中译出版社，2021.9
（我和我的翻译 / 罗选民主编）
ISBN 978-7-5001-6699-3

Ⅰ.①人… Ⅱ.①曹… Ⅲ.①世界文学—作品综合集
②曹明伦—译文—文集 Ⅳ.①I11

中国版本图书馆CIP数据核字(2021)第137859号

出版发行	中译出版社
地　　址	北京市西城区车公庄大街甲4号物华大厦六层
电　　话	（010）68359827，68359303（发行部）；68359725（编辑部）
传　　真	（010）68357870
邮　　编	100044
电子邮箱	book@ctph.com.cn
网　　址	http://www.ctph.com.cn
策划编辑	范祥镇　刘瑞莲
责任编辑	刘瑞莲
装帧设计	秋　萍
排　　版	冯　兴
印　　刷	北京顶佳世纪印刷有限公司
经　　销	新华书店
规　　格	880毫米×1230毫米　1/32
印　　张	9.875
字　　数	211千字
版　　次	2021年9月第1版
印　　次	2021年9月第1次

ISBN 978-7-5001-6699-3　　　　定价：58.00元

版权所有　侵权必究
中译出版社

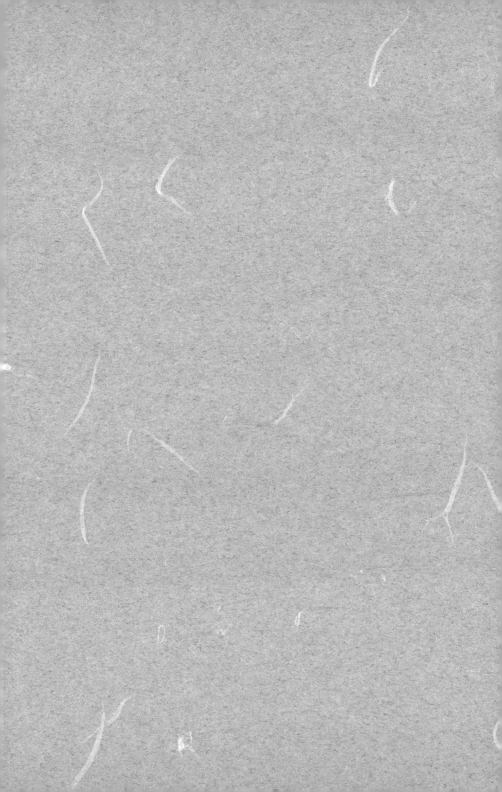